Sammlung Metzler
Band 191

W0055637

Peter Nusser

Der Kriminalroman

2., überarbeitete und
erweiterte Auflage

J.B. Metzlersche Verlagsbuchhandlung
Stuttgart · Weimar

Die Deutsche Bibliothek – CIP-Einheitsaufnahme

Nusser, Peter:
Der Kriminalroman / Peter Nusser.
– 2., überarb. und erw. Aufl.
– Stuttgart: Metzler, 1992
(Sammlung Metzler; Bd. 191)
ISBN 3-476-12191-7
NE: GT

ISBN 3 476 12191
ISSN 0558 3667

SM 191

ISBN 3 476 12191 2

© 1992 J. B. Metzlersche Verlagsbuchhandlung
und Carl Ernst Poeschel Verlag GmbH in Stuttgart
Einbandgestaltung: Kurt Heger
Satz und Druck: Gulde-Druck GmbH, Tübingen
Printed in Germany

Verlag J. B. Metzler Stuttgart · Weimar

EIN VERLAG DER SPEKTRUM FACHVERLAGE GMBH

Inhalt

Vorwort

Es ist das Ziel jedes Bandes dieser Reihe, den Studierenden in ein bestimmtes literaturwissenschaftliches Sachgebiet und in die Diskussion darüber einzuführen. Dies erfordert vor allem didaktische Bemühungen. Wer über den Kriminalroman schreibt, steht zunächst vor dem Problem, die Menge und die Internationalität dieser Literatur zu ›bewältigen‹. Es gibt unzählige Kriminalromane, und die wenigsten davon sind in deutscher Sprache geschrieben. Ähnliches gilt für die essayistische und wissenschaftliche Literatur über den Gegenstand: sie ist international und zahlreich. Der Verfasser mußte Schwerpunkte setzen und hat vorwiegend, keineswegs aber ausschließlich, die deutsche, angelsächsische und französische Primär- und Sekundärliteratur berücksichtigt. Da sowohl die Kriminalromane als auch die Sekundärliteratur über sie durch einen relativ hohen Grad an Redundanz gekennzeichnet sind, hat sich die Aufgabe einer übersichtlichen, aufs Wesentliche konzentrierten und zugleich die Forschungsergebnisse kritisch sichtenden und vergleichenden Darstellung trotz der genannten Schwierigkeiten lösen lassen. In der umfassenden und systematischen Anlage dieses Buches, das in seinen einzelnen Kapiteln freilich immer wieder exemplarisch vorzugehen genötigt ist, liegt die wesentliche Hilfestellung für den Leser.

Ein weiteres Problem ergab sich aus der bemerkenswerten Tatsache, daß die Forschung sich bisher überwiegend mit der besonderen Form des Detektivromans beschäftigt hat. Der Thriller ist dagegen weder historisch noch in seinen ideologischen Funktionen voll erfaßt worden. Dies gilt in noch viel größerem Maße für die gegenwärtigen Neuansätze der Kriminalliteratur, in denen sich vorwiegend gesellschaftskritische Tendenzen mit den herkömmlichen Formen der Gattung oder mit strukturellen Mischformen verbinden. Über den deutschen Kriminalroman der Gegenwart, der für den Germanisten von besonderem Interesse ist, gibt es erst wenige nennenswerte Veröffentlichungen. In einigen dieser Bereiche versucht die vorliegende Darstellung Lücken zu schließen bzw. Forschungsanregungen zu geben.

Abkürzungen

Abkürzungen für Zeitschriften

DD   Diskussion Deutsch
dh   die horen
DU   Der Deutschunterricht
DVjS   Deutsche Vierteljahrsschrift für Literaturwissenschaft
        und Geistesgeschichte
GRM   Germanisch-Romanische Monatsschrift
LiLi   Zeitschrift für Literaturwissenschaft und Linguistik
NDH   Neue Deutsche Hefte
StZA   Sprache im technischen Zeitalter
WW   Wirkendes Wort
ZfdPh   Zeitschrift für deutsche Philologie

Abkürzungen für häufig zitierte Literatur

B   *J.-P. Becker*, Der englische Spionageroman. Historische Ent-
        wicklung, Thematik, literarische Form, München, 1973.
B/B   *P. G. Buchloh / J.-P. Becker*, Der Detektivroman. Studien zur
        Geschichte und Form der englischen und amerikanischen Detek-
        tivliteratur, Darmstadt, 1973.
B/N   *P. Boileau / T. Narcejac*, Der Detektivroman, Neuwied und Ber-
        lin, o. J. (Originalausgabe: Le roman policier, Paris, 1964).
E/G   *Karl Ermert / Wolfgang Gast* (Hg.), Der neue deutsche Kriminal-
        roman. Beiträge und Darstellung, Interpretation und Kritik eines
        populären Genres (Loccumer Kolloquien 5), Rehburg-Loccum,
        1985.
G   *M. Gilbert* (Hg.), Crime in Good Company, London, 1959.
H   *H. Haycraft* (Hg), The Art of the Mystery Story. A Collection of
        Critical Essays, New York, 1946.
M   *D. Madden* (Hg.), Tough Guy Writers of the Thirties, Carbon-
        dale and Edwardsville, 1968.
N   *P. Nusser*, Romane für die Unterschicht. Groschenhefte und ihre
        Leser, Stuttgart 1973, [4]1976.
R/Z   *A. Rucktäschel / H. D. Zimmermann* (Hg.), Trivialliteratur,
        München, 1976.
S   *U. Suerbaum*, Krimi. Eine Analyse der Gattung, Stuttgart, 1984.
S-B   *U. Schulz-Buschhaus*, Formen und Ideologien des Kriminal ro-
        mans. Ein gattungsgeschichtlicher Essay, Frankfurt, 1975.
Sch   *E. Schütz* (Hg.), Zur Aktualität des Kriminalromans. Berichte,
        Analysen, Reflexionen zur neueren Kriminalliteratur, München,
        1978.

V   *J. Vogt* (Hg.), Der Kriminalroman. Zur Theorie und Geschichte
         einer Gattung, 2 Bände, München, 1971.
W   *D. Wellershoff,* Vorübergehende Entwirklichung. Zur Theorie
         des Kriminalromans, in: Literatur und Lustprinzip. Essays,
         München, 1975 (zuerst Köln, 1973).
Z   *V. Žmegač* (Hg.), Der wohltemperierte Mord. Zur Theorie und
         Geschichte des Detektivromans, Frankfurt, 1971.

Sind Aufsätze zum Kriminalroman in Sammelbänden (wie etwa denen von
Vogt und Žmegač) nachgedruckt worden, so wird nach dieser letzten Fassung zitiert. Der ursprüngliche Erscheinungsort ist in den Sammelbänden
stets nachgewiesen.

1. Untersuchungsgegenstand und Untersuchungsmethoden

1.1. Untersuchungsgegenstand

1.1.1. Terminologische Klärung

Überblickt man die neueren Arbeiten zur Kriminalliteratur, so ist festzustellen, daß sich in terminologischer Hinsicht eine Übereinkunft eingespielt hat, die auf guten Argumenten beruht. (Aus Gründen der Übersichtlichkeit wird im folgenden nur der deutsche Sprachgebrauch berücksichtigt. Eine Erörterung der englischen Termini findet man bei B/B, 4 ff.).

Zunächst ist die Kriminalliteratur von der sogenannten Verbrechensliteratur (Verbrechensdichtung) abzugrenzen. Obwohl der Begriff Kriminalliteratur von lat. crimen = Verbrechen abgeleitet ist, man also folgerichtig davon ausgehen müßte, Kriminalliteratur sei mit Verbrechensliteratur identisch, hat sich die getroffene Unterscheidung als notwendig und nützlich erwiesen.

Verbrechensliteratur »forscht nach dem Ursprung, der Wirkung und dem Sinn des Verbrechens und damit nach der Tragik der menschlichen Existenz« (Gerber, in: V, 414). Sie versucht die Motivationen des Verbrechers, seine äußeren und inneren Konflikte, seine Strafe zu erklären. Zur Verbrechensliteratur gehören Kunstwerke wie der »König Ödipus« des Sophokles oder Dostojewskis »Schuld und Sühne«, aber auch die vielen trivialen Räuberromane des 18. und 19. Jh.s, als deren bekanntestes Beispiel hier nur »Rinaldo Rinaldini« von Ch. A. Vulpius genannt sei.

Auch die *Kriminalliteratur* beschäftigt sich – wenn auch meist nur am Rande – mit dem Verbrechen und mit der Strafe, die den Verbrecher ereilt. Was sie jedoch inhaltlich von der Verbrechensliteratur abhebt, sind die in ihr dargestellten Anstrengungen, die zur Aufdeckung des Verbrechens und zur Überführung und Bestrafung des Täters notwendig sind. Erst die Fragen, wer diese Anstrengungen unternimmt und wie sie unternommen und erzählt werden, führen dann zu weiteren Untergliederungen. Insofern wird der Begriff Kriminalliteratur (Kriminalroman, Kriminalerzählung) heute als Oberbegriff verwendet.

Die in älteren Arbeiten (vgl. z. B. Alewyn, in: V; Frenzel) häufig zu findende Gleichsetzung von Verbrechens- und Kriminalliteratur wird entweder gar nicht oder vorschnell begründet und ist zurückzuweisen. Auch wenn man konzediert, daß bei manchen Texten nicht klar bestimmt werden kann, ob sie der Verbrechensliteratur oder ob sie aufgrund ihrer detektorischen Elemente der Kriminalliteratur zuzuzählen sind, rechtfertigt dies doch nicht den Verzicht auf eine generelle Unterscheidung. An ihr sollte man festhalten, auch wenn (worauf Marsch, 13, hinweist) im 19. Jh. einige Autoren wie Meißner, Hitzig, Häring einmal von ›Criminalgeschichten‹ gesprochen haben, wenn sie ganz allgemein Erzählungen aus dem Bereich der praktischen Justiz meinten. Andere Autoren wie Temme haben für ebensolche Geschichten im übrigen den Ausdruck ›Verbrechergeschichten‹ verwendet.

Gerbers Vorschlag (in: V, 412), den Ausdruck ›Verbrecherspürhundroman‹ (abgeleitet von engl. sleuth) als Oberbegriff für alle Ausprägungen der Kriminalliteratur einzuführen, ist nicht akzeptiert worden. Gegen den Vorschlag spricht nicht nur die Umständlichkeit des Ausdrucks, sondern auch die Gewohnheit der Leser, ganz allgemein vom Kriminalroman oder ›Krimi‹ zu sprechen.

Gerbers Ansicht, der Kriminalroman bzw. Verbrecherspürhundroman sei eine Sonderform der Verbrechensliteratur im Sinne einer »Stutzform« (in: V, 413), was gegenüber der Verbrechensliteratur eine Unterordnung, nicht Nebenordnung bedeutet, ist fragwürdig, weil das Verbrechen in der Kriminalliteratur nicht das eigentliche Ziel der Darstellung ist, sondern nur als Anlaß für die Darstellung der Aufklärungsarbeit oder Verfolgungsjagd genommen wird.

Die meisten Literaturwissenschaftler (vgl. z. B. Gerber, in: V, 412 f.; B/B, 1; Skreb, in: Z, 85) unterteilen die Kriminalliteratur in zwei idealtypische Stränge, die sich berühren können, sich im allgemeinen aber aufgrund inhaltlicher wie formaler Kriterien auseinanderhalten lassen, obwohl sie dem gleichen »Gattungskontext« (S-B, 5) angehören. Gerber spricht deswegen von den beiden Enden oder Polen eines Spektrums (in: V, 413). Den einen Strang bzw. das eine Ende des Spektrums bilden der Detektivroman bzw. die Detektiverzählung (der Begriff Detektiv kommt aus dem Englischen: to detect [lat. detegere] = aufdecken, enthüllen; detective = Geheimpolizist), den anderen Strang bzw. das andere Ende des Spektrums bilden der ›Thriller‹ (der Begriff kommt ebenfalls aus dem Englischen: to thrill = schauern, erbeben; thriller = Schauerroman) (vgl. B/B, 1; Skreb, in: Z, 85) oder der ›kriminalistische Abenteuerroman‹ (vgl. S-B, 2) (im folgenden wird wegen seiner Praktikabilität und Popularität der Begriff ›Thriller‹ verwendet) bzw. die ›kriminalistische Abenteuererzählung‹.

Als vorläufige Erläuterung, die erst in Kap. 2 des Buches ausgeführt und begründet werden kann, mag hier stehen: Der *Detektivro-*

man bzw. die *Detektiverzählung* sind inhaltlich dadurch gekennzeichnet, daß sie die näheren Umstände eines geschehenen Verbrechens (fast ausschließlich des Mordes) im Dunkeln lassen und die
vorrangig intellektuellen Bemühungen eines Detektivs darstellen,
dieses Dunkel zu erhellen. Dabei wird einerseits das Geheimnis,
welches das Verbrechen umgibt, für den Leser planmäßig verstärkt
(z. B. durch die Kumulation in die Irre führender Verdächtigungen), andererseits das Rätselhafte durch die zwingende Gedankenarbeit des Detektivs systematisch abgebaut (Reduktion der Verdächtigen). Aus dieser Konkurrenz der Kompositionselemente resultiert die innere Spannung der Detektivliteratur.

Formal trägt die Detektivliteratur wesentliche Kennzeichen der
analytischen Erzählung (vgl. 2.1.1.2.). Die Handlung besteht pri
mär aus Untersuchungen und Verhören, also auch Reflexionen
über bereits Geschehenes. Das Ziel des Erzählens ist rückwärts
gerichtet, auf die Rekonstruktion des verbrecherischen Tatvor-
gangs, also einer bereits abgelaufenen Handlung, die dann am
Schluß nach Überführung des Täters für den Leser meist kurz in
chronologischer Folge zusammengefaßt wird.

Versucht man den *Thriller* bzw. die *kriminalistische Abenteuererzählung* inhaltlich der Detektivliteratur gegenüberzustellen, so
läßt sich in erster Linie eine Differenz in der Vorgehensweise des
Detektivs (bzw. des Polizeibeamten) konstatieren. Weniger die
hindernisreiche gedankliche Entschlüsselung des verrätselten Verbrechens wird dargestellt, als vielmehr die Verfolgungsjagd eines
schon bald identifizierten oder von vornherein bekannten Verbrechers. Der Thriller besteht meist aus einer Kette aktionsgeladener
Szenen (oft Szenen des Kampfes mit allen seinen Begleiterscheinungen wie Flucht, Verfolgung, Gefangennahme, Befreiung usw.),
in denen der Detektiv (oder der Protagonist des Gesetzes) sich mit
Widerständen auseinandersetzt, die sich ihm als äußere Hindernisse in den Weg stellen, die überwunden werden, oder als Personen,
die beseitigt werden müssen (vgl. Nusser, 1975, 55). Da diese Form
der Kriminalliteratur weniger das Geheimnis eines verbrecherischen Tathergangs als vielmehr die Person des Täters (oder einer
Tätergruppe) als Zielobjekt des oder der Helden aufbaut, lassen
sich grundsätzlich auch die Motive des Verbrechens in der Handlung mitentwickeln (vgl. a. Smuda, in: V, 48).

Die Darstellung der Verfolgung des Verbrechens führt im Gegensatz zur Detektivliteratur zu der vorwärtsgerichteten, chrono-
logischen Erzählweise des typischen Abenteuerromans (vgl.
2.2.1.2.).

Als wichtigste Sonderform des Thrillers ist der Spionageroman anzusehen, der sich lediglich durch das Motiv der Spionage und die damit verbundenen Hintergrundsschilderungen abhebt (vgl. 3.3.2.).

Häufig findet man in der Sekundärliteratur, wenn der Thriller gemeint ist, die hier als Oberbegriff eingeführte Bezeichnung Kriminalroman. Überhaupt wird mit ihr (bzw. mit dem Begriff Kriminalliteratur) oft, wie z.B. bei Alewyn (vgl. in: V, 373), all die kriminalistische Literatur gekennzeichnet, die nicht der Detektivliteratur entspricht. Diese Begriffsverwendung ist unzweckmäßig, weil dadurch der Begriff Kriminalroman (bzw. Kriminalliteratur) seine Funktion als Oberbegriff verliert und ein neuer Oberbegriff für die Abgrenzung gegenüber der Verbrechensliteratur gefunden werden müßte. Im übrigen wäre die Verwendung des Begriffs Kriminalroman für den Thriller auch deswegen ungeschickt, weil sie – wie besonders Schmidt-Henkel betont hat (in: Z, 149) – dem allgemeinen Sprachgebrauch widerspräche, der ›Kriminalroman‹ durchaus im Sinne eines übergeordneten Begriffs gelten läßt.

Buchloh/Becker (B/B, 77) haben auf die Schwierigkeit hingewiesen, Detektivroman und Thriller immer scharf zu trennen, und zwar gerade im Hinblick auf die angelsächsische Kriminalliteratur um 1930. Die bisher gegebenen Erläuterungen gelten den ideellen Polen des Spektrums der Kriminalliteratur (vgl. Gerber, in: V, 414) und unterwerfen sich der Korrektur durch die (in Kap. 3) zu beschreibenden historischen Erscheinungsformen der Kriminalliteratur. Dennoch sollte man angesichts der historischen Erscheinungsformen der Kriminalliteratur nicht auf die Gegenüberstellung von Detektivroman und Thriller verzichten und deswegen den Thriller auch nicht wie Buchloh/Becker (vgl. B/B, 77) als eine Sonderform des Detektivromans ansehen. Die typologische Betrachtungsweise verliert durch die historische keineswegs ihre Bedeutung.

Den Thriller oder kriminalistischen Abenteuerroman, den Agenten und Spionageroman ganz aus dem Bereich der Kriminalliteratur ausschließen zu wollen wie Marsch (18 ff.), ist abwegig und beruht wohl auf einer Überschätzung des literarischen Wertes der analytischen Erzählform. Marsch verwickelt sich dabei auch in einen Widerspruch mit seinen eigenen thematischen Kriterien (17). Es ist unbestreitbar, daß schon aufgrund der bei ihm genannten inhaltlichen Kriterien der Thriller in allen seinen Ausprägungen zur Kriminalliteratur gehört.

Für eine sichere Abgrenzung zwischen *Kriminalroman und Kriminalerzählung (bzw. Detektivroman und Detektiverzählung, Thriller und kriminalistische Abenteuererzählung)* finden sich in der Literatur keine rechten Grundlagen. In manchen älteren Arbeiten (referiert von Schönhaar, 170 ff.) werden die Begriffe Kriminalroman und Kriminalerzählung synonym verwendet.

Marsch will im Zusammenhang mit der Kriminalliteratur überhaupt nur von Erzählungen sprechen. Als Begründung führt er an: In der Kriminalliteratur sei das Personal zahlenmäßig begrenzt, »die Handlung ›geschlossen‹ und ›tektonisch‹ kompakt strukturiert« (15), weswegen der Ausdruck ›Erzäh-

4

lung‹ dem Ausdruck ›Roman‹ als Sammelbegriff vorzuziehen sei. Da Marsch aber nur die besondere Form der Detektivliteratur als Kriminalliteratur gelten läßt und entgegen aller Konvention andere Ausprägungen der Kriminalliteratur anderen Gattungen zuordnet, ist ihm in diesem Sprachgebrauch bisher niemand gefolgt, denn es ist allgemein üblich, den Thriller, der eine ausgesprochene Affinität zur großen Form des Romans besitzt, in die Kriminalliteratur einzubeziehen.

Im allgemeinen geht man davon aus, daß die Detektivliteratur in der Nähe der kurzen Erzählformen steht, weil sie eine Anzahl für diese typischer Kennzeichen trägt: das einzelne Ereignis, die unerhörte Begebenheit (der Mord), der mit der Aufklärungsarbeit verbundene einheitliche Spannungsaufbau (vgl. etwa Suerbaum, in: V, 451). Dies, so wird gefolgert, gebe nicht nur dem Detektivroman meist den Charakter einer (längeren) Erzählung, sondern erkläre generell die große Zahl der kürzeren, von den Autoren ausdrücklich als Detektiverzählung ausgewiesenen Texte. Solche Argumentation erscheint plausibel und nach der Studie R. Schönhaars (1969) zusätzlich begründet. Schönhaar hat eindrücklich die vielfältigen Berührungspunkte zwischen den Strukturmodellen der deutschen Novelle zu Beginn des 19. Jh.s und der Detektivliteratur des 19. Jh.s beschrieben.

Auch die Beziehungen zwischen Drama und Detektivliteratur sind geeignet, die Detektivliteratur der kurzen, ›dramatischen‹ Prosa anzunähern. Dramatische Elemente der Detektivliteratur sind von Buchloh/Becker (B/B, 38) herausgestellt worden: der Aufbau von Exposition, Krisis, Peripetie und Klimax mit folgender Katharsis; die szenische Darstellung des Schlusses; die starke Zeitraffung bei den dokumentarischen Berichten; der große Anteil der Dialoge und Monologe, etc. (Eine etwas gewagte Parallelisierung von Detektivliteratur und griechischer Tragödie hat H. W. Auden in seinem 1962 erschienen Essay »The Guilty Vicarage« [in deutscher Übersetzung bei Z, 133 ff.] versucht.)

Auch wenn man historisch argumentiert und die literarischen Wurzeln isoliert, aus denen die Detektivliteratur zusammenwuchs (vgl. 3.1.4.), stößt man u. a. auf das Rätsel, auf Rätselmärchen, auf Erzählungen, die von listigen Einfällen handeln, auf Prozeßberichte (Beispiele bei Wölcken, 16 ff.), also im wesentlichen auf literarische Kurzformen, nicht auf Langformen.

Dennoch bleibt es sinnvoll, die begriffliche Unterscheidung zwischen Detektivroman und Detektiverzählung aufrechtzuerhalten, und dies gerade angesichts der historischen Entwicklung der Detektivliteratur. Die komplexe Form des Detektivromans findet man schon im 19. Jh. (etwa bei Collins und Gaboriau – vgl. 3.2.2.), häufiger dann seit den zwanziger Jahren dieses Jahrhunderts, als bestimmte Konventionen der Detektivliteratur (etwa bei D. Sayers – vgl. 3.2.5.2.) durchbrochen werden. Die entscheidende Ursache für den seitdem in der Detektivliteratur deutlicher hervortretenden Übergang zur Langform des Romans sieht Suerbaum (in: V, 452) in dem wachsenden Interesse an der zergliedernden Darstellung psychischer Zustände und Vorgänge. Stellt die auf ein begrenztes Ziel (der Lösung der Frage ›Whodunit‹) ausgerichtete Funktionalität der ›reinen‹ Detektivliteratur ein kaum überwindbares Hemmnis für die Ausweitung des Werkes dar, so vollzieht sich diese zwangsläufig in dem Maße, in dem sich das »Rätsel der Mordmechanik« (ebd.) zu einem psychologischen Rätsel erweitert. Ähnlich, aber weiterführend, argumentiert Alewyn (in: V, 386 f.): Sobald die Gattung sich zum Roman erweitere, konstituiere sie eine Welt, in der sich mehr als ein Mörder verstecke. Entscheidend sei die Darstellung der Verdächtigungen Unschuldiger, aufgrund derer sich die »abstrakte Linie zum konkreten Raum« ausweite, in dem sich Charaktere und Milieu entfalten lassen. Für Alewyn gerät durch die zahlreichen Verdächtigungen, durch das allseitig um sich greifende Mißtrauen ein ganzes Stück Welt in einen »frag-würdig [en]« Zustand (in: V, 397). Diesen Verfremdungseffekt könne allein der Roman, nicht aber die Kurzerzählung hervorrufen. Gerade in der Gegenwart wird diese von Alewyn beschriebene Möglichkeit, die Gattung mit ›Realität‹ zu füllen, oft aufgegriffen. Dabei wählen – wie in 3.4. zu zeigen sein wird – die Autoren nicht nur das Strukturmodell des Detektivromans, sondern auch das des Thrillers oder aber Mischformen.

Tendiert der Detektivroman, sofern er als pointierter Rätselroman erscheint (vgl. 3.2.5.1.), eher zu den Kurzformen des Erzählens, so tendiert der Thriller eindeutig zur Langform des Romans. Dies liegt wesentlich in seiner Struktur und in seiner Unterhaltungsintention begründet (vgl. 2.2.1.). Der chronologische, in die Zukunft gerichtete Erzählverlauf erlaubt die Aneinanderreihung immer neuer Abenteuer der Protagonisten und erzielt beim Leser eine sich auf und ab bewegende Spannungsintensität. Im Gegensatz zur Detektivliteratur, die den allein auf das Ende der Erzählung (die Lösung des Rätsels) bezogenen Spannungsaufbau nicht unterbricht und daher den Leser bis zum Schluß ununterbrochen belastet, hat der Thriller eher die Möglichkeit, den Leser sich immer wieder entspannen zu lassen, ihn also mehr an den Verlauf der Darstellung als an ihren Ausgang zu binden.

Allerdings gibt es auch kürzere Erzählungen im Bereich der kriminalistischen Abenteuerliteratur. Sie vermitteln zum großen Teil – ähnlich wie die short story – schicksalhafte Momente in atmosphärisch dichter Gestaltung, wobei nicht selten mit ausgesprochenen Überraschungseffekten gearbeitet wird.

Aufgrund dieser Feststellungen erscheint es vernünftig, Kriminalroman und Kriminalerzählung (bzw. Detektivroman und Detektiverzählung, Thriller und kriminalistische Abenteuererzählung) weiterhin zu unterscheiden. Andererseits dürfte es auch nachvollziehbar sein, wenn in die hier in Kap. 3 gegebene Darstellung der historischen Entwicklung des Kriminal*romans* immer auch die kürzeren Formen der Kriminalliteratur einbezogen werden.

Literatur:

Fast alle Darstellungen der Kriminalliteratur enthalten Begriffsdefinitionen. Hervorgehoben seien hier nur einige neuere Arbeiten, in denen u. a. das Terminologieproblem ausdrücklich erörtert wird:
G. Schmidt-Henkel, Kriminalroman und Trivialliteratur (zuerst 1962), in: Z. *R. Gerber*, Verbrechensdichtung und Kriminalroman (zuerst 1966), in: V. *D. Naumann*, Zur Typologie des Kriminalromans (zuerst 1968), in: Z. Z. *Škreb*, Die neue Gattung. Zur Geschichte und Poetik des Detektivromans (1971), in: Z. *P. G. Buchloh/J. P. Becker* (vgl. B/B). *U. Schulz-Buschhaus* (vgl. S-B). *U. Suerbaum*, Warum ›Macbeth‹ kein Krimi ist: Gattungsregeln und gattungsspezifische Leseweise, in: Poetica 14, 1982.

Außerdem im Text zitierte Arbeiten:

V. *Schklovskij*, Die Kriminalerzählung bei Conan Doyle (Zuerst 1929), in: V. *F. Wölcken*, Der literarische Mord – Eine Untersuchung über die englische und amerikanische Detektivliteratur, Nürnberg, 1953. *E. Frenzel*, ›Kriminalgeschichte‹, in: Reallexikon der deutschen Literaturgeschichte, Berlin, ²1958. *W. H. Auden*, The Guilty Vicarage (zuerst 1962), deutsch in: Z. *U. Suerbaum*, Der gefesselte Detektivroman. Ein gattungstheoretischer Versuch (zuerst 1967), in: V. *R. Alewyn*, Anatomie des Detektivromans (zuerst 1968), in: V. *R. Schönhaar*, Novelle und Kriminalschema – Ein Strukturmodell deutscher Erzählkunst um 1800, Bad Homburg, 1969. *M. Smuda*, Variation und Innovation. Modelle literarischer Möglichkeiten der Prosa in der Nachfolge Edgar Allan Poes (zuerst 1970), in: V. *E. Marsch*, Die Kriminalerzählung. Theorie, Geschichte, Analyse, München, 1972. *P. Nusser*, Kriminalromane zur Überwindung von Literaturbarrieren, in: DU 1975, H. 1.

1.1.2. Die Verbreitung des Kriminalromans

Quantitativ übertrifft die Kriminalliteratur wahrscheinlich alle anderen Zweige der Literatur. (»Notiert man den Korpus dieser Überlieferung in Zahlen, so ergibt sich eines der gewichtigsten Kapitel allgemeiner Literaturgeschichte im zwanzigsten Jahrhundert« [Žmegač, in: Z, 9].) Jedoch bleiben die Angaben über ihre Verbreitung wenig exakt und sind auch kaum überprüfbar. Die Ursachen für die weite Verbreitung der Kriminalliteratur sind einerseits nicht ohne ihre Produktions- und Vermittlungsbedingungen, andererseits nicht ohne die psychologisch und soziologisch erklärbaren Leserdispositionen zu verstehen. Hierauf kann erst in Kap. 3 und 4 eingegangen werden. Vorerst seien einige Ergebnisse und Zahlen referiert, die einen allgemeinen Eindruck von der Popularität dieser Gattung vermitteln.

Nach Darstellung der Enzyclopaedia Britannica (1946) unter dem Stichwort ›Mystery Stories‹ sind allein in England und den USA von 1841 an (dem Erscheinungsjahr von Poes ›The Murders in the Rue Morgue‹) bis 1920 etwa 1300 verschiedene Kriminalromane erschienen, von 1920–1940 etwa 8000. ›Publisher's Weekly‹ (nach Wölkken, 7) zählt für 1949 allein für die USA 405 verschiedene Titel unter insgesamt 1644 verschiedenen belletristischen Büchern, was einem Viertel der belletristischen Gesamtproduktion entspricht. Hierbei sind weder die Titel in Zeitschriften noch die Titel der Heftromane mitgezählt. Auch die Auflageziffern pro Titel liegen bei der Kriminalliteratur außerordentlich hoch. Nach Buchloh/Becker (B/B, 1) erreichen schon die ›reinen‹ Detektivromane in Taschenbuchform (also nicht die viel populäreren Thriller) im Durchschnitt eine Auflage von 10 000 bis 20 000 Exemplaren. A. Christie, E. S. Gardner, E. Queen haben mit ihrem Gesamtwerk Millionenauflagen erreicht. Ähnliche oder größere Erfolge haben die Verfasser der Thriller in Buchform, insbesondere aber die Autoren oder Autorenteams der Heftromankrimis (vgl. hierzu allgemein Hickethier/Lützen, in: R/ Z, 275 ff.).

Über die Verbreitung von Kriminalromanen in der Bundesrepublik geben einige in den sechziger Jahren von Tageszeitungen veranstaltete Umfragen Auskunft, deren wichtigste Ergebnisse bei Schmidt-Henkel (in: Z, 15 ff.) zusammengefaßt sind. Danach ist der Umsatz an Kriminalliteratur (Detektivromane und Thriller in Buchform) von 1955 an beständig gestiegen. Bei dem Versuch, die Gesamtzahl der in deutscher Sprache (einschließlich Übersetzungen) verbreiteten Kriminalromane zu errechnen, kam man schon Anfang der sechziger Jahre auf 15 Millionen Exemplare. Geht man davon aus, daß jedes Buch mehrere Leser findet, so wird in der Tat evident, daß die Kriminalliteratur einen bedeutsamen sozialen Faktor der Bewußtseinsbeeinflussung darstellt. Dies kann man jedoch vor allem angesichts der Verbreitung der Heftromankrimis sagen. Allein von der ›Jerry Cotton‹-Serie, der erfolgreichsten in Deutschland, aber doch nur einer unter anderen, werden wöchentlich ungefähr 300 000 Exemplare verkauft (vgl. Pforte, in: R/Z, 57). Geht man auch nur von 6 Lesern pro Heft aus, was eher eine Unterschätzung ist, so lesen wöchentlich nahezu 2 Millionen Leser in der Bundesrepublik allein diese Serie. Diese Ergebnisse von 1971 dürften sich inzwischen nicht wesentlich geändert haben.

Weitergehende Versuche, die über die Verbreitung von Kriminalromanen hinaus Näheres über die Zusammensetzung ihrer Leserschaft und deren Lesemotivationen zu ermitteln suchen, müssen vorerst als äußerst problematisch bezeichnet werden. Den gegenwärtigen Stand einer ›wissenschaftlichen‹, mit den Methoden der empirischen Sozialforschung arbeitenden Buchmarktforschung in der Bundesrepublik illustriert ein 1979 erschienener Bericht von K. H. Teckentrup, der Ergebnisse der siebenbändigen Studie »Kommunikationsverhalten und Buch« (Bertelsmann Stiftung, 1978) weitergibt. Danach werden »Krimis, Spionage- und Detektivromane« (diese Genres werden alle zusammengeworfen, wodurch die Aussagekraft der Ergebnisse von vornherein eingeschränkt ist) zum größeren Teil von Angehörigen der Oberschicht gelesen (vgl. Tabelle 3). Hierbei sind aber die Heftroman-Thriller, die wöchentlich zu Hunderttausenden hauptsächlich von Angehörigen der Unterschicht gelesen werden (vgl. N, 7 ff.), nicht berücksichtigt, so daß ein vollkommen falsches Bild über die tatsächliche Zusammensetzung der Rezipienten entsteht. Selbst wenn man davon ausgeht, daß die in Buchform erscheinenden Kriminalromane vorwiegend von Angehörigen der höheren sozialen Schichten gelesen werden, so verblüffen Ergebnisse derselben Studie, nach denen Krimis, Spionage- und Detektivromane ganz überwiegend (vgl. Tabelle 6) von denjenigen beiden »Lesertypen« (VII und VIII) genutzt werden, die an sich laut Auskunft der Tabelle 5 »Leser mit besonderer Vorliebe für Aufklärungsbücher, Liebes- und Heimatromane« und »Leser mit überdurchschnittlichem Interesse für Abenteuer- und Kriegsliteratur« sind. Gerade diese Lesertypen aber sind, was die Mediennutzung angeht, besondere »Liebhaber des Fernsehens« (30), und diese wiederum kommen hauptsächlich aus der Unterschicht (vgl. Tabelle 3). – Angesichts derartig kläglicher Widersprüche ist es wohl ratsam, solch einer ›Forschung‹ gegenüber mißtrauisch zu bleiben; mindestens so lange, bis bei derartigen Studien Literaturwissenschaftler mitarbeiten, die wenigstens für sinnvolle Fragestellungen sorgen könnten.

Literatur:

F. Wölcken, Der literarische Mord. Eine Untersuchung über die englische und amerikanische Detektivliteratur, Nürnberg, 1953. *G. Schmidt-Henkel,* Kriminalroman und Trivialliteratur (zuerst 1962), in: Z. *H. Haycraft,* Murder for Pleasure, New York, [2]1968 (insbes. 181). *V. Žmegač,* Aspekte des Detektivromans (1971) in: Z. *P. G. Buchloh/J. P. Becker* (vgl. B/B). *P. Nusser* (vgl. N). *D. Pforte,* Bedingungen und Formen der materiellen und immateriellen Produktion von Heftromanen, in: R/Z. *K. Hickethier/W. D. Lützen,* Der Kriminalroman. Entstehung und Entwicklung eines Genres in den literarischen Medien, in: R/Z. *Bertelsmann Stiftung/Infratest Medienforschung,* Kommunikationsverhalten und Buch, Gütersloh/München, 1978.

1.2. Untersuchungsmethoden

1.2.1. Die Beurteilung des Kriminalromans

Die Beurteilung des Kriminalromans durch die Literaturkritik steht – jedenfalls in Deutschland – im Gegensatz zu seiner Popularität. Während in den angelsächsischen Ländern die Gattung allein schon wegen ihres hohen handwerklichen Niveaus respektiert wird, überwiegt in Deutschland ihre negative Einschätzung, die sich erst seit den sechziger Jahren aufgrund eines erweiterten Literaturbegriffs, verschiedener gründlicher wissenschaftlicher Studien (vgl. 1.2.2.) und einer ausgeglicheneren, rezeptionsästhetische Fragestellungen berücksichtigenden Einstellung zur Trivialliteratur überhaupt langsam zu ändern beginnt.

Die gängigen Urteile über den Kriminalroman werden im folgenden systematisch zusammengefaßt und erörtert:

a) Die Form des Kriminalromans (so wird immer wieder geschrieben, und meist wird dabei an den Detektivroman gedacht) sei absolut determiniert; das stereotype Schema, nach dem die Texte gearbeitet seien, werde lediglich variiert und erweise sie als trivial. Dieses Urteil ist – derart unvermittelt – sicherlich nicht haltbar. Viele Gattungen sind (zumindest bis ins 18. Jh.) an Schemata gebunden und stehen in festen thematischen oder formalen Traditionen; Variation ist eines der Grundprinzipien aller Künste und auch in der Literatur allgegenwärtig; das Widerspiel zwischen Imitation und Innovation, die Spannung zwischen der erwarteten Wiederkehr und der überraschenden Abwandlung hat den Leser von jeher ästhetisch befriedigt (vgl. Suerbaum, in V, 442 f.). Zudem hat gerade der Kriminalroman, wie Schulz-Buschhaus betont hat, die diachronische Vielfalt der Formen um eine synchronische Vielfalt vermehrt, die von vollindustrialisierter Serienfabrikation über handwerklich gediegene Konfektion bis zu Werken reicht, welche das Kriminalschema nur als Ausgangspunkt für höchst komplizierte Romandichtungen benutzen (S-B, 1). Nichtsdestoweniger bleiben die idealtypischen Konstanten, die dieser doppelten Vielfalt zugrunde liegen, erkennbar (vgl. ebd.) und erlauben es, der Ansicht Žmegačs zuzustimmen, daß (hier einschränkend formuliert) in den Schemata des Kriminalromans die Elemente im allgemeinen pragmatisch und zielgerichtet sind und schwerlich die Möglichkeit haben, eigenes Leben (eigene Symbolkraft) zu entfalten, wogegen »die Funktionalität im Kunstwerk nicht Unterdrückung, sondern dynamische Wechselwirkung« aller Teile untereinander bewirkt (vgl. in: Z, 24).

b) Gewichtiger sind die Einwände, die sich auf die Gestaltung der Realität im Kriminalroman beziehen. Nicholas Blake (in: H, 402 f.) hat zwei Extreme bezeichnet, wenn er schreibt, daß den Autoren von Kriminalromanen nichts übrigbleibt, als entweder unrealistische Charaktere in realistische Situationen zu stellen oder realistische Charaktere in phantastische Situationen. Der ersten Möglichkeit erliegt zweifellos am ehesten der Detektivroman, der zweiten der Thriller. – Aber nicht nur die Entstellung der Realität wird beklagt und als Indiz für die Trivialität der Gattung angesehen, sondern auch die Realitätsferne, die vor allem den Detektivroman kennzeichnet, weil er sich ganz einem formalen Prinzip unterwirft, »der Moral der Untersuchung« – wie Žmegač (in Z, 33) formuliert –, »nicht der Untersuchung der Moral«, und weil er aus diesem Grund an Realität nur akzeptiert, was als Material für sein gedankliches Spiel unabdingbar ist.

Man muß aber im Blick behalten, daß diese Feststellung einer großen Anzahl gerade neuerer Detektivromane nicht gerecht wird. Viele Detektivromane und Thriller zeichnen sich nicht nur durch eine bemerkenswerte Realitätsnähe und -fülle aus, es können von ihnen auch unter Beibehaltung ihrer unterhaltenden Qualitäten aufklärerische Impulse ausgehen, die etablierte Normen der Anschauung und des Urteils zu durchbrechen helfen (3.4.). Insofern ist es verfehlt, die Gattung als solche trivial zu nennen. Dies würde auch einer längst überholten Auffassung entsprechen, nach der die Trivialliteratur ein fest umrissener Bereich ist, dem gewisse Gattungen angehören oder nicht. Richtig ist vielmehr, daß der Kriminalroman über weite Strecken seiner Geschichte automatisiert, redundant, realitätsfern ist, daß er sich aber auch, wie viele originelle und realitätsnahe Beispiele erweisen, weit über alle Trivialität erheben kann (vgl. dazu auch Smuda, in V, 33 f.). Kein geringerer als R. Alewyn ist der Ansicht, daß es einige Dutzend Detektivromane geben dürfte, »die besser geschrieben sind als das meiste, was heute in Deutschland literarisch ernst genommen wird« (in: V, 372; vgl. A. Andersch, in: Sch, 17 f.). In diesem Zusammenhang ist es sicher interessant, daß gerade Autoren von Kriminalromanen sich – was es in der Trivialliteratur sonst nicht gibt – intensiv um ein kritisches Selbstverständnis bemüht haben und bemühen (vgl. die von Buchloh/Becker herausgegebene Sammlung entsprechender Essays).

Ein generelles Urteil über die Gattung vom Kriterium der Realitätsbewältigung her zu fällen, erweist sich also ebenfalls als nicht unproblematisch. Die Frage der Realitätsdarstellung im Kriminalroman ist wichtig für die Beschreibung seiner ideologischen Funktionen, aber solch ein Unterfangen begreift die ›Unwahrscheinlichkeiten‹ in ihm nicht als Vorwurf, sondern als eine literarische Bedingung für seinen Unterhaltungswert. Dies leitet über zum dritten Einwand:

c) Der Kriminalroman sei Massenliteratur, er befriedige die geistigen Kollektivbedürfnisse breiter Leserschichten und erweise – auch wenn viele Intellektuelle seine Lektüre als ›heimliches Laster‹ betreiben – schon deswegen seine literarische Minderwertigkeit, sei deshalb auch der Erforschung nicht wert. Gefährlich sei er aber insbesondere deswegen, weil er von Bluttaten handle, gegen sie abstumpfe oder zu ihrer Nachahmung anreize, also eine ›Schule des Verbrechens‹ sei.

Der erste Teil dieses Urteils bedarf heute kaum noch einer Widerlegung. Man kann jene Kritiker mit ihren eigenen Waffen schlagen, wenn man sie mit Alewyn fragt, »ob eine Krankheit etwa für die Mediziner dadurch weniger interessant wird, daß sie epidemisch auftritt« (in: V, 372). Die Erforschung des Kriminalromans unter literatursoziologischen und rezeptionsästhetischen Gesichtspunkten steckt zwar noch in den Anfängen (vgl. Kap. 4), doch wird an der Notwendigkeit dieser Aufgabe nicht mehr gezweifelt.

Der zweite Teil des Urteils trifft eher die Thriller, da Detektivromane von Bluttaten ja nur indirekt handeln (vgl. Alewyn, in: V, 373). Hierauf gibt es eine Antwort, die immerhin einige Wahrscheinlichkeit besitzt: Leser von Kriminalromanen haben es gar nicht nötig, Verbrecher zu werden, weil sie sich bei der Lektüre ihrer in ihnen schlummernden kriminellen Instinkte auf unschädliche Weise entledigen, also einer Katharsis unterzogen werden (vgl. Alewyn, in: Z, 187). Andererseits ist nicht abzuweisen, daß sich aggressive Verhaltensmuster durch ›observatives Lernen‹ auch einprägen können (vgl. zu dieser Problematik 4.2.).

Zieht man das Fazit, so erweisen sich die gängigen Urteile über den Kriminalroman entweder als Vor- oder Fehlurteile, oder aber sie bedürfen zumindest einer mehr oder weniger weitgehenden Modifizierung.

Literatur:

Die kontroverse Beurteilung des Kriminalromans wird als Fragestellung aufgegriffen bei:

12

R. *Alewyn,* Die Anfänge des Detektivromans (zuerst 1963), in: Z. *R. Alewyn,*
Anatomie des Detektivromans (zuerst 1968), in: V. *M. Smuda,* Variation und
Innovation. Modelle literarischer Möglichkeiten der Prosa in der Nachfolge
Edgar Allan Poes (zuerst 1970), in: V. *V. Žmegač,* Aspekte des Detektivromans (1971), in: Z. *A. Andersch,* Avancierte Literatur (1978), in: Sch. *W. Albrecht,* Krimi – ein vernachlässigtes Genre, in: Zeitschrift für Germanistik 2,
1981. *T. Wörtche,* Plädoyer für eine Sieger. Warum die Kriminalliteratur
keine Verteidigung braucht, in: *M. Compart / T. Wörtche* (Hg.), Jahrbuch
der Kriminalliteratur 1989, Bergisch-Gladbach 1989.

Zur Einführung in das Problem der Trivialität von Literatur:

W. Schemme, Trivialliteratur und literarische Wertung, Stuttgart, 1975.
P. Nusser, Trivialliteratur, Stuttgart, 1991.

Außerdem im Text zitierte Arbeiten:

N. Blake, The Detective Story – Why?, in: H. *U. Suerbaum,* Der gefesselte
Detektivroman. Ein gattungstheoretischer Versuch (zuerst 1967), in: V. *U.
Schulz-Buschhaus* (vgl. S-B). *P. G. Buchloh/J. P. Becker,* Der Detektiverzählung auf der Spur. Essays zur Form und Wertung der englischen Detektivliteratur, Darmstadt, 1977.

1.2.2. Die Erforschung des Kriminalromans

Die seit der Jahrhundertwende allmählich anwachsende Literatur
zum Kriminalroman steht unter übergeordneten Fragestellungen,
die zum Teil schon früh, zum Teil erst kürzlich an Bedeutung
gewonnen haben: der gattungsgeschichtlichen, der gattungspoetologischen, der literatursoziologischen, der literaturdidaktischen.
Manche Arbeiten verfolgen mehrere dieser Fragestellungen zugleich, doch läßt sich fast immer erkennen, worauf das Erkenntnisinteresse des jeweiligen Verfassers vorrangig gerichtet ist. Deswegen
ist es – schon um der besseren Orientierung willen – in dem folgenden forschungsgeschichtlichen Abriß gerechtfertigt, die Sekundärliteratur zum Kriminalroman unter den genannten Fragestellungen
zu subsumieren und jeweils im historischen Längsschnitt zu verfolgen. Genannt werden dabei nur die wichtigsten Gesamtdarstellungen und Arbeiten, von denen die Diskussion nachhaltig beeinflußt
worden ist.

Forschungsgeschichtliche Darstellungen bzw. Überlegungen finden sich bei
D. Naumann (1967), E. Marsch (1972, 45 ff.), J. P. Becker (1975, 121 ff.),
G. Egloff (1978, in: Sch, 58 ff.).

a) Der gattungsgeschichtliche Ansatz

Die ersten Arbeiten zur Geschichte des Kriminalromans erscheinen zu Beginn dieses Jahrhunderts. Sie tragen größtenteils den Charakter einer Bestandsaufnahme, legen Linien einer geschichtlichen Entwicklung der Gattung fest, versuchen auch Begriffsbestimmungen und diskutieren zuweilen die Wertfrage. Hervorzuheben ist das Buch von F. Depken (1914), in dem schon ausführlich auch die Techniken der »Kriminalerzählung«, insbesondere der Spannungsaufbau, beschrieben werden. Im Mittelpunkt steht allerdings der Vergleich unterschiedlicher Detektivgestalten und ihres methodischen Vorgehens. Andere ›Wegweiser‹ durch die Kriminalliteratur zu diesem frühen Zeitpunkt sind etwa die in Deutschland erschienenen Aufsätze von A. Schimmelpfennig (1908), E. Schulze (1910/11) und A. Ludwig (1918/19) sowie das in den USA erschienene Buch von F. W. Chandler (1907).

Eine zweite Phase der Aufarbeitung der Geschichte des Kriminalromans setzt in Amerika und Westeuropa in den dreißiger und vierziger Jahren ein, in Deutschland erst nach dem 2. Weltkrieg. 1931 erscheint in England das vielzitierte, 1973 nachgedruckte Buch von H. Thomson, 1941 in Frankreich die Gesamtdarstellung von R. Caillois, 1942 in Amerika die von H. Haycraft, später in England die von S. Scott (195 3). Von den in Deutschland (übrigens von Anglisten) verfaßten Arbeiten ist weniger das locker geschriebene Buch von W. Gerteis (1953) als die Habilitationsschrift von F. Wölcken (1953) zu nennen. Während Gerteis sich vor allem den Anfängen des Kriminalromans widmet, erfaßt Wölcken schon Hammett und Chandler und versucht geistesgeschichtliche Erklärungen für Stoff, Form und Popularität des Detektivromans zu geben. Die verschiedenen Ausprägungen des Thrillers und ihre Vorläufer aber geraten auch bei Wölcken noch nicht ins Blickfeld, ebensowenig wie in dem 1958 in England erschienenen Buch von A. Murch, der wohl informativsten Geschichte des Detektivromans des 19. und beginnenden 20. Jh. s.

Ein Wandel tritt erst nach 1960 in einer dritten und vorläufig letzten Phase der gattungsgeschichtlichen Forschungsarbeiten ein. Nach wie vor gibt es zwar neue, zum Teil originelle Darstellungen der Entwicklung des Detektivromans (z. B. von K. G. Just [1966], M. Smuda [1970], E. Routley [1972]), aber nun findet auch der andere, besonders populäre Zweig des Kriminalromans Beachtung: P. Durham (1961) und D. Madden (1968, als Herausgeber) wenden sich Hammett, Chandler und ihren Nachfolgern zu; der Spionageroman wird untersucht (R. Usborne [1953, [2]1975], J. P. Becker

[1973]), insbesondere der Spionageroman Flemings (K. Amis [1965], H. C. Buch [1965], O. del Buono/U. Eco [1966]). Von den Anfängen des Detektivromans bis zum Kriminalroman der sechziger Jahre führen nun auch Überblicksdarstellungen wie die von J. Elgström/ T. la Cour/AÅ. Runnquist (1961), C. Watson (1971) und J. Symons (1972). Die meisten der zuletzt genannten Arbeiten sind von gattungspoetologischen und literatursoziologischen Fragestellungen beeinflußt, die seit den sechziger Jahren intensiv diskutiert werden. Besonders deutlich wird der literatursoziologische Aspekt in dem Buch von Watson, das u. a. die Relationen von Kriminalroman und Lesepublikum untersucht und daher auch unter den literatursoziologischen Arbeiten zum Kriminalroman zu nennen ist. – Von ideologiekritischen Überlegungen sind einige Arbeiten geprägt, die sich bereits den neuesten Erscheinungsformen des Kriminalromans zuwenden. P. Boileau/Th. Narcejac (1964) rechtfertigen im Rahmen einer Gesamtdarstellung als Autoren ihren eigenen Neuansatz des Kriminalromans, U. Schulz-Buschhaus (1975) untersucht durch exemplarische Behandlung einiger wichtiger Autoren von Poe bis Sciascia den Zusammenhang von Formen und Ideologien des Kriminalromans; ähnlich verfahren die Autoren eines von E. Schütz 1978 herausgegebenen Sammelbandes. Von besonderem Interesse ist auch ein 1978 erschienenes Buch von H.-O. Hügel, das sich in seinem historischen Teil ausführlich der deutschen Tradition des Kriminalromans widmet. Die Ergebnisse dieser neuesten Arbeiten wären erst zu ergänzen, wenn weitere gründliche Einzelanalysen, wie es sie etwa über E. A. Poe, A. C. Doyle, R. Chandler, I. Fleming schon reichlich gibt (Literaturhinweise in Kap. 3), durchgeführt würden. Gerade auch über den deutschen Kriminalroman der Gegenwart wären eingehendere Untersuchungen wünschenswert.

Weniger um Interpretation als um Materialsichtung und übersichtliche, teilweise lexikalische Faktendarstellung geht es in den Büchern von O. A. Hagen (1969), J. Barzun/W. H. Taylor (1971), P. G. Buchloh/J. P. Becker (1973) und A. Arnold/J. Schmidt (1978) (dort [425 ff.] weitere Hinweise auf internationale Bibliographien, Enzyklopädien, Kompendien o. ä.).

b) Der gattungspoetologische Ansatz

Die früh geäußerte Kritik am Kriminalroman hat verschiedene seiner Autoren veranlaßt, ihn engagiert zu verteidigen. Man weist auf die gattungsspezifischen Romantechniken insbesondere des Detektivromans hin, deren Anwendung handwerkliches Können verlangt, und will damit zugleich die Exklusivität der Gattung und ihr literarisches Niveau begründen. Den Beginn machen C. Wells (1913), R. A.

Freeman (1924), R.A.Knox (1929) und S. S. v.Dine (1936). Zu erwähnen sind auch Aufsätze von D. Sayers (1935) und R. Chandler (1946). H. Haycraft vereinigt 1946 all diese und andere Äußerungen von Schriftstellern in einem Sammelband. Dort findet man auch Zeugnisse über den 1932 von bekannten englischen Detektivroman-autoren in London gegründeten ›Detection Club‹. (Viele dieser Aufsätze sind jetzt in deutscher Übersetzung in einem von P.G. Buchloh und J.P. Becker herausgegebenen Sammelband [1977] erschienen.) Auf der Grundlage dieser Diskussion über die ›Spielregeln‹ des Detektivromans stehen die in Frankreich bzw. Amerika publizierten Bücher von F. Fosca (1937) und M. Rodell (1943).

Noch vor dem 2. Weltkrieg beginnt die lexikalische Erfassung der Gattung, die sich insbesondere um Begriffsbestimmungen und Abgrenzungsversuche, aber auch um historische Überblicke bemüht (vgl. etwa H. Beyer [1928], R.A. Knox [1929]; dann E. Frenzel [1952]). Schon in den zwanziger Jahren beschäftigen sich einige der russischen Formalisten (wie z.B. Schklovskij) mit der strukturalen Analyse von Kriminalerzählungen C. Doyles (vgl. dazu Marsch, 63 f.). Später wird diese Arbeit von sowjetischen Linguisten fortgesetzt, z.B. von I.I. Revzin (1964), der sich bemüht, am Beispiel der Romane A. Christies das Zeichensystem der Sprache des Detektivromans zu bestimmen. Doch geht es in diesen Arbeiten – worauf auch die Banalität der Ergebnisse hinweist – wohl mehr um die Erprobung einer linguistischen Methode, die zuerst an ›einfachen Objekten‹ (vgl. Marsch, 64) ausprobiert werden soll, als um eine ernsthafte Bemühung um den Kriminalroman.

Diese setzt unter poetologischen Gesichtspunkten in den sechziger Jahren mit den Aufsätzen von E. Bloch (1960), H. Heißenbüttel (1963) und R. Alewyn (1963, 1968) ein. Sowohl Bloch als auch Alewyn stellen Kennzeichen der äußeren und inneren Form des Detektivromans heraus. Während Bloch die Wesensmerkmale dieser Gattung dann philosophiegeschichtlich herzuleiten versucht, erörtert Alewyn, wie aus ihnen die Faszination des Lesepublikums zu erklären sei. Heißenbüttel richtet seine Aufmerksamkeit vor allem auf die Gestaltung des Detektivs, um von daher typologisch zu argumentieren und die unterschiedlichen Ausprägungen der Kriminalliteratur zu begründen. Diese Arbeiten, die in Deutschland gerade den Detektivroman in den Augen der Literaturkritik erheblich aufwerten, ziehen eine ganze Reihe von Studien nach sich, die teils Kritik versuchen, teils Ergänzungen bringen (u. a. R. Gerber [1966], U. Suerbaum [1967], P. Fischer [1969]). (Sie sind leicht zugänglich in den Sammelbänden von V. Žmegač [1971] und J. Vogt [1971]). Die poetologischen Untersuchungen zum Thriller beziehen sich, abgesehen von der existenzphilosophischen Studie R. Harpers zum Thriller (1969), vorerst vor allem auf Flemings Spionageromane (U. Eco, 1969) und die Heftromane (Nusser, 1973). Noch seltener sind Publikationen, in denen die gegenwärtigen Neuansätze eines psychologischen und gesellschaftskritischen Kriminalromans systematisch erfaßt werden. Abgesehen von dem schon erwähnten Buch Boileaus und Narcejacs (1964), geschieht dies ansatzweise bei Nusser (1971, 1975), wo gezeigt wird, auf welch unterschiedliche Weise Gesellschaftskritik in den Kriminalroman eingebracht wird, ohne daß dessen gattungsspezifische Merkmale verletzt werden (vgl. jetzt auch hier 3.4.).

Zu den gattungspoetologischen Arbeiten müssen auch diejenigen gezählt werden, die sich vergleichend mit Beziehungen zwischen bestimmten historischen Erscheinungsformen des Kriminalromans und der Novelle (insbesondere des 19. Jh.s) befaßt haben. Hier sind R. Schönhaar (1969), E. Marsch (1972) und W. Freund (1975) hervorzuheben. Beziehungen zwischen Detektivliteratur und Drama stellt C. Reinert (1974) her.

c) Literatursoziologische Fragestellungen

Der Begriff Literatursoziologie wird hier denkbar weit gefaßt, damit sehr unterschiedliche Fragestellungen einigermaßen sinnvoll zusammengefaßt werden können. Nur mit Vorbehalt lassen sich die schon kurz nach der Jahrhundertwende erscheinenden Arbeiten von E. Ferri (1907), A. Lichtenstein (1908), S. Sighele (1908), später von F. Böckel (1914–18) und E. Wulffen (1927), in denen Verbrechens- und Kriminalliteratur unter kriminologischen und gerichtsmedizinischen Aspekten beurteilt wird, zur Gruppe literatursoziologischer Studien zum Kriminalroman rechnen. Das Verbrechen wird von diesen Autoren als pathologisches Verhalten verstanden und als soziale Anomalie verurteilt, die Literatur, die sich mit ihm beschäftigt, entsprechend negativ eingeschätzt. Umgekehrt dient die Literatur als Quelle verbrechenspsychologischer Exempel und kriminalmedizinischer Erkenntnisse. Alle diese Arbeiten gehen von der unhaltbaren Voraussetzung aus, daß fiktionale Literatur die Wirklichkeit unvermittelt abbilde. Eine analoge Auffassung von Literatur ist von E. Marsch (1972, 75) in einer Anzahl rechtspositivistischer Untersuchungen des späten 19. Jh.s festgestellt worden, für die Verbrechens- und Kriminalliteratur als Repertorium juristischer Fälle fungiert.

Genuine literatursoziologische Fragen werden vor dem 2. Weltkrieg zuerst in den Arbeiten von A. Ludwig (1918) und R. Messac

17

(1929) aufgeworfen. In ihnen geht es um die Bestimmung des Einflusses positivistischen und naturwissenschaftlichen Denkens auf die Struktur des Kriminalromans. Mit der Rationalität des Detektivs und dem sie hervorhebenden Wirklichkeitsverständnis setzt sich S. Kracauer (1925) kritisch auseinander. B. Brecht und H. Proll beschäftigen sich mit der Wirkungsfrage. Während Brecht in kleineren Aufsätzen aus den dreißiger Jahren eine Reihe von Ursachen für die Popularität des Detektivromans zusammenstellt, interessiert sich Proll (1938) – wie vorher bereits H. Epstein (1930) – vorwiegend für die Wirkung der massenhaft verbreiteten Heftromankrimis. Wenn hier auch erst fast ausschließlich Vermutungen ausgesprochen werden, so sind doch die meisten Probleme schon aufgeworfen, die ab 1960 wieder aufgegriffen werden.

Erst in diesen Jahren wird die Frage nach den historischen und gesellschaftlichen Entstehungsbedingungen des Kriminalromans von R. Alewyn (1963) erneut gestellt. Seine unkonventionelle Antwort entfacht eine breite, in 3.1.2. dargestellte Diskussion (vgl. u. a. R. Gerber [1966], R. Schönhaar [1969], Z. Škreb [1971]). Erst neuerdings werden auch die materiellen Entstehungsbedingungen des Kriminalromans beachtet (K. Hickethier/W. D. Lützen [1976]). Obwohl hier im einzelnen manche Fragen offen bleiben, ist doch bereits deutlich geworden, daß die Produktions- und Vermittlungszusammenhänge, in denen der Kriminalroman schließlich auch schon im 19. Jh. steht, die Entwicklung seiner literarischen Gestalt bedeutsam beeinflußt haben.

Mit der Darstellung der Gesellschaft im Kriminalroman setzten sich zwischen 1950 und 1960 vor allem marxistische Literaturkritiker auseinander. Die Diskussion begann in der Zeitschrift ›Neue Deutsche Literatur‹ (A. Könner, K. F. Kaul u. a.) und fand eine Zusammenfassung in der Darstellung von H. Pfeiffer (1960). Parallel mit der Kritik am bürgerlichen Kriminalroman lief in der DDR der Versuch, einen sozialistischen Kriminalroman zu entwickeln, wobei ältere Ansätze sozialistischer Kriminalliteratur aufgegriffen wurden (vgl. 3.4., Abschnitt C). Mit diesen Initiativen setzen sich etwa P. Nusser (1971) und A. Dworak (1974) in methodisch unterschiedlicher Weise kritisch auseinander. – Inwiefern gesellschaftliche Bedingungen indirekt in der bürgerlichen Kriminalliteratur vermittelt werden, zeigt G. Egloff in einer 1974 verfaßten Dissertation am Beispiel der Strukturhomologie zwischen dem Konstruktionsschema der Romane A. Christies und der sozioökonomischen Lage der englischen ›middle class‹. Ähnliche Untersuchungen an anderen Beispielen wären ein dringliches Desiderat.

Auch die Wirkungsfrage wird in den sechziger und siebziger

Jahren erneut aufgegriffen. Den Anstoß dazu geben zweifellos die neueren Arbeiten zur Trivialliteratur und zur Wertungsproblematik generell. Man enthält sich nun vorschneller Urteile und ist bemüht, ideologiekritisch nicht nur die strukturellen, sondern auch die stofflichen Merkmale der Gattung in ihrer Beziehung zu gesellschaftlich bedingten Dispositionen der Leser zu erörtern, um daraus Rückschlüsse auf die Wirkung der Lektüre zu ziehen (vgl. C. Watson [1971], D. Wellershoff [1973]). Hierbei ist gerade der massenhaft verbreitete Heftromankrimi beachtet worden (vgl. Arbeitsgruppe Massenliteratur [1972], G. Bierwirth [1972], P. Nusser [1973]). Wünschenswert wären zur Klärung der individuellen Aufnahme und Wirkung von Kriminalromanen vor allem literaturpsychologische Untersuchungen zur Motivation des Lesers und zur Intensität des Lesens. Sie fehlen vorläufig ebenso wie die Beschreibung typischer Lesesituationen. Hierzu bedürfte es allerdings der interdisziplinären Zusammenarbeit von Literatur- und Sozialwissenschaftlern, schon um die oberflächlichen und daher irrelevanten Fragestellungen in den üblichen, von Sozialwissenschaftlern durchgeführten empirischen Erhebungen wenigstens versuchsweise zu durchbrechen.

d) Didaktische Fragestellungen

Die bis heute aufgeworfenen didaktischen Probleme werden in Kap. 5 dieses Bandes behandelt. Erwähnenswerte didaktische Arbeiten zum Kriminalroman erscheinen erst in jüngster Zeit. Sie müssen in den Zusammenhang der Diskussion über die Didaktik der Trivialliteratur gestellt werden. Da all die damit verbundenen Fragen hier nicht aufgerollt werden können, sei nur auf einen Sammelband von Aufsätzen verwiesen (Nusser, 1976 c). Die didaktischen Arbeiten von M. Dahrendorf (1972), E. Dingeldey (1972 a, 1972 b, 1973) und P. Nusser (1975) legen das Schwergewicht auf typologische und ideologiekritische Aspekte und betonen die Notwendigkeit, den Kriminalroman nicht nur immanent zu untersuchen, sondern ihn in seinen Produktions- und Rezeptionszusammenhängen zu sehen. In Frankreich erscheint 1974 eine größere didaktische Studie von J. Dupuy. Mit dem Detektivroman für Jugendliche beschäftigt sich ausführlich P. Hasubek (1974), der auch einige Modelle für den Unterricht entwirft. Didaktische Erwägungen enthalten ferner einige Arbeiten, die sich kritisch mit dem Fernsehkrimi auseinandersetzen (u. a. W. Gast [1973], R. Geißler [1973]).

Literatur:

Forschungsberichte:

D. *Naumann,* Der Kriminalroman. Ein Literaturbericht, in: DU, 1967, H. 1.
E. *Marsch,* Die Kriminalerzählung. Theorie, Geschichte, Analyse, München,
1972. *J. P. Becker,* Sherlock Holmes & Co. Essays zur englischen und
amerikanischen Detektivliteratur, München, 1975. *G. Egloff,* Mordrätsel
oder Widerspiegelung der Gesellschaft? Bemerkungen über die Forschung
zur Kriminalliteratur, in: Sch, 1978.

Zur Geschichte des Kriminalromans:

F. W. *Chandler,* The Literature of Roguery, Boston, 1907. A. *Schimmelpfen-
nig,* Beiträge zur Geschichte des Kriminalromans. Ein Wegweiser durch die
Kriminalliteratur der Vergangenheit und Gegenwart, Dresden und Leipzig,
o. J. (1908). E. *Schulze,* Kriminalliteratur, in: Eckart V, 1910. A. *Ludwig,* Der
Detektiv, in: Das Literarische Echo, XXI, 191 8/19. H. D. *Thomson,* Masters
of Mystery. A Study of the Detective Novel, London, 1931, [2]1973. R.
Caillois, Le roman policier, Paris, 1941. H. *Haycraft,* Murder für Pleasure.
The Life and Times of the Detective Story. New York, 1942, [2]1968. S. *Scott,*
Blood in Their Ink. The March of the Modern Mystery Novel, London,
1953. W. *Gerteis,* Detektive – Ihre Geschichte im Leben und in der Literatur,
München, 1953. F. *Wölcken,* Der literarische Mord – Eine Untersuchung
über die englische und amerikanische Detektivliteratur, Nürnberg, 1953.
A. *Murch,* The Development of the Detective Novel, London 1958, [2]1968.
R. *Usborne,* Clubland Heroes, London, 1953, [2]1975. *J. Elgström/T. la Cour/
A. Runnquist,* Mord i biblioteket, Stockholm, 1961; Kopenhagen 1965.
P. *Durham,* The Boys in the Black Mask, Los Angeles, 1961. P. *Boileau/Th.
Narcejac* (vgl. B/N). K. *Amis,* The James Bond Dossier, London, 1965. H.
C. *Buch,* James Bond oder der Kleinbürger in Waffen (zuerst 1965), in: V.
O. *del Buono/U. Eco,* Der Fall James Bond. 007 – ein Phänomen unserer
Zeit, München, 1966. K. G. *Just,* Edgar Allan Poe und die Folgen (zuerst
1966), in: V. D. *Madden* (Hg.) (vgl. M). O. A. *Hagen,* Who Done It? A
Guide to Detective, Mystery and Suspense Fiction, New York-London,
1969. M. *Smuda,* Variation und Innovation. Modelle literarischer Möglich-
keiten der Prosa in der Nachfolge Edgar Allan Poes (zuerst 1970), in: V.
C. *Watson,* Snobbery With Violence. Crime Stories and Their Audience,
London, 1971. *J. Barzun/W. H. Taylor,* A Catalogue of Crime, New York,
1971. E. *Routley,* The Puritan Pleasures of the Detective Story, London,
1972. *J. Symons,* Bloody Murder. From the Detective Story to the Crime
Novel, London, 1972. *J. P. Becker* (vgl. B). P. G. *Buchloh/J. P. Becker* (vgl.
B/B). U. *Schulz-Buschhaus* (vgl. S-B). E. *Schütz* (Hg) (vgl. Sch). H.-O. *Hü-
gel,* Untersuchungsrichter – Diebsfänger – Detektive. Theorie und Geschichte der deutschen Detektiverzählung im 19. Jahrhundert, Stuttgart,
1978. A. *Arnold/J. Schmidt,* Reclams Kriminalromanführer, Stuttgart, 1978.
S. *Benvenuti / G. Rizzioni,* An Informal History of Detective Fiction, New
York, 1980. *J. M. Reilly* (Hg.), Twentieth Century Crime and Mystery Writers, London, 1980. D. *Porter,* The Pursuit of Crime: Art and Ideology in
Detective Fiction, New Haven, 1981. A. *Arnold / A. M. Haas* (Hg.) Sherlock

Holmes auf der Hintertreppe. Aufsätze zur Kriminalliteratur, Bonn, 1981. *Z. Škreb,* Der Detektivroman, in: *ders.* und *U. Baur,* (Hg.), Erzählgattungen der Trivialliteratur, Innsbruck, 1984. *W. Woeller,* Illustrierte Geschichte der Kriminalliteratur, Leipzig, 1984. *U. Schulz-Buschhaus,* Joseph Conrads ›The Secret Agent‹ oder der Anti-Kriminalroman, in: Romanistik Integrativ – Festschrift für Wolfgang Pollak, Wien, 1985. *W.D. Lützen,* Der Krimi ist kein deutsches Genre. Momente und Stationen zur Genregeschichte der Krimiunterhaltung, in: E/G. *J. Ball* (Hg.), Mörder, Meister und Mysterien. Die Geschichte des Kriminalromans, Frankfurt/M., 1988. *J. Schmidt,* Gangster, Opfer, Detektive. Eine Typengeschichte des Kriminalromans, Frankfurt/M., 1989. *U. Leonhardt,* Mord ist ihr Beruf. Eine Geschichte des Kriminalromans, München, 1990.

Zur Poetik des Kriminalromans:

C. Wells, The Technique of the Mystery Story, Springfield/Mass., 1913. *R. A. Freeman,* The Art of the Detective Story (zuerst 1924), in H. *H. Beyer,* Kriminalroman,-novelle, in: Reallexikon der deutschen Literaturgeschichte, Berlin 1928. *R. A. Knox,* Ten Rules for a Good Detective Story, in: Publisher's Weekly, Oct. 5, 1929. *S. S. Van Dine,* Twenty Rules for Writing Detective Stories (zuerst 1936), in: H. *D. Sayers,* Aristotle on Detective Fiction (zuerst 1935), deutsch in: V. *R. Chandler,* The Simple Art of Murder, in: H. *F. Fosca,* Histoire et technique du roman policier, Paris, 1937. *M. Rodell,* Mystery Fiction. Theory and Technique, Boston, 1943. *H. Haycraft* (Hg.) (vgl. H). *E. Frenzel,* Kriminalgeschichte, in: Reallexikon der deutschen Literaturgeschichte, Berlin, 1952, [2]1958. *E. Bloch,* Die Form der Detektivgeschichte und die Philosophie (zuerst 1960), wiederabgedruckt als: Philosophische Ansicht des Detektivromans, in: V. *R. Alewyn,* Das Rätsel des Detektivromans (zuerst 1963), in: Z. *H. Heißenbüttel,* Spielregeln des Kriminalromans (zuerst 1963), in: V und Z. *I. I. Revzin,* K semioticeskomu analizu detektivov. Na primere romanov Agaty Kristi, deutsch: Zur semiotischen Analyse des Detektivromans am Beispiel der Romane Agatha Christies (zuerst 1964), in: V. *R. Gerber,* Verbrechensdichtung und Kriminalroman (zuerst 1966), in: V. *U. Suerbaum,* Der gefesselte Detektivroman. Ein gattungstheoretischer Versuch (zuerst 1967), in: V. *R. Alewyn,* Anatomie des Detektivromans (zuerst 1968), in: V. *P. Fischer,* Neue Häuser in der Rue Morgue. Entwicklungslinien des modernen Kriminalromans (zuerst 1969), in: V. *R. Schönhaar,* Novelle und Kriminalschema – Ein Strukturmodell deutscher Erzählkunst um 1800, Bad Homburg, 1969. *R. Harper,* The World of the Thriller, Cleveland, 1969. *U. Eco,* Le strutture narrative in Fleming, deutsch: Die Erzählstrukturen bei Ian Fleming (zuerst 1969), in: V. *P. Nusser,* Aufklärung durch den Kriminalroman, in: NDH 131, 1971. *V. Žmegač* (vgl. Z). *J. Vogt* (vgl. V). *E. Marsch,* Die Kriminalerzählung. Theorie, Geschichte, Analyse, München, 1972. *P. Nusser* (vgl. N). *P. Nusser,* Kriminalromane zur Überwindung von Literaturbarrieren, in: DU 1975, H. 1. *W. Freund,* Die deutsche Kriminalnovelle von Schiller bis Hauptmann. Einzelanalysen unter sozialgeschichtlichen und didaktischen Aspekten, Paderborn, 1975. *H. Conrad,* Die literarische Angst. Das Schreckliche in Schauerromantik und Detektivgeschichte, Düsseldorf, 1974. *P. G. Buchloh/J. P. Becker,* Der Detektiverzählung auf der Spur. Essays zur Form und Wertung der englischen Detektivliteratur, Darmstadt, 1977. *G. W. Most / W. Stoke* (Hg.), The Poetics of Murder. Detective Fiction and Literary Theory, New York, 1983. *U. Suerbaum,* 1984 (vgl. S). *E. Weber,* Zum Kriminalhörspiel in der Bundesrepublik Deutschland, in: E/G. *M. Kümmel,* Der Held und seine Stadt. Anmerkungen zur Topographie in einigen modernen Kriminalromanen, in: dh 148, 1987. *R. Winks* (Hg.), Detective Fiction, Woodstock, 1988. *T. Wörtche,* Von komischen Köpfen und anderen Abscheulichkeiten. Komik und Realistik in neuen ausländischen Kriminalromanen, in: dh 154, 1989. *S. Bauer,* Das wahrscheinliche Unwahrscheinliche. Realitätsanspruch in der Kriminalliteratur. in: Arcadia 24. 1989.

Zur Soziologie des Kriminalromans:

E. Ferri, Les criminels dans l'art et la littérature, Paris, 1907. *A. Lichtenstein,* Der Kriminalroman (– Grenzfragen der Literatur und Medizin in Einzeldarstellungen 7), München, 1908. *S. Sighele,* Littérature et criminalité, Paris, 1908. *F. Böckel,* Kriminalgeschichten, in: Ms. f. Kriminalpsychologie und Strafrechtsreform 1 1, 1918. *E. Wulffen,* Das Kriminelle in der Weltliteratur, in: Karl-May-Jb., Radebeul, 1927. *A. Ludwig,* Die Kriminaldichtung und ihre Träger, in: GRM 18, 1930. *S. Kracauer,* Der Detektiv-Roman. Ein philosophischer Traktat (1925), in: Schriften 1, Frankfurt/M., 1971 (Auszug daraus in: V). *R. Messac,* Le ›Detective Novel‹ et l'Influence de la Pensée Scientifique, Paris, 1929. *H. Epstein,* Der Detektivroman der Unterschicht, Frankfurt, 1930. *B. Brecht,* Über die Popularität des Kriminalromans (o. J.), (in: Schriften zur Literatur und Kunst 3, Frankfurt/M., 1966), in: V. *H. Proll,* Die Wirkung der Kriminalromane (zuerst 1938), in: V. *H. Pfeiffer,* Die Mumie im Glassarg. Bemerkungen zur Kriminalliteratur, Rudolfstadt 1960. *R. Alewyn,* Das Rätsel des Detektivromans (zuerst 1963), in: Z. *R. Gerber,* Verbrechensdichtung und Kriminalroman (zuerst 1966), in: V. *R. Schönhaar,* Novelle und Kriminalschema – Ein Strukturmodell deutscher Erzählkunst um 1800, Bad Homburg, 1969. Z. *Škreb,* Die neue Gattung. Zur Geschichte und Poetik des Detektivromans (1971), in: Z. *P. Nusser,* Aufklärung durch den Kriminalroman, in: NDH 131, 1971. *C. Watson,* Snobbery With Violence. Crime Stories and Their Audience, London, 1971. *G. Bierwirth,* Zum Beispiel Jerry Cotton. Trivialliteratur als Chance der Literaturwissenschaft, in: LiLi, 1972, H. 6. *Arbeitsgruppe Massenliteratur,* Verwertbare Unmündigkeit, in: Ästhetik und Kommunikation, 1972, H. 5/6. *P. Nusser* (vgl. N). *D. Wellershoff* (vgl. W). *A. Dworak,* Der Kriminalroman der DDR, Marburg, 1974. *G. Egloff,* Detektivroman und englisches Bürgertum. Konstruktionsschema und Gesellschaftsbild bei Agatha Christie, Düsseldorf, 1974. *H. J. Schneider,* Das Geschäft mit dem Verbrechen. Massenmedien und Kriminalität, München, 1980. *J. C. Carr,* The Craft of Crime. Conversations With Crime Writers, Boston, 1983 (deutsch: Mord ist ihr Geschäft, Frankfurt/M-Berlin, 1986). *E. Mandel,* Ein schöner Mord. Sozialgeschichte des Kriminalromans, Frankfurt/M., 1987. *R. Browne* (Hg.), Heroes and Humanities. Detective Fiction and Culture, Bowling Green, 1986.

I. Classen, Darstellung von Kriminalität in der deutschen Literatur, Presse und Wissenschaft 1900–1930, Frankfurt/M., 1988. *L. K. Pfeiffer,* Mentalität und Medium. Detektivroman, Großstadt oder ein zweiter Weg in die Moderne, in: Poetica 20, 1988.

Zur Didaktik des Kriminalromans:

M. Dahrendorf, Der Kriminalroman als didaktisches Problem, in: StZA 44, 1972, *E. Dingeldey,* Erkenntnis über Vergnügen? Vorwiegend didaktische Überlegungen zum Kriminalroman im Unterricht, in: DD 9, 1972 (a). *E. Dingeldey,* Drei ›klassische‹ Kriminalromane – didaktische Beispiele für den Unterricht über Trivialliteratur, in: StZA 44, 1972 (b). *E. Dingeldey,* Der Kriminalroman im Deutschunterricht, in: H. Ide (Hg.), Projekt Deutschunterricht 5, Stuttgart, 1973. *W. Gast,* Zum politischen Wirkungspotential der Fernsehunterhaltung. Probleme der Aussagenanalyse von Unterhaltungsserien am Beispiel der Serie ›Der Kommissar‹, in: DD 14, 1973. *R. Geißler,* Mannix – oder Freytag-Abend bürgerlich, in: DD 1 3, 1973. *P. Hasubek,* Die Detektivgeschichte für junge Leser, Bad Heilbrunn, 1974. *J. Dupuy,* Le roman policier, Paris, 1974. *P. Nusser,* Kriminalromane zur Überwindung von Literaturbarrieren, in: DU 1975, H. 1. *P. Nusser* (Hg.), Didaktik der Trivialliteratur, Stuttgart, 1976 (c).

Weitere Literaturangaben zur Didaktik des Kriminalromans nach Kap. 5.

1.2.3. Erläuterungen zur vorliegenden Darstellung

Der kurze Abriß der Forschungsgeschichte führt zu der Frage, an welche Zielsetzungen die vorliegende Darstellung gebunden ist. Da es – wie im Vorwort ausgeführt – ein möglichst vollständiges Bild der im Zusammenhang mit dem Kriminalroman diskutierten Fragen zu vermitteln gilt, ist dieser Band so organisiert, daß er sowohl Kapitel zur Typologie des Kriminalromans, als auch zu seiner Geschichte, als auch zu literatursoziologischen und didaktischen Fragen enthält. Die Einteilung des Ganzen, die Folge der Abschnitte und einige methodische Entscheidungen bedürfen an dieser Stelle vorauszuschickender Erklärungen:

a) Die Trennung von Detektivroman und Thriller wird aus Gründen der Übersichtlichkeit durchgehalten, obwohl viele Kriminalromane sich nur schwer der einen oder anderen Gruppe zuordnen lassen und weitere Unterteilungen notwendig sind. Man kann sogar so weit gehen zu sagen, daß Detektivroman und Thriller, weil sie sich als ideelle Polaritäten gegenüberstehen, nur selten rein verwirklicht werden und daß die »literarische Wirklichkeit [...] im bunten variablen Spektrum zwischen den Polaritäten« liegt (Gerber, in: V, 413). Die Unterscheidung zwischen Detektivroman und Thriller ist eine heuristische Distinktion, die der historisch und soziologisch ausgerichteten Textinterpretation durch die Sichtung literarischer Konstanten und allgemeiner Funktionen vorarbeitet. Mehr als bei anderen Gattungen ist dies bei einer so formalisierten Gattung wie dem Kriminalroman möglich. Daß auch die Strukturmodelle des Kriminalromans nach Möglichkeit historisch erklärt werden müssen, versteht sich dabei von selbst.

Das Kriterium, nach dem die Zuordnung einzelner Kriminalromane zu einem Typus abgewogen wird, ist ein strukturelles, nämlich die Art und Weise des Spannungsaufbaus. Dies impliziert, daß die wichtigste Intention des Kriminalromans, den Leser mit Spannung zu unterhalten, und zwar auch dann, wenn er ihn gleichzeitig auf eine besondere Art und Weise – etwa gesellschaftskritisch – ›aufzuklären‹ sucht, im folgenden stets bedacht wird.

Nur im letzten, den Neuansätzen des Kriminalromans geltenden Abschnitt des in Kap. 3 gegebenen historischen Überblicks über die Kriminalliteratur, wird das strukturelle Kriterium aufgegeben und ein inhaltliches gewählt. Es läßt sich nämlich feststellen, daß auch die um die Erneuerung des Kriminalromans bemühten Autoren der Gegenwart formal innerhalb des durch den Detektivroman und den Thriller vorgegebenen Spektrums bleiben, auch wenn sie z. T. neue, interessante Mischformen ausbilden. Die Innovationen gehen vielmehr von aufklärerischen Intentionen aus, die sich vor allem in der Wahl besonderer, diese Intentionen tragender Inhalte niederschlagen. Von einem ›Neuansatz‹ läßt sich daher mit guten Gründen nur sprechen, wenn durch besondere Inhalte gezielte Erkenntnisprozesse oder kritische Reflexionen im Leser ausgelöst werden und Variationen der Struktur innerhalb der durch Detektivroman und Thriller vorgezeichneten Grenzen nur deswegen vorgenommen werden, damit derartige Inhalte wirkungsvoller zur Geltung gebracht werden können. (Daß auch die aufklärerischen Intentionen der Autoren im übrigen systematisierbar sind [vgl. dazu 3.4.], hat seine Ursache darin, daß sie um der dem Kriminalroman eigenen Unterhaltungseffekte willen an seine vorgegebenen strukturellen Möglichkeiten gebunden bleiben.)

b) Obwohl – um mit Schulz-Buschhaus (S-B, 1) zu argumentieren – die idealtypischen Konstanten einer Gattung sich dem Betrachter ganz deutlich erst zeigen, nachdem er die vielfältigen Variationen in ihrer konkreten Ausprägung registriert hat, und deswegen die Grundelemente der Gattungsstruktur eigentlich erst am Schluß der Untersuchung herausgestellt werden dürften, sollen sie dennoch den der Geschichte des Kriminalromans geltenden Abschnitten vorangestellt werden. Dies geschieht wiederum, um eine leichtere Orientierung des Lesers zu ermöglichen, und widerspricht im übrigen keineswegs einem dem Gesetz des hermeneutischen Zirkels unterworfenen Vorgehen, das die Grundelemente einer Gattung immer schon während der Untersuchung ihrer Beispiele begreift, um sie gleichzeitig als Leitfaden für deren Analyse zu benutzen.

2. Elemente und Strukturen des Kriminalromans

> »Die Tatsache, daß ein Charakteristikum des Krimi-
> nalromans in der Variation mehr oder weniger festge-
> legter Elemente liegt, verleiht dem ganzen Genre so-
> gar das ästhetische Niveau. Es ist eines der Merkmale
> eines kultivierten Literaturzweigs.« (Brecht)

2.1. Elemente und Strukturen des idealtypischen Detektivromans

Der folgende Überblick über die den idealtypischen Detektivroman
konstituierenden Elemente und Strukturen stützt sich auf eine um-
fangreiche Literatur, zu der auch die von zahlreichen Autoren aufgestellten ›Regeln‹ des Detektivromans gehören. Die Ergebnisse der
vielen, sich oft wiederholenden Überlegungen werden hier systematisch zusammengefaßt und teilweise ergänzt.

2.1.1. Die Handlung des Detektivromans

2.2.1.1. Inhaltliche Elemente der Handlung

Die tragenden inhaltlichen Elemente der Handlung des Detektivromans sind erstens das rätselhafte Verbrechen (der Mord); zweitens
die Fahndung nach dem Verbrecher (den Verbrechern), die Rekonstruktion des Tathergangs, die Klärung der Motive für die Tat;
drittens die Lösung des Falles und die Überführung des Täters (der
Täter). (In dieser Reihenfolge wird zugleich schon die Abfolge der
Geschehnisse erkennbar.) Die Fragen nach dem Täter (who?), dem
Tathergang (how?) und dem Motiv (why?) können unterschiedlich
stark akzentuiert werden, wodurch verschiedene Ausprägungen des
Detektivromans entstehen.

Der *Mord* wirkt im Detektivroman als Rätsel. Er ist das zentrale
Ereignis und hat doch nur auslösende Funktion. Nicht als Verbre-
chen ist er von Bedeutung, sondern als Anlaß für die Tätigkeit der
Detektion; nicht die sich in ihm ausdrückende Inhumanität wird
Thema, sondern die Außergewöhnlichkeit seiner Begleitumstände.

Wenn Mord als Rätselstellung intellektuelle Neugierde (oder eine Art kunsthandwerklichen Interesses) erwecken soll, so ist es ganz folgerichtig, wenn seine Ausführung kompliziert und unwahrscheinlich ist. Die Mordwaffen etwa reichen vom Dolch aus Eis bis zu vergifteten Zahnfüllungen oder typhustragenden Läusen (vgl. Sayers, 1928; Wölcken, 1953, 183; Schmidt-Henkel, in: Z, 166). Auch die Situationen, in denen gemordet wird, sind hochgradig konstruiert. Die Unwahrscheinlichkeit der zuerst verrätselten, dann aufgelösten Begleitumstände des Mordes darf lediglich die Grenze zur physisch-materiellen Unmöglichkeit nicht überschreiten, wohl aber die der psychologischen und soziologischen Undenkbarkeit.

Wie Schulz-Buschhaus gezeigt hat, liegt hierin eine Umkehrung der aristotelischen Formel, welche die Wirklichkeitsdarstellung in der europäischen Literatur reguliert hat. Handelt es sich in dieser Tradition darum, Ereignisse so darzustellen, daß sie als wahrscheinlich, nicht aber als wahr zu gelten haben, so versucht umgekehrt der Detektivroman als pointierter Rätselroman, »Ereignisse darzustellen, die als wahr, nicht aber als wahrscheinlich gelten sollen. Seine Intention zielt nicht auf ein repräsentatives Abbild der Realität, sondern auf die Konstruktion einer Kuriosität. Weil der Reiz der Kuriosität jedoch an die Möglichkeit ihrer Existenz gebunden bleibt, beansprucht sie paradoxerweise in einem emphatischeren und zugleich verdächtigeren Sinn Tatsächlichkeit als die Mimesis des ernsthaft realistischen Romans. Sie prätendiert eine gleichsam buchstäbliche Wirklichkeit, damit sie der Wirklichkeit im Ganzen um so rückhaltloser entrinnen kann« (S-B, 100).

Die komplizierte Konstruktion ist zugleich die Gewähr dafür, daß das Verbrechen an den Tag kommt. So viel Aufwand, sichtbare Apparatur, Mitwisserschaft verrät sich dem Scharfsinnigen schließlich fast zwangsläufig (vgl. Haas, in: V, 121).

Warum aber braucht der Detektivroman als Rätselstellung den Mord und nicht etwa das Eigentumsdelikt, zumal doch der Mord in der Darstellung als rein dingliches Problem behandelt, also um seine psychologischen und soziologischen Aspekte verkürzt wird, auch wenn als seine Motive schließlich Eifersucht, Angst, Besitzgier usw. ›genannt‹ werden? Diese Frage kann (scheinbar vordergründig) so beantwortet werden, daß nur auf Mord (jedenfalls im 19. Jh.) die Todesstrafe steht, wodurch – dramaturgisch höchst gelegen, den Antrieb der Handlung fördernd – eine oppositionelle Konstellation zwischen Verbrecher und Detektiv entsteht, die beiden höchste Anstrengungen abverlangt: dem Mörder, der sein Leben aufs Spiel setzt, die Anstrengung des präzis kalkulierten Plans und der Vertuschung der Tat; dem Detektiv, der sich von einem (fast) gleichwertigen (unbekannten) Gegner herausgefordert sieht, die Anstrengung, seine intellektuelle Kompetenz unter Beweis zu stellen. Eine (tiefergreifende?) Antwort wäre darin zu sehen, daß der im Kriminalroman durch Mord verursachte Tod das schlechthin Unwiderrufliche und Rätselhafte ist und als besonderes Faszinosum wirkt.

Dem Rätsel des Mordes stehen die Enträtselung des Tathergangs, des Motivs und die Feststellung des Mörders gegenüber. Dieser Vorgang der *Fahndung* (des Enträtselns) kann in seine inhaltlichen Teilaspekte Beobachtung, Verhör, Beratung, Verfolgung und Inszenierung der Überführungsszene zerlegt werden, wobei diese Teilaspekte unterschiedliches Gewicht haben können.

Aufgrund von *Beobachtungen* (etwa des Tatorts, der Verhaltensweisen der Verdächtigen) und aufgrund von Verhören stellt der Detektiv seine Arbeitshypothese für die Ermittlung des Täters auf. Diese Arbeitshypothese wird solange den neu ermittelten Tatsachen angepaßt und verändert, bis sie sich als so stimmig erweist, daß sie verifiziert werden kann. (Näheres über die Arbeit und die Methoden des Detektivs in 2.1.2.). Beobachtet oder beachtet werden im Detektivroman sowohl Gegenstände als auch Personen. Denn alles kann »das Versteck einer Antwort« (Alewyn, in: V, 387), alles kann Indiz oder Spur oder – um den englischen terminus technicus zu gebrauchen – ›clue‹ sein, – auch Geräusche, oder Gerüche, oder Gebärden von Personen. Zum Indiz oder clue wird etwas freilich erst, wenn es sich durch eine kleine Abweichung aus dem gewohnten Rahmen bemerkbar macht (was voraussetzt, daß der Erzähler den alltäglichen Rahmen oder die gewohnte Ordnung an entscheidenden Punkten der Handlung setzen muß):

»Nicht die Erdkrume im Gartenbeet, wohl aber die auf dem Perserteppich, nicht die verstaubten Bücher im Regal, wohl aber das einzige zwischen ihnen, das keine Staubschicht trägt, nicht das Zimmer, das um drei Uhr nachts dunkel ist, sondern das, wo so spät noch Licht brennt, nicht der Hund, der in der Nacht gebellt hat, sondern der, der es nicht getan hat« (Alewyn, in: V, 388).

Nur der ›Scharfsinnige‹ bemerkt diese Abweichungen und speichert sie solange in seinem Hirn, bis mehrere clues einen profunden Verdacht ergeben. Das sogenannte ›fair play‹, die Chancengleichheit von Detektiv und Leser bei der Arbeit (bzw. dem Vergnügen) des Enträtselns, ist entscheidend davon abhängig, daß der Erzähler die clues deutlich darstellt, d.h. Informationen, aus denen Schlüsse gezogen werden können, nicht verschweigt (vgl. dazu a. Rodell, in: H, 264 ff.; W, 70 f.; Hügel, 1978, 99 f.).

Das *Verhör* ergänzt die Beobachtung. Zeugen bzw. Verdächtige werden danach befragt, wie sie sich in einer bestimmten Situation verhalten haben, was ihnen an ihr aufgefallen ist, usw. Die Beantwortung der entscheidenden Frage nach dem Täter (der englische Slang bezeichnet die ganze Gattung als ›Whodunit‹) erfordert die Klärung endloser Vorfragen:

>»Man kann das ganze Arsenal der rhetorischen Chrie aufgeboten sehen: Quis? Quid? Ubi? Quibus auxiliis? Quomodo? Quando? Wann ist der Mord geschehen? Wo ist er geschehen? Durch welche Mittel ist er geschehen? Wer hatte Zugang dazu? Wer hatte ein Motiv? Wer ist überhaupt der Tote? War es überhaupt ein Mord? Alle diese Fragen werden nicht nur einmal gestellt, sondern viele Male, oft jedem der Zeugen« (Alewyn, in: V, 381).

Die Antworten sind durch vielerlei determiniert: durch die Fragestellung des Detektivs (insofern eine sinnvolle Fragestellung bereits eine Arbeitshypothese voraussetzt, ist das Verhör meist schon eine zweite Stufe der Ermittlung), durch egoistische oder altruistische Interessen des Befragten, durch die Anwesenheit anderer Befragter, usw. (Nicht zuletzt durch die unterschiedlichen Stile des Verhörs unterscheiden sich die Detektive voneinander.)

Auch im Verhör finden sich clues: Manche Antworten eines Befragten passen nicht zu anderen, dann ist die Aussage in sich nicht stimmig, Widersprüche, die sich auftun, werden nur notdürftig (mit Ausreden) zugedeckt, Aussagen werden verweigert, Aussagen sind doppeldeutig, kurz: die Antworten verbreiten oft neues Dunkel, werfen neue Fragen auf, weisen auf »sekundäre Geheimnisse« (Alewyn, in: V, 390), die nicht unbedingt etwas mit dem Mord zu tun haben, aber aus verschiedensten Rücksichten verborgen bleiben sollen, so daß schließlich eine allgemeine Atmosphäre des Mißtrauens sich herstellt, in der jeder jedem verdächtig ist, jeder dem Leser auch als möglicher Mörder erscheinen soll.

In manchen Detektivromanen wird die so entstandene Unruhe dadurch gesteigert, daß Beweisstücke verschwinden oder ein zweiter Mord geschieht, mit dem der noch unbekannte, sich bedroht fühlende und nun reagierende Mörder einen ihn belastenden Zeugen beseitigt. Auf diese Weise entstehen neue Tatbestände und Verdachtsmomente, die in die Ermittlungsarbeiten einbezogen werden.

Für den Erzähler bieten insbesondere die Verhöre die ideale Gelegenheit, falsche Fährten (›red herrings‹) zu legen (zum englischen Ausdruck vgl. Wölcken, 1953, 200). Denn widersprüchliche, doppeldeutige, ausweichende oder lückenhafte Antworten eines Befragten können unterschiedliche Ursachen haben: Von der uneingestandenen Schuld bis zur puren Verlegenheit oder Verwirrung in der peinlichen Situation gibt es eine ganze Skala von Möglichkeiten. Welche die richtige ist, unterliegt der Einschätzung des Lesers und damit dem Irrtum. So kommt es, daß der Leser die eine oder andere harmlose Person für schuldig hält, den wahren Mörder aber für unschuldig. Dies Letztere wird häufig durch das ›falsche Alibi‹ erreicht, mit Hilfe dessen der Schuldige der Aufmerksamkeit des Lesers entzogen wird. Für das ›fair play‹ liegt hier ein kritischer Punkt, an dem es häufig scheitert. Denn die zusätzliche Information, die das falsche Alibi als brüchig erweist, ist oft nur dem schweigenden Detektiv bekannt, oder sie wird vom Erzähler so spät gegeben, daß der Leser während seiner Lektüre eine echte Chance des Enträtselns nicht hat. Das ›fair play‹ wird dagegen strikt (und kunstvoll) eingehalten, wenn ein falsches Alibi als falsch nur nicht erkannt wird (weder vom Leser noch von den Mitarbeitern des Detektivs noch möglicherweise auch zunächst von diesem selbst), weil aus den vom Erzähler gegebenen Informationen falsche Schlußfolgerungen gezogen worden sind. »Die richtige Methode ist« – hat D. Sayers formuliert – »so die Wahrheit zu sagen, daß der intelligente Leser dazu verleitet wird, sich selbst eine Lüge vorzusetzen« (in: V, 133). Wie leicht sich falsche Schlußfolgerungen ziehen lassen, hat D. Sayers an einem instruktiven Beispiel veranschaulicht:

»So läßt sich am Anfang einer Geschichte der Diener Jones gegenüber seinem Herrn, Lord Smith, folgendermaßen vernehmen: »Sehr wohl, Mylord. Ich werde mich sofort darum kümmern.« Der Schluß liegt nahe, daß, wenn Jones zu Smith sprach, Smith auch zu Jones gesprochen hatte; und daß deswegen Smith zur fraglichen Zeit lebendig und anwesend war. Aber das ist eine falsche Schlußfolgerung; der Autor hat dergleichen nicht behauptet. Lord Smith kann anderswo sein; vielleicht ist er schon tot; Jones kann die Luft angesprochen haben oder irgendeine andere Person. Auch können wir [uns] über Jones' Stellung kein zuverlässiges Bild machen. Wenn Jones tatsächlich mit Leib und Seele anwesend ist und nicht nur durch seine Stimme mittels einer Schallplatte oder etwas Ähnlichem vertreten ist (was leicht der Fall sein kann), dann kann er sich an einen Dritten wenden in der Annahme, es handle sich um Smith; er kann Smith ermordet haben und gerade dabei sein, sich ein Alibi aufzubauen; oder Smith kann der Mörder und Jones sein Komplice sein, der ein Alibi für Smith schafft. Andererseits aber ist es auch nicht empfehlenswert anzunehmen (wie einige routinierte Leser es tun werden), daß *weil* man Smith nicht antworten hört, er *deswegen* schon nicht anwesend sei. Denn das könnte sehr wohl der doppelte Bluff sein, bei dem die Schlauheit des Lesers zu seinem eigenen Sturz ausgenutzt wird.« (in: V, 133f.; zu diesem Beispiel vgl. a. W, 70f.).

Falsche Schlußfolgerungen werden am häufigsten gezogen, wenn sich der Detektiv mit der ingroup (Mitarbeiter/Polizei) berät. In derartigen *Beratungen* werden die Ergebnisse der Beobachtungen und Verhöre zusammengefaßt und ausgewertet, wobei ein und derselbe Sachverhalt oft aus verschiedenen Blickwinkeln gesehen und eingeschätzt wird. Für den Leser bietet die Beratung zwar eine

Orientierungshilfe, sie verführt ihn aber auch, sich in die Irre leiten zu lassen und sich den Argumenten der dem Detektiv zur Seite stehenden Figur(en) anzuschließen. Der Detektiv selbst erscheint in solchen Szenen zurückhaltend, schon damit seine intellektuelle Überlegenheit auf dem Hintergrund der communis opinio später um so wirksamer zur Geltung gelangen kann. Die ingroup dagegen ist mit dem Urteil schnell bei der Hand, sie unterliegt ›Vorurteilen‹ und zieht deswegen falsche Schlußfolgerungen, deren Fehlerhaftigkeit sich erst später herausstellt. Beratungen im Detektivroman zeigen fast immer Merkmale asymmetrischer Kommunikation. Denn im Grunde bemühen sich die Gesprächspartner nicht gemeinsam um die Lösung des Problems. Der Detektiv begnügt sich mit Andeutungen, sein Vertrauter mit oft unterwürfigen Fragen und unbeholfenen Vermutungen, die Angehörigen der Polizei (treten sie als Mitarbeiter auf) versuchen mit ihrer Intelligenz den Detektiv zu beeindrucken und ihn und sich untereinander auszustechen. Die Beratungen sind besetzt mit den Spannungen, die sich zwischen Ungleichwertigen und (nicht zuletzt um die Gunst des Lesers) Konkurrierenden ergeben. Dies alles wird dem Leser meist nur nicht bewußt, weil der durch die gemeinsame Zielsetzung und die guten Umgangsformen gesteckte Rahmen der Gespräche die ingroup vordergründig zusammenhält. Letztlich aber maskieren die Detektoren sich, ebenso wie die Verdächtigen sich und ihre Geheimnisse voreinander verbergen. Die Wahrung bzw. die Herausstellung der eigenen Persönlichkeit erscheint im Detektivroman als durchgängiges Prinzip.

Eine Sonderform der Beratung ist das Zwiegespräch mit sich selbst. Hin und wieder führen es fast alle an der Fahndung Beteiligten und ziehen den Leser damit besonders wirksam in eigene Gedankengänge und zumeist falsche Fährten hinein. Derartig in die unterschiedlichsten Ansichten verstrickt, muß der Leser geradezu das Bedürfnis nach Emanzipation entwickeln. Das ganze gedankliche Spiel des Detektivromans scheint darauf angelegt zu sein, auch den Leser (an der Aufgabe, das Rätsel zu lösen) ›selbstbewußt‹ werden zu lassen (vgl. hierzu auch Alewyn, in: V, 379).

Nicht immer erschöpfen sich die Ermittlungsarbeiten in Beobachtungen, Verhören, Beratungen. Zur Spurensicherung im weitesten Sinne gehören durchaus auch Handlungen des Detektivs und seiner Mitarbeiter, die einen aktionistischen Charakter tragen und bis zur *Verfolgung* von Verdächtigen reichen können. Jedoch ist dieses aktionistische Handlungselement im allgemeinen so zurückgedrängt, daß es zumindest nicht unproblematisch erscheint, es als ein Spezifikum des idealtypischen Detektivromans zu betrachten.

Sind die Möglichkeiten, wer der Täter sein könnte, für den Detektiv so weit reduziert, daß weitere Zweifel ausgeschlossen erscheinen, so beginnt der letzte Teil der Fahndung, die *Inszenierung der Überführungsszene*. Da sie den Effekt einer Pointe herbeiführen soll, ist es folgerichtig, wenn der Detektiv als der vorläufig alleinige Besitzer der Wahrheit alle Notwendigkeiten hierzu selbst arrangiert oder aber Aufgaben ohne weitere Erklärungen delegiert. Meist wird der geschlossene Kreis, den alle Figuren des Romans von vornherein bilden, an irgendeiner Stelle neu gebildet. Alle Verdächtigen (oder jedenfalls die Hauptverdächtigen) werden zusammengeführt und mit den an der Aufklärung des Falles Beteiligten konfrontiert. Diese Zusammenführung verläuft deswegen ohne Aufwand, weil sich der Täter normalerweise nicht durch Flucht aus der Affaire zu ziehen versucht. Es entspräche nicht den Voraussetzungen des geheim geführten Duells zwischen Täter und Detektiv, wenn sich einer der Protagonisten der entscheidenden Situation entzöge.

Die Inszenierung der Überführungsszene mündet in den Schlußteil des Detektivromans, in dem der Täter öffentlich identifiziert wird. Zu den inhaltlichen Elementen dieses die *Aufklärung des Mordes* präsentierenden Teils gehört die zusammenfassende Rekonstruktion des Tathergangs aus der Sicht des Detektivs und die Rekapitulation seiner Ermittlungen. Liegen noch weder ein Geständnis des Täters noch unangreifbare Beweise für seine Täterschaft vor, so wird für ihn, der in der Szene anwesend ist, in die Rekapitulation der Ermittlungen eine Falle eingebaut. Sie ist so angelegt, daß sich der Mörder durch eine vom Detektiv provozierte unbedachte Äußerung vor Zeugen verrät. (Ein folgendes Geständnis des Mörders, das jedoch nicht zur Regel gehört, kann dann zur Klärung noch unbeantworteter Fragen dienen.) Als Fallensteller feiert der Detektiv seinen größten Triumph. Denn das Risiko des Mißlingens, das er bei bloßer Zusammenstellung des Beweismaterials nicht einzugehen hat, fordert seine Geschicklichkeit noch einmal eindrucksvoll heraus und trägt ihm die Bewunderung der Mitspieler und des Lesers ein. Der Triumph des Detektivs am Schluß des Romans beleuchtet zugleich die Rolle, in die hier der Leser gedrängt wird. Während der ganzen Fahndung zum Mitdenken stimuliert, wird ihm in der Schlußszene die Vergeblichkeit seiner Bemühungen bescheinigt. Hier muß er (jedenfalls normalerweise) erstaunt all das zur Kenntnis nehmen, worauf er selbst nicht gekommen ist. Die Ruhe, die der Leser durch die Auflösung des Rätsels und die Wiederherstellung des Zustands ante rem gewinnt (die wieder eingekehrte Ordnung des Alltags wird manchmal durch Bemerkungen über das weitere Schicksal von Nebenfiguren vergegenwärtigt), empfängt er vom Detektiv wie ein Geschenk (vgl. S-B, 104). Nicht also nur der Anreiz zur Aktivität des Mitdenkens, sondern auch das Vergnügen der Verblüffung sind die Unterhaltungseffekte, die von der Handlung des Detektivromans ausgehen.

Überblickt man die inhaltlichen Elemente der Handlung des Detektivromans, so können sie in drei Gruppen zusammengefaßt werden, für deren Bezeichnung zuletzt U. Schulz-Buschhaus in Auseinandersetzung mit J.-P. Colin (1968) die Begriffe Action, Analysis und Mystery vorgeschlagen hat (S-B, 3f.).

Action bezeichnet die im Detektivroman stark zurückgedrängten eigentlichen Handlungselemente, seine narrativen Partien (z.B. Darstellung von Verbrechen, Verfolgungen, Zusammenkünfte). *Analysis* umfaßt all jene Elemente, die dem Detektivroman den »Charakter einer Denksportaufgabe« (ebd.) geben, also all die intellektuellen Tätigkeiten des Detektivs und seiner Mitarbeiter, die zur Aufklärung eines Falles notwendig sind (Beobachtungen, Verhöre, Hypothesenbildungen, usw.). Da ›analysis‹ nicht erzählt, sondern nur besprochen werden kann, heben sich die besprechenden ›analysis‹-Passagen von den erzählenden ›action‹-Passagen auch deutlich ab und werden als Dialoge, Traktate oder sogar als erklärende Zeichnungen eingeschaltet (vgl. ebd.). Unter *Mystery* versteht Schulz-Buschhaus »jene planmäßige Verdunkelung des Rätsels, die am Schluß einer völlig unvorhergesehenen, sensationellen Erhellung Platz macht« (S-B, 4), also insbesondere das Legen falscher Fährten, das Verschweigen der Gedanken des Detektivs, usw.

Analysis und Mystery sind im Detektivroman insofern aufeinander bezogen, als die ein Geheimnis herstellenden Elemente nicht nur den Anlaß für die Analyse bilden, sondern auch deren geradliniges Fortschreiten ständig pointierend verfälschen (vgl. ebd.). Die Konkurrenz von planmäßiger Verdunkelung und planmäßiger Erhellung des Rätsels ist das eigentliche Konstruktionsprinzip des Detektivromans.

2.1.1.2. Die Handlungsstruktur

Die inhaltlichen Elemente der Handlung werden im Detektivroman in eine Folge gesetzt, die prinzipiell der im vorigen Abschnitt gegebenen Reihe entspricht: Auf den Mord (erster Teil) folgen die Fahndung (zweiter Teil) und die Aufklärung des Mordes (dritter Teil). Lediglich die einzelnen Momente der Fahndung unterliegen in ihrer Anordnung der Variation. Daß der Mord gleichwohl einen erzählerischen Auftakt haben kann, etwa indem er angekündigt wird und seine bevorstehende Ausführung verhindert werden soll, widerspricht dieser Regel nicht. Zu derartigen Auftakten gehören beispielsweise auch das Gespräch über frühere Fälle (wie oft bei C. Doyle) oder die ausführliche Beschreibung des Milieus, in dem der Mord stattfinden wird (wie etwa bei H. Kemelman).

Indem der Detektivroman in seinem weitausladenden Mittelteil und in seinem Schlußteil durch Fahndung und Aufklärung »ein geronnenes Geschehen wieder verflüssigt, ist er analytisch« (Naumann, 1967, 3). Man kann ihn deswegen auch als ›analytischen Roman‹ bezeichnen, allerdings nicht deswegen, weil in ihm psychische Zustände der Figuren bis ins kleinste freigelegt würden (in diesem Sinn gebraucht Maupassant den Begriff ›roman d'analyse‹ in seinem Vorwort zu »Pierre et Jean«), sondern aus erzähltechnischen Gründen (vgl. hierzu die grundlegende Abhandlung von D. Weber, 1975). Die Begebenheitsfolge, genauer: größere Strecken der Begebenheitsfolge werden im Detektivroman in zeitlicher Umstellung erzählt, nicht in der ihr zugrunde liegenden Chronologie. (In dieser auf die Darstellungsebene bezogenen Verwendung steht der Begriff ›analytischer Roman‹ in Analogie zu dem in der Literaturwissenschaft fest umrissenen Begriff des ›analytischen Dramas‹.) Dennoch darf eine Bezeichnung wie ›analytischer Roman‹ nicht darüber hinwegtäuschen, daß der Detektivroman auch aktionistische Elemente enthält und daß für manche Leser ein besonderer Reiz der Gattung möglicherweise gerade in der chronologisch ablaufenden und so auch dargestellten ›Arbeit‹ des Detektivs liegt. Für diese Leser wäre dann möglicherweise weniger die Rekonstruktion des Geschehenen (des Mordes) von Interesse als vielmehr die Tätigkeit des Helden, auch wenn diese vornehmlich aus rückwärtsgerichteten Denkprozessen besteht. Es ist jedenfalls festzuhalten, daß der Detektivroman nicht nur analytisch, sondern immer zugleich auch chronologisch erzählt. Demzufolge bewirkt er auch zweierlei Arten von Spannung. Suerbaum spricht von »Zukunftsspannung, die auf den Fortgang und auf den Ausgang einer angelaufenen Ereigniskette gerichtet ist, und von Geheimnis- oder Rätselspannung, die sich auf bereits geschehene, aber dem Leser in ihren wichtigsten Umständen noch nicht bekannte Ereignisse bezieht« (in: V, 446).

Geht man von dem gemeinhin in der Sekundärliteratur vorausgesetzten (wenn auch nicht nachgewiesenen) vorwiegenden Interesse des Detektivromanlesers an der Geheimnis- oder Rätselspannung aus (im Gegensatz zum vorwiegenden Interesse des Lesers von Thrillern an der Zukunftsspannung), so ist an dieser Stelle auch vorrangig die analytische Dimension der Romanhandlung zu betrachten. (Auf die chronologische Anordnung aktionistischer Erzählelemente des Kriminalromans und die durch sie hervorgerufene Zukunftsspannung wird dann in Zusammenhang mit der Beschreibung des idealtypischen Thrillers einzugehen sein.)

Analytisches Erzählen beherrscht vor allem den weit ausgedehnten Mittelteil des Detektivromans. Erzählt wird, was die Betrachterfigur (der Detektiv) erfährt, und zwar in der Folge, wie sie es erfährt (vgl. Weber, 1975, 28). Indem der Detektiv durch seine Nachforschungen immer tiefer in die Vergangenheit, in die Verflechtungen von Ursachen und Wirkungen eindringt, wird immer Früheres immer später erzählt. Erst allmählich fügt sich ein Bild des Mordes, der längst begangen wurde, zusammen, bis ganz am Schluß das Zurückliegende vollständig in die Gegenwart geholt worden ist. Die Komposition beruht also auf dem Prinzip der zeitlichen Umstellung im Erzählvorgang: Vergangenheit und Gegenwart werden in umgekehrter Reihenfolge vermittelt.

Eines der wichtigsten Mittel analytischen Erzählens im Detektivroman ist das Frage-Antwort-Spiel (meist im Rahmen des Verhörs, aber oft auch der Beratung). Zu Beginn der Fahndung häufen sich Fragen über Fragen, in ihrem Verlauf mehren sich die Antworten, bis schließlich die Zahl der Antworten über die Fragen die Oberhand behält und die letzte Antwort die Hauptfrage nach dem Täter erledigt. »Damit ist, was eine Wildnis gewesen war, in einen geometrischen Garten verwandelt und in das Chaos Ordnung gebracht. Der streng gebaute Detektivroman ist so angelegt, daß er keine Aussage enthält, die nicht die Antwort auf eine voraufgegangene Frage wäre. Aus Frage und Antwort besteht die Anatomie des Detektivromans« (Alewyn, in: V, 382).

»Nur die drastischsten Formen der Frage sind diejenigen, die auch die grammatische Form von Fragesätzen annehmen. ›Können Sie mir sagen, was Sie gestern abend zwischen 9 und 10 Uhr gemacht haben? Ah, Sie waren im Kino? In welchem denn? Hat Sie jemand gesehen, der das bestätigen kann? Nein? Schade. Wie hieß denn der Film, der gegeben wurde? Ah, Sie sind eingeschlafen? Das ist aber sehr dumm.‹ Und so geht es weiter, seitenlang, ganze Kapitel lang, oft reihum mit jedem der Zeugen oder Verdächtigen.

Solche laut und in der Form von Fragesätzen geäußerten Fragen sind nur die deutlichsten. Es gibt Gespräche, scheinbar ganz harmlose, die ein verstecktes Frage- und Antwortspiel sind, bei denen der eine Partner etwas weiß, was der andere ihm entlocken will. Vielleicht bemerkt es der Ausgehorchte gar nicht, weil er sich der Bedeutung seines Wissens nicht bewußt ist. Vielleicht bemerkt er es wohl und verteidigt sein Geheimnis. Solche Dialoge sind oft pointiert wie die Epigramme, die die Helden Corneilles gegeneinander ausspielen. Nur daß in diesen nichts ungesagt bleibt, in jenen alles. Überhaupt bedient sich der Detektivroman gerne des Dialogs in direkter Rede. Dieser erlaubt dem Erzähler, sich wie der Dramatiker hinter seinen Figuren zurückzuziehen und dem Leser die Entscheidung zu überlassen, was er glauben soll und was nicht. Hier werden die Fragen nicht mehr ausgesprochen, aber sie werden stillschweigend aufgedrängt« (ebd.).

Manche Maßnahmen im Rahmen der Fahndung sind – wie Alewyn formuliert hat – denn auch nichts weiter als in Handlung umgesetzte Fragen: die Beobachtung einer Person, die Durchsuchung eines Hauses, die Durchsicht eines Strafregisters (vgl. in: V, 383).

Es wäre ein Verstoß gegen die Regeln des analytisch vorgehenden Detektivromans, wenn der Leser durch den Erzähler gleichsam hinter dem Rücken der ermittelnden Romanfiguren vertrauliche Informationen, also »Einblicke in das kriminelle Lager« erhielte, den »Täter in seiner Intimität« (ebd.) belauschen könnte. Dies wäre nur im Thriller möglich, der Antworten gibt, bevor sie Gegenstand einer Frage gewesen sind. »Die Voraussetzung für den fragenden Leser ist der verschweigende Erzähler« (Alewyn, in: V, 384). Die Neugierde des fragenden Lesers kann erhöht werden, wenn der Erzähler auch den Detektiv schweigen läßt, nachdem er der Lösung des Falles ein Stück näher gekommen zu sein scheint und dies auch zu erkennen gibt. Dann wird der Leser vom mittelbaren zum unmittelbaren Rätselempfänger, wird er ganz auf seine eigenen Beobachtungen während der Lektüre, seine eigenen Schlußfolgerungen zurückgeworfen, die er mit inkompetenteren Romanfiguren teilen mag oder nicht. (Zur Funktion der ›Watson-Figur‹ vgl. 2.1.2.). Der Rezeptionsprozeß des Lesers ist sowohl aufgrund der sich erst allmählich schließenden Informationslücken als auch aufgrund der stets aufs neue signalisierten Informationsverweigerung durch den wissenden Detektiv ein Spannungsprozeß. Intendiert wird eine langanhaltende, sich steigernde Spannung. Sie wird nicht zuletzt durch Lückenhaftigkeit und Mehrdeutigkeit erzielt, die sich aus analytischem Erzählen als solchem von selbst ergeben:

Denn da »das Geschehen in analytischer Darstellung seine letzte Begründung erst am Ende der Erzählung erhält, ist der Autor, anders als bei synthetischer Darstellung, nicht genötigt, jeden einzelnen Schritt der Gesamthandlung aus dem vorhergehenden sukzessiv zu motivieren. Einleuchtender Motivierung von Schritt zu Schritt bedarf es lediglich für das Erfahrungskontinuum der Betrachterfigur, nicht für das Gesamtgeschehen, dessen größter Teil als Erfahrungsobjekt der Betrachterfigur getrost in diskontinuierlicher Form, bruchstückweise, disparat ans Licht kommen kann. Der Kausalnexus des gesamten Geschehens muß zwar, wenn die Fiktion im ganzen stimmig sein soll, gewährleistet sein, aber er braucht erst am Schluß mitenthüllt zu werden, wozu nur wenige Striche eines klärenden Referats genügen« (Weber, 1975, 92).

Der Spannungsanstieg wird also durch das Angebot der verschiedenen Deutungsmöglichkeiten von Indizien und Aussagen, aber auch durch das gezielte Legen falscher Fährten mit Hilfe falscher Schlußfolgerungen durch Nebenfiguren u. ä. erzielt. Solche retardierenden Taktiken bereiten auch den Überraschungseffekt, die verblüffende Preisgabe der vorenthaltenen Information, wirksam vor, die zugleich den Spannungsbogen jäh abfallen läßt.

Bei all diesen Feststellungen soll nicht übersehen werden, daß unterschwellig auch andere Spannungskurven, die durch die chronologisch verfolgte Tätigkeit des Detektivs entstehen (vgl. o.), erzeugt werden.

Da die Rätsel- und Geheimnisspannung der vorrangig intendierte Unterhaltungseffekt des Detektivromans ist, sind alle seine Teile diesem einen Zweck unterworfen. Die ihn beherrschende Funktionalität verbietet jegliche Ausweitung des Werkes.

»Unmittelbar nach dem Mord erstarrt zusammen mit dem jäh Verblichenen die ganze Romanwelt. Das Spannungsspiel beginnt. Rien ne va plus. Die Handlung stagniert. Was jetzt geschieht, das gilt – tatsächlich oder vorgeblich – nur noch der Aufklärung des bereits Geschehenen. Ein neuer Handlungsstrang, der nicht mit dem Mord in Verbindung steht, kann nicht abgerollt werden; er würde nur ablenken und stören« (Suerbaum, in: V, 449).

Die Ökonomie des Detektivromans, die strenge Funktionalität seiner Teile sind oft zum Anlaß genommen worden, ihn unter allen Gattungen der Unterhaltungsliteratur herauszuheben und ihm künstlerische Qualitäten zuzusprechen. Gerade dieses Argument aber dürfte aus einem Mißverständnis resultieren. Die Rationalität des Detektivromans ist dem Diktat der Spannungserzeugung unterworfen und dient nur in Ausnahmefällen zugleich auch der Erhellung der Wirklichkeit.

2.1.2. Die Figuren des Detektivromans

Die Figuren des Detektivromans sind seinem Handlungsplan unterworfen, sie illustrieren einen prinzipiell festgelegten Vorgang. Eine kleine Gruppe von Ermittelnden mit dem Detektiv als dem ›Helden‹ trifft auf eine größere Gruppe von ›Unbekannten‹. Ihr gehören sowohl das Opfer wie der unbekannte Täter an. Die Handlung führt vor, wie die kleine Zahl der detektorisch Aktiven sich mit der größeren Zahl der um das Opfer Versammelten und daher Verdächtigen auseinandersetzt, um deren Beziehungen untereinander, deren Beziehungen zum Opfer und schließlich den Mord aufzuklären.

Betrachtet man zunächst die größere *Gruppe der Nicht-Ermittelnden,* so läßt sich Folgendes zusammenfassend feststellen:

1. Diese Gruppe bildet immer einen geschlossenen Kreis, d. h.: die Figurenzahl ist begrenzt, überschaubar und konstant; sie ist sowohl den Ermittelnden als auch dem Leser frühzeitig bekannt. Auch wenn im späteren Verlauf der Erzählung neue Personen auftreten, darf man davon ausgehen, daß unter diesen der Mörder nicht zu suchen ist. Ohne die Einhaltung dieser Grundvoraussetzung würde das Gerüst des Detektivromans auseinanderfallen. Der Mörder darf kein von außen Hinzukommender sein, weil sonst alle Anstrengungen des Detektivs und des Lesers vergeblich wären. Diese können mit ihren Kombinationen nur erfolgreich sein, wenn sie mit festen, d. h. bekannten Größen rechnen dürfen. Wo die Ermittelnden im eigentlichen Sinn ohne Anhaltspunkte sind und ihre Tätigkeit weitgehend von der Zufälligkeit eingehender Hinweise lenken lassen müssen, ist die Grenze zum Thriller überschritten. Der Detektivroman konzentriert sich (und den Leser) auf einige wenige Punkte der Betrachtung. Aber nicht nur logisches Denken erhält damit seine Chance (indem es von Detektiv und Leser in gleicher Weise praktiziert werden kann), sondern auch jener von Alewyn (in: V, 390 ff.) herausgestellte Reiz der Verunsicherung, der sich bei den Figuren aus der Verdächtigung des scheinbar Bekannten (weswegen der Mörder auch im gesellschaftlichen Sinn kein ›Außenseiter‹ sein darf), beim Leser aus dem Nachvollzug des vorgeführten Mißtrauens ergibt.

Um den geschlossenen Kreis der Figuren zu bilden, greifen die Autoren der Detektivromane zu verschiedenen Mitteln. Sie siedeln den Mord etwa in einer durch äußere Umstände isolierten Gruppe an (Flugzeug, Schlafwagen, Insel u. ä.) oder in einer isoliert lebenden Berufsgruppe (Collegeprofessoren, Theaterensemble u. ä.) oder unter Verwandten (Familientreffen u. ä.). In jedem Fall handelt es sich um Menschen, die zur gleichen Zeit an dem Ort oder in der Nähe des Ortes versammelt sind, wo der Mord geschieht, und die sich meist lange und gut kennen (bzw. zu kennen glauben). Nur wenn diese beiden Bedingungen erfüllt sind (Versammlung und Bekanntschaft), können die oben erwähnten Unterhaltungseffekte (Freude am logischen Denken und Reiz der Verunsicherung) wirksam werden.

2. Die Gruppe der Nicht-Ermittelnden besteht aus Figuren, deren Darstellung stark typisiert ist. Da die Gattung letztlich in der Erfüllung eines Handlungsschemas aufgeht, bleiben die seelischen Gründe von Schuld und Mißtrauen weitgehend außer Betracht. Psychologie wird schematisch reduziert auf die Benennung einiger Eigenschaften (wie Eifersucht, Rachsucht, Gewinnstreben u. ä.) und

hat allenfalls die Funktion der zusätzlichen Information, die ein Alibi oder eine Verdächtigung abzurunden hat (vgl. S-B, 102). Die Gestaltung innerer Widersprüche und der sich daraus ergebenden Verhaltensweisen, die Gestaltung innerer Reifungsprozesse usw. bleibt außerhalb des Horizonts des Detektivromans. Die Seelenkonstellationen »sind abgeschliffen wie längst kursierende Münzen und Mittel ohne Eigenwert, deren sich die ratio für ihre eigenen Zwecke bedient« (Kracauer, 1925, 123). Oder: »Was wie die Ergründung menschlicher Motive aussieht, erweist sich als ein bloßes Aufdecken vorgegebener Spielmarken« (Heißenbüttel, in: Z, 208). Der Abwertung, die in diesen zitierten Formulierungen mitschwingt, sollte man allerdings vorsichtig gegenüberstehen. Denn daß die Figuren nur in ihrem äußeren Tun gezeigt werden, ist der Gattung inhärent, gehört mit zu der Verrätselung, die in ihr um der spezifischen Unterhaltungseffekte willen ständig angestrebt wird.

Die nach Aufdeckung der Tat nachgetragene psychologische Fallstudie, auf die manche Autoren nicht verzichten, entspricht eigentlich nicht den Notwendigkeiten der Gattung und ist auch für den Leser eher von akademischem Interesse. Daß einige neuere Autoren psychologisch begründete Charakterdarstellungen des Opfers oder des Täters (oder auch des Detektivs) in ihre Romane einzuarbeiten versuchen, gehört zu bestimmten aufklärerischen Intentionen, die an den Kriminalroman gebunden werden, und bringt strukturelle Probleme mit sich. Hierauf wird im historischen Teil (3.4.) einzugehen sein.

Das gattungsspezifische Merkmal der Reduktion des Psychologischen (sowie das des Verschweigens sozialer Determinanten) bei der Darstellung der Figuren bedarf einiger weiterer auf die einzelnen Handlungsträger bezogener Erläuterungen:

Unter allen Figuren des Detektivromans hat das *Opfer* normalerweise den geringsten personalen Stellenwert (vgl. Heißenbüttel, in: V, 361), obwohl es der Bezugspunkt der Fahndungstätigkeit ist. Es löst sie aus und zentriert alle Fragen um sich. Aber in solcher Funktion – so wird stets behauptet (vgl. etwa Žmegač, in: Z, 20) – ist es nichts anderes als ein Requisit, das einen Mechanismus in Gang setzt. Man sollte hier jedoch sorgfältiger differenzieren zwischen der Bedeutung, die das Opfer für den Leser haben kann, und der, die es für die Romanfiguren hat. Der Leser vermag sicherlich schwerlich eine emotionale Bindung zum Ermordeten aufzubauen (neuere Autoren wie Boileau/Narcejac sprengen diese Regel freilich), weil dieser im allgemeinen schon auf den ersten Seiten tot ist und alle nachträglichen Informationen keine Anteilnahme, die ja immer an die Gestaltung des Lebendigen gebunden ist, mehr erzeugen können. Der Tote hinterläßt im Detektivroman keinen Eindruck, sondern lediglich ein Problem. Der Detektivroman – so Žmegač – »präsentiert einen Mord ›an sich‹, nicht etwa ein menschliches Schicksal« (in: Z, 20). Täte er dies und bewirkte Einfühlung in das Opfer, so würde er das intellektuelle Spiel plump gefährden (vgl. ebd.). Dann wäre wohl überhaupt sein spezifischer Unterhaltungscharakter verloren, und die Drohung, die vom Mord als dem irreparablen Verbrechen ausgeht, könnte nur schwerlich, wenn überhaupt, neutralisiert und aufgefangen werden. Affektive Teilnahme oder gar Sentimentalität versucht der Detektivroman daher mit allen Mitteln auszuschließen. Žmegač hat darauf hingewiesen, daß der Detektivroman eher eine Affinität zur Distanz erzeugenden Komik als zur Tragik besitzt. (»Das Blut, das durch die Ritzen sickert oder einen häßlichen Fleck auf dem Teppich der Bibliothek bildet, ist [...] ein besonderer Saft: ein künstlicher nämlich« [ebd.]). Nicht von ungefähr gibt es so zahlreiche Parodien auf diese Gattung (vgl. 3.2.5.1.). – Für die Romanfiguren hat der Tote eine ganz andere Bedeutung. Für sie ist er der Anlaß ihrer Schwierigkeiten, auf die sie sehr wohl emotional reagieren, auch wenn sie ihre Reaktion möglicherweise nicht zu erkennen geben. Durch den Toten geraten die ihn Umgebenden in Verdacht, und er erfüllt seine Funktion um so besser, je mehr Schuldgefühle er zu wecken vermag, die dann jenes schon erwähnte Verbergen ›sekundärer Geheimnisse‹ auslösen. Deswegen wird der Tote sehr häufig als schlechter Charakter hingestellt, der aus verschiedensten Gründen Groll auf sich gezogen hat.

Den *Mörder* kann man dann als denjenigen bezeichnen, der sich geweigert hat, länger zu leiden (vgl. Auden, in: Z, 140). Aber die Mordmotive können auch ganz andere, unpersönliche sein. Über sie wird zwar schließlich immer etwas gesagt, aber sie werden erzählerisch nicht entwickelt. Denn dies würde eine Bekanntschaft mit dem Täter herbeiführen, auf die um des Rätsels willen verzichtet werden muß. Um des Rätsels willen ist der Mörder auch unter allen Verdächtigen oft der Unauffälligste (›the most unlikely person‹); »der scheinbar Unschuldigste ist in Wirklichkeit der Schuldige« (Alewyn, in: Z, 194). Diese Technik wird oft variiert, etwa insofern, als der Täter zunächst verdächtig sein kann, dann aber stark entlastet wird, so daß der Leser ihn vergißt, bis er zuletzt doch überraschend überführt wird (vgl. Wölcken, 195 3, 189 f.). Nicht aber als Charakter ist der Mörder interessant, sondern als Figur, die wie alle Verdächtigen durch Äußerungen und Verhaltensweisen abwechselnd unschuldig oder schuldig aussieht. Daß er sich am Ende wirklich als schuldig erweist, mutet eher wie eine

Zufälligkeit an, da die Notwendigkeit der Tat nur aus einer Charakteranalyse hätte plausibel gemacht werden können.

Damit das Spiel der Täuschungen, des Ratens und Denkens überhaupt in Gang kommen kann, braucht der Detektivroman genügend Figuren, *Verdächtige,* die ebenso wie der Täter unschuldig bzw. schuldig ›erscheinen‹. Nur unter dem Aspekt der möglichen Täterschaft werden die Verdächtigen dargestellt, nur diesem Aspekt dient auch das sich eröffnende ›Trabantensystem sekundärer Geheimnisse‹ (neben Alewyn, in: V, 390ff., vgl. hierzu auch Auden, in: Z, 141), das die einzelnen Figuren in einer Weise belastet, die Schlußfolgerungen (wenn auch falsche) auf den Mord erlaubt. So wenig wie dabei der Grund ihres Schuldigseins entfaltet wird, so wenig sind auch sie in irgendeiner anderen Hinsicht von Interesse. Sie bleiben Schemen, unabgerundet und ohne Tiefe. Unter der dominierenden Perspektive der Verrätselung sind Merkmale der Figuren nur insofern von Bedeutung, als sie Verdachtsmomente vergrößern oder verkleinern. Es wäre »eine Minderung des primär angestrebten Effekts, wenn man sie über ein Mindestmaß an Plausibilität hinaus im Sinne realistischer Darstellung differenzieren wollte« (S-B, 102).

Die Einsicht, die der Detektivroman beim Leser durch das Wechselspiel der den Figuren angehängten Verdachtsmomente erreicht, daß nämlich Menschen nicht sind, was sie zu sein scheinen, entspricht allgemeiner Erfahrung und ist trivial; nichtsdestoweniger bewirkt die literarische Vergegenwärtigung dieser Erfahrung offenbar jene Verunsicherung, die als einer der Unterhaltungseffekte der Gattung anzusehen ist. Daß er so wirksam werden kann, ist an eine Voraussetzung gebunden, die im Detektivroman implizit enthalten ist: das Vorhandensein einer normalen, überschaubaren, durch Konventionen beherrschten alltäglichen Welt, die zu veranschaulichen der Figurenkreis der Verdächtigen ebenso dient wie dazu, sie suspekt werden zu lassen. Auch deswegen also braucht der Detektivroman ein »homogenes Milieu, ein Beisammensein von Figuren, die sich in der konventionellen Geste erschöpfen [...], um Vertrauen und Sicherheit zu erwecken« (Kracauer, 1925, 125). Besonders geeignet dafür ist das offiziell anerkannte Milieu des intellektuellen oder des Geldadels (Professoren, Diplomaten, wohlhabende Pensionäre, Offiziere, Geschäftsleute, saturierte Bürger aller Art), das die meisten Bedingungen einer ›heilen Welt‹ in sich trägt. (Daß der Detektivroman auch von den Angehörigen dieser Schicht besonders geschätzt wird, ist eine These, die in 4.1. erörtert wird.) Inwieweit für den Leser die durch die Enthüllung sekundärer Geheimnisse aufgehobene, durch das Auffinden des Mörders wiederhergestellte Sekurität und Seriosität der geschlossenen Gesellschaft insgeheim erschüttert bleibt oder gar zerstört wird (wie Alewyn meint, in: V, 397), der Detektivroman also unter anderem auch sozialkritisch zu wirken vermag, ist ungewiß und sicherlich sowohl von der Gezieltheit und Intensität der Darstellung verfremdender, einen ›frag-würdigen‹ Zustand ahnen lassender Verdachtsmomente als auch von der rezeptiven Einstellung des Lesers abhängig (zur Wirkungsfrage vgl. Kap. 4).

Die *Gruppe der Ermittelnden* besteht aus dem Detektiv und Mitarbeitern, die entweder in einem besonderen Vertrauensverhältnis oder aber in Distanz oder gar Konkurrenz zu ihm stehen.

Der *Detektiv* ist die zentrale Figur jeglichen Detektivromans. Da sich die historische Entwicklung dieser Sonderform des Kriminalromans weitgehend an der unterschiedlichen Darstellung der Gestalt und der Arbeitsweise des Detektivs verfolgen läßt, werden an dieser Stelle nur seine wichtigsten typischen Merkmale herausgestellt, während erst in Kap. 3, das sich der Geschichte der Kriminalliteratur widmet, auf Einzelzüge eingegangen wird.

Gerade die Figur des Detektivs ist in der Sekundärliteratur häufiger typologisiert worden:

Heißenbüttel etwa beschreibt das ›klassische Gegensatzpaar‹ des analytisch und des aktionistisch vorgehenden Detektivs (in: Z, 205 ff.) und nimmt die Gestaltung der Hauptfigur zum Anlaß, zwei verschiedene Ausprägungen des Kriminalromans zu unterscheiden, die freilich – wie es in der vorliegenden Darstellung geschieht – nur von ihrer Handlungsstruktur her unterschieden werden dürften, weil die Figurierung durch den Handlungsplan bestimmt wird. Andere Autoren (vgl. D. Sayers, 1928) begnügen sich damit, verschiedene soziale Rollen der Detektive zu konstatieren, ohne verallgemeinernde Rückschlüsse auf die Gattung Kriminalroman zu ziehen. Beschränkt man sich dabei (wie Alewyn, in: Z, 189) auf den Detektivroman, so kann man ein entschiedenes quantitatives Übergewicht des einzelgängerischen Amateurdetektivs gegenüber dem professionell ermittelnden Polizeioffizier feststellen. Buchloh/Becker (B/B, 18–24) versuchen eine Klassifizierung nach der gesellschaftlichen Funktion des Detektivs, der entweder als ›Great Detective‹ (mit Zeichen des ›Übermenschen‹) oder als eher realistisch gezeichneter Polizeioffizier auftritt (einzeln oder im Team), als professioneller Privatdetektiv oder als ›Durchschnittsmensch‹, der zufällig »in einen Fall hineingezogen« und auf sich selbst (in all seiner Schwachheit) verwiesen wird. Die Möglichkeit, die unterschiedlichen Identifikationsgebote der so unterschiedlichen Detektive näher zu untersuchen, wird von den Autoren leider nicht genutzt. Auch Hügel (1978, 43 ff.) geht von den ›sozialen Bindungen‹ der Detektive aus und nennt den Hobby-, Amateur-, Privat- und staatlich angestellten Detektiv, wobei nur die beiden letzteren die Detektion professionell betreiben, während die ersteren »durch keinerlei organisatorische Beschränkungen gebunden« sind. Der Unterschied zwischen Hobby- und Amateurdetektiv bleibt undeutlich; es wird lediglich bemerkt, daß der Amateurdetektiv »einen zweiten und für die Detektion bedeutsamen Hauptberuf« hat (44) – ein Beleg für die terminologische Schwäche des ganzen Buches. Hügels Unterscheidung ist als solche aber insofern sinnvoll, als er an ihr zu zeigen versucht, inwiefern die soziale Ausgangsposition des Detektivs seine Einstellung zum Verbrechen und seine Arbeit beeinflussen. Auch bei Hügel vermißt man jedoch die Fragestellung, welchen Unterhaltungsgewinn der Leser aus den verschiedenen Gestaltungen des Detektivs zu ziehen vermag.

Im folgenden werden Typologisierungen dieser Art nicht weitergeführt. Vielmehr soll festgestellt werden, was den Gestalten der sozial unterschiedlich gebundenen Detektive gemeinsam ist, um einige grundsätzliche Rückschlüsse auf das durch die Hauptfigur dem Leser gemachte Identifikationsangebot ziehen zu können. Dabei geht es hier zunächst nur um das Identifikationsobjekt des Detektivromans, nicht auch schon um das des Thrillers.

Überlegungen zur Gestalt und zur Arbeitsweise des Detektivs gehen sinnvollerweise von seiner Funktionsbestimmung aus. Wie bereits ausgeführt, liegen die wichtigsten Aufgaben des Detektivs bei Beobachtung, Verhör, Beratung, wobei er vor allem Kräfte der Wahrnehmung und gedanklicher Kombination entfalten muß. Da sich alle Detektive aufgrund ihrer Aufgabenstellung und in ihren zur Lösung der Aufgaben erforderlichen Leistungen außerordentlich ähneln, ergibt sich für die Autoren das Problem ihrer individuellen Vergegenwärtigung. Formulierungen, nach denen der Detektiv lediglich »Figurant der ratio« (Kracauer, 1925, 140), »Symbol des menschlichen Intellekts« (Škreb, in: Z, 51), »reine Funktion, die in den Roman hineinprojizierte Personifikation der Frage« (Alewyn, in: V, 385) ist, greifen zu kurz. Auch wenn man zustimmt, daß der Detektiv hauptsächlich »als Träger einer Funktion interessiert« (Hügel, 1978, 30), darf man nicht so weit wie Kracauer gehen, der den Detektiv als »Unperson« bestimmt (139), zumal dessen körperliche Tätigkeit unterbleibe (vgl. 177). In den meisten Arbeiten zum Detektivroman (im übrigen auch bei Alewyn) wird der Zusammenhang zwischen der notwendigen Hervorhebung der gedanklichen Fähigkeiten des Detektivs und dem »Verlust an erzählerischer Intensität« (S-B, 27) auch differenzierter behandelt. Weil – so wird argumentiert – der Held des Detektivromans »im Grund nicht mehr darstellt als eine Allegorie, die Personifikation analytischer Potenz«, ist er »der pittoresk vermenschlichenden Charakterzüge in besonderem Maße bedürftig« (S-B, 25). In der Tat haben die Autoren von Detektivromanen seit je erkannt, daß sich mit dem Detektiv besondere Identifikationsreize verbinden lassen, und zwar solche, die innerhalb einer festgefügten bürgerlichen Gesellschaft von einer isolierten, exzentrischen Person ausgehen (vgl. Just, in: V, 20). Damit wird zugleich die Konstellation berücksichtigt, die der Handlungsplan vorschreibt, daß nämlich der Detektiv von außen in einen geschlossenen Kreis von Figuren hineingerät.

Exzentrik und Isolation (Außenseitertum) sind die typischen Merkmale der Gestalt des Detektivs: Aus der Norm fallende Angewohnheiten (z. B. Verdunkelung der Zimmer, Rauschgiftgenuß, künstlerische Neigungen) verfremden ihn und umgeben ihn mit der Aura des Außergewöhnlichen, die ihn aus der Monotonie des Alltäglichen heraushebt. Auch die Einsamkeit des Detektivs wirkt verfremdend. Meist wird sie an seinem Junggesellentum verdeutlicht. Der Detektiv ist sexuell abstinent, lebt »im Ausnahmezustand des Zölibats«, ist »Musterbild innerweltlicher Askese«, »Neutrum« (vgl. die vielen Kennzeichnungen Kracauers [145 f.], dessen weiterführender Gedankengang hier nicht referiert werden kann) – all dies deswegen, weil seine »Kontemplation durch keinerlei Einmischung interessierter Subjektivität getrübt« werden soll (S-B, 48). (Die wenigen weiblichen Detektive in der Detektivliteratur sind entsprechend jungfräulich oder altjüngferlich).

Es stellt sich aber die Frage, ob so gezeichnete Figuren tatsächlich Möglichkeiten der Identifikation für den Leser bieten. Sicherlich entsprechen das Hinwegsetzen über Normen, die persönliche Autonomie und soziale Unabhängigkeit, das ungewöhnliche Ausmaß an Scharfsinn und Phantasie, schließlich die Unsterblichkeit des Detektivs Wunschvorstellungen eines Großteils des Lesepublikums. Geht man aber mit Hofstätter (1957, 157) davon aus, daß das Identifikationsobjekt als Zielscheibe der Projektion von Wunschvorstellungen sich nicht nur deutlich abheben muß von denen, die sich identifizieren möchten, sondern daß es dem Leser zugleich, um Identifikation zu erleichtern, Gelegenheit geben muß, sich selbst wiederzuerkennen und bestätigt zu fühlen, so bleibt zu erklären, inwieweit der typische Detektiv immer auch erreichbar ist (vgl. hierzu und zum Folgenden ausführlicher Kap. 4 und 4.1.). An erster Stelle wäre hierbei auf die Übereinstimmung hinzuweisen, die zwischen Detektiv und Leser in der sittlichen Verpflichtung gegenüber einer Gesellschaftsordnung besteht, die von beiden nicht hinterfragt wird. Der Detektiv vertritt im Roman einen Anspruch, den der Leser akzeptiert. Teilnahme erzeugen auch die Anstrengungen, denen sich der Detektiv im Dienste der Gesellschaft bei seiner Arbeit (etwa den Verhören) unterzieht. Außerdem aber besitzen alle Detektive genügend menschliche Schwächen oder feste, zum Extrem neigende Angewohnheiten, die der Leser wiedererkennend belächeln kann.

Als Voraussetzungen für Identifikation sind die Überhöhung der Hauptfigur und ihre gleichzeitige ›Humanisierung‹ in der Geschichte des Detektivromans zwar immer berücksichtigt worden, haben aber durchaus verschiedene Akzentuierungen erfahren. So läßt sich zeigen, daß die Detektive, je länger die Gattung besteht, immer mehr realitätsbezogenen Erwartungen angepaßt werden (vgl. 3.2.5.2.). Sie werden zunehmend verbürgerlicht, »aus ihrer nostalgisch stilisierten Beobachterposition außerhalb der Gesellschaft in das bürgerliche Zentrum der Gesellschaft integriert [...], wo sie nun zumindest auf die äußeren Attribute des Übermenschlichen bzw. Überbürgerlichen verzichten« müssen (S-B, 157), ohne freilich ihre ›idealen‹ Eigenschaften ganz zu verlieren.

Auf die Diskussion darüber, ob der Detektiv als ›Held‹ zu bezeichnen sei, ist hier nur hinzuweisen. Wenn Alewyn behauptet, der Detektivroman habe keine Helden, der Detektiv sei lediglich der Mann, der die Fragen stelle, erzähltechnisch eine bloße Funktion (vgl. in: V, 386), und Naumann diese Ansicht dadurch stützt, daß er auf die fehlende Verflechtung des Detektivs in die Schicksale anderer Personen hinweist (in: Z, 248), so wird zweifellos einseitig argumentiert. Diese Auffassung ist durch die einfache Tatsache anzufechten, daß der Detektiv für so viele Leser alle Voraussetzungen zur Identifikation erfüllt (vgl. die Faszination, die von Sherlock Holmes ausging, der in der Phantasie vieler Leser als reale Person existierte). Dies ist von literatursoziologisch orientierten Kritikern (vgl. Schmidt-Henkel, in: Z, 171; Žmegač, in: Z, 11 f.) auch gesehen worden. Žmegač hat außerdem die historische Tradition des literarischen Helden skizziert (ebd.), in die sich der Detektiv als literarische Figur ohne weiteres einfügt.

Nicht nur die Gestalt des Detektivs fesselt den Leser, sondern auch seine Arbeitsweise. Wird hier doch jemand beschrieben, dessen Tätigkeit erfolgreich verläuft (vgl. 4.1.). Es wurde schon darauf hingewiesen, daß der Detektivroman einerseits immer neue Rätsel aufbaut, andererseits auch das Bemühen um ihre Lösung vorführt. (Hügel hat gerade in dieser Arbeit des Detektivs das ›Gattungskonstituierende‹ sehen wollen [vgl. 1978, 29], hat dabei aber die ›Konkurrenz der Kompositionselemente‹ außer acht gelassen, wonach die Rätselbildung ebenso bedeutsam ist.) Die Darstellung der Arbeitsweise des Detektivs enthält unterschiedliche Unterhaltungselemente, die sich an die von ihm angewandten Ermittlungsmethoden binden. Zu diesen Methoden gehört nicht nur die Denkbarkeit, sondern gehören durchaus auch psychologische Verfahren, die vom autoritären Befragungsstil bis zur sensiblen Einfühlung in den Verdächtigen reichen. Aber solche Unterschiede sind allenfalls bei der historischen Betrachtung des Detektivromans darzustellen, ebenso die differenzierten Verbindungen zwischen Denken und Verhalten des Detektivs. Einige typische Merkmale der reinen Denkarbeit des Detektivs aber lassen sich hier zusammenfassen:

Zunächst ist zu bemerken, daß das Denken des Detektivs in der Regel methodisch verläuft. Deduktionen, Kombinationen usw. basieren auf genauen Beobachtungen, Messungen, Zeugenaussagen und werden – womöglich durch Experimente – überprüft. Die Romanautoren popularisieren dadurch die Arbeitstechniken und das Ethos der Naturwissenschaften, damit zugleich die Hoffnung auf die Durchschaubarkeit alles Faktischen und die Bewältigung der Wirklichkeit.

In diesem Rahmen aber beginnen die Detektive ihre Denkoperationen von unterschiedlichen Ausgangspunkten her. Die einen bilden ganz rationalistisch eine Hypothese vom Hergang der Ereignisse – entweder mehr logisch schließend (wie etwa Dupin) oder mehr die Ganzheit des Falles intuitiv erfassend (wie etwa Poirot) –, um im weiteren alle neu hinzukommenden Fakten dieser Hypothese zuzuordnen bzw. die Fakten aufgrund der Hypothese überhaupt erst zu suchen. Je nach dem Vorgefundenen wird diese dann entweder falsifiziert und neu gebildet oder eben verifiziert. Die anderen (wie etwa Sherlock Holmes) beginnen empiristisch mit der Beobachtung von Fakten, setzen sie zueinander in Beziehung, schließen auf ihre Ursachen zurück, stellen in kleinen Schritten, bei denen Widersprüche ausgeschaltet werden, Zusammenhänge her und bauen allmählich eine Theorie des Mordfalls auf, die dann mit der Überführung des Täters verifiziert wird. Gleichgültig, ob so die Denkarbeit mehr deduktiv oder mehr induktiv verläuft –, der auf der Tugend der Exaktheit basierende »mikrologische Blick« (Bloch, in: V, 329) für die kleinen Indizien und die analytische Kraft sind stets die gleichen.

Wenn sich auch die Darstellung der Denkarbeit des Detektivs prinzipiell stets der einen oder der anderen der skizzierten Methoden verpflichtet weiß, verliert doch die Denkarbeit als solche im Verlauf der geschichtlichen Entwicklung der Gattung immer mehr das Interesse der Autoren. Parallel zur schon erwähnten ›Humanisierung‹ des Detektivs läuft seine allmähliche Befreiung aus der festgeschriebenen Rolle des Scharfsinnshelden. Mit der Zuwendung zur Realität gewinnt auch das ›Verstehen‹ psychischer und sozialer Gegebenheiten eine größere Bedeutung, und die Klärung des Falles ist oft abhängig von dem ›Einfühlungsvermögen‹ des Detektivs in die Situation des Täters.

Der Detektiv arbeitet meist nicht allein, sondern hat *Mitarbeiter,* oft einen ihm enger vertrauten Gefährten, oft ihm entfernter stehende Polizisten, die freilich nicht selten auch in Konkurrenz zu ihm Ermittlungen durchführen.

1. Der Gefährte des Detektivs, in der Sekundärliteratur fast durchweg als ›Watson-Figur‹ (nach dem in den meisten der Detek-

tivgeschichten C. Doyles als Erzähler vorgeschobenen Dr. Watson) bezeichnet, übernimmt verschiedene Funktionen, von denen die allgemeingültigsten hier aufgeführt werden:

a) Die erste Aufgabe ist erzähltechnisch begründet. Der Gefährte dient dazu, den Helden sich mitteilen zu lassen, dem er im Gespräch durch Fragen oder den Vortrag eigener Meinungen Äußerungen entlockt. Er fungiert hierbei als Medium, über das dem Leser Beobachtungen, vorläufige Schlußfolgerungen oder Ergebnisse des Detektivs mitgeteilt werden können – und dies in der lockeren Form bewegter Dialoge.

Die weiteren Aufgaben sind eher rezeptionsästhetisch begründet:

b) Da die Kommunikationssituation zwischen dem Detektiv und seinem Begleiter meist asymmetrisch ist, der Begleiter sich gegenüber dem dominierenden Freund als untergeordnet versteht und dies durch seine (oft naiven) Fragen auch zu erkennen gibt, wirkt er gleichsam als Folie, vor der sich der Glanz des Detektivs um so deutlicher abheben kann. Dieser Glanz kann durch die offen geäußerte Bewunderung für die Leistungen des Detektivs verstärkt werden (vgl. a. Škreb, in: Z, 51). Zugleich wird damit die Reaktion des Lesers, der in die gleiche Bewunderung einstimmen soll, suggerierend vorweggenommen (vgl. a. B/B, 39). Die bewundernde Haltung des Lesers wird besonders leicht erzwungen, wenn der Gefährte (wie Dr. Watson) Berichterstatter des Geschehenen ist und dabei den eigenen früheren Informationsrückstand ständig mitreferiert. Der Leser vermag sich dann kaum aus dem Blickwinkel der seinen Respekt vor dem Helden formulierenden Figur zu lösen.

c) Der Überhöhung des Helden dienen auch die vielen kleinen Aufgaben, die der Gefährte übernimmt. Nur aufgrund der Entlastung von all der bei der Fahndung notwendigen Kleinarbeit, bei der gerade auch körperliche Bewegungen unumgänglich sind, kann der Detektiv die Muße für seine Denkarbeit finden. Auch wenn der Gefährte als deus ex machina auftreten sollte und den Detektiv warnen oder ihn aus einer gefährlichen Lage retten kann, fällt die bewundernde Teilnahme des Lesers eher auf den Detektiv, der sich der Gefahr ausgesetzt hat, während die Hilfestellungen des Gefährten, die noch dazu vom Zufall unterstützt werden, wie selbstverständlich erscheinen.

d) Das sich vom Helden deutlich abhebende inferiore Verhalten seines Gefährten vermag zugleich das Selbstbewußtsein des Lesers zu stärken, etwa wenn er früher als der Gefährte zu einer Schlußfolgerung kommt, die der Detektiv bereits gezogen hat (vgl. a. B/B, 39, und Schmidt-Henkel, in: Z, 161). Auf diese Weise intensiviert der Gefährte die Bindung des Lesers an den Detektiv. Andererseits leitet gerade der Gefährte den Leser durch falsche, vom Detektiv nicht kommentierte Schlußfolgerungen auf falsche Fährten und vergrößert so die Distanz zwischen dem erfolgreichen Helden und dem ›verführten‹ Leser. Es ist wichtig, gerade diese Doppelfunktion der ›Watson-Figur‹ zu erkennen.

2. Zu den Mitarbeitern des Detektivs können auch Polizisten gehören. (Dies gilt auch dann, wenn die Detektive – was seltener der Fall ist – selbst Angehörige der Polizei sind wie etwa Inspector French oder Kommissar Maigret.) Auch die Polizisten dienen letztlich nur dazu, die Leistungen des Helden herauszustellen. Denn wenn sie sich auch eifrig und mit großem Aufgebot an der Ermittlung beteiligen, so sind sie im Detektivroman doch nicht mehr als tüchtige Routiniers, die sich – »blind und borniert und phantasielos« – »selten eine Sackgasse entgehen« lassen (Alewyn, in: Z, 190). Polizisten werden im Detektivroman als Menschen der Tat dargestellt, die ihren Intuitionen folgen und nichts von Theorien halten bzw. unfähig sind, sie zu entwickeln. Damit sind sie bewußt als Kontrastfiguren konzipiert, die durch ihre Erfolglosigkeit nicht nur dem sich im Detektiv verwirklichenden »Geist der Selbsthilfe« (Alewyn, in: Z, 190), sondern auch der ihm eigenen Tugend methodischen Denkens, seiner Rationalität, zu Ansehen verhelfen. Dennoch verbündet sich der Detektiv mit einem derartig ungleichen Partner wie der Polizei, oft um sie wie ein Instrument einzusetzen. »Sogar als Petent mag er ihr nahen, da die Projekte der ratio unter Umständen der Polypenarme bedürfen« (Kracauer, 1925, 151). Seinen tieferen Sinn gewinnt dieses Bündnis freilich erst dadurch, daß der Detektiv sich damit offen auf die Seite der die Legalität und die Normen der Gesellschaft schützenden Macht stellt. (Die Ironie des überlegenen Detektivs, der einer ihm unterlegenen Polizei als Entschädigung für die Demütigung ihrer Beamten zuweilen am Ende den Lohn der Anerkennung, den sie nicht verdient, zuschiebt oder überläßt, ist nach Kracauer ein »billiger Spaß«, weil sie über die »gemeinsame Abhängigkeit« von den gesellschaftlichen Normen hinwegtäuscht und lediglich den Ruhm einer vom Gesellschaftlichen abgelösten ratio im Sinn hat [vgl. Kracauer, 1925, 169]).

2.1.3. Räume und Gegenstände im Detektivroman

Die Figuren des Detektivromans bewegen sich in Räumen bzw. zwischen Gegenständen, deren Gestaltung von den Erfordernissen der angestrebten Unterhaltungseffekte (Rätselspannung und Verunsicherung des Lesers) bestimmt wird.

1. Gerade die Darstellung der Räume trägt im Detektivroman dazu bei, den Mordfall zu verrätseln. Das Eisenbahnabteil eines fahrenden Zuges, das Flugzeug, das von der Welt abgeschnittene Landhaus, der exklusive Londoner Club, das College, die Insel usw. bieten nicht nur eine unter Umständen reizvolle Kulisse, sie stellen als isolierte Räume (entsprechend zum geschlossenen Personenkreis, vgl. o.) den Detektiv (und den Leser) vor allem vor das besondere Problem, den Mörder unter den anwesenden Figuren zu suchen. Dies allein wiederum bietet der Logik ihre Chance. Denn alle Deduktionen können nur schlüssig sein, wenn die Voraussetzungen konstant bleiben, was sich erzählerisch nur durch die Abriegelung der Figuren von der Umwelt glaubhaft machen läßt.

Eine Sonderform der Verrätselung, ihre ins Extrem getriebene Ausprägung bietet der ›geschlossene Raum‹. Man versteht darunter den von innen abgesperrten Ort, an den der Mörder eigentlich nicht gelangen kann und an dem die Leiche trotzdem gefunden wird. Dies spricht aller Logik Hohn und läßt sich doch erklären.

Mögliche Lösungen der ›locked-room‹-Rätsel sind von Dr. Gideon Fell, dem Detektiv in J. D. Carrs »The Hollow Man« (1935), vorgetragen worden (vgl. auch Carrs »The Locked-Roman Lecture«, in: H, 273 ff.) (hier nach F. Wölkken, 1953, 195):

1. Der Mord ist in Wirklichkeit ein Zufall und der Raum tatsächlich unzugänglich verschlossen.

2. Der Ermordete hat unter Zwang Selbstmord in dem tatsächlich abgeschlossenen Raum begangen.

3. Der Mord wurde durch ein Mittel begangen, das vor dem Abschließen bereits in den Raum gebracht war.

4. Echter Selbstmord, der den Eindruck von Mord erweckt – dies ist eine Variante von Fall 1 und 2.

5. Der Mord war begangen, ehe der Raum verschlossen wurde – der Eindruck, daß der Ermordete noch in dem verschlossenenen Raum gelebt hat, wurde durch technische Mittel, z. B. Grammaphon usw., erweckt.

6. Der Mord wurde von außen begangen, aber die Möglichkeit dazu (z. B. Abschießen einer Stichwaffe, Schleudern von Gift usw.) wurde übersehen.

Diese Lösungen lassen sich, worauf F. Wölcken (1953, 195) hingewiesen hat, ergänzen, z. B.:

7. »Der Mord wurde erst nach dem Eindringen der Polizei oder der Suchenden in das Zimmer begangen.«

Auch Gegenstände, vorzugsweise schwer zu identifizierende Mordwaffen, dienen der Verrätselung des Falles. Beispiele dafür sind bereits gegeben worden (vgl. 2.1.1.1.).

2. Mit der durch die Konstruktion isolierter bzw. geschlossener Räume und exotischer Mordwaffen hervorgerufenen »Wirklich-

keitsverletzung oder-verschiebung« (Schmidt-Henkel, in: Z, 163) geht meist eine sehr realitätsnahe Darstellung von Gegenständen einher, die den Räumen, die diese Gegenstände beherbergen, eine weitere Qualität geben und über ihre Funktion als bloße Kulisse oder Anlaß für ein Rätsel hinausgehen. Diese Realitätsbezogenheit des Detektivromans zielt auf den anderen der angestrebten Unterhaltungseffekte, die Verunsicherung des Lesers, die um so eher erreicht wird, je mehr sich dieser zuvor in Sicherheit wiegt, einer Sicherheit, die aus dem Wiedererkennen einer ihm aus eigener Erfahrung vertrauten oder aber erträumten, als Projektion von Wunschvorstellungen existierenden Umgebung erwächst.

Um zunächst dieses Gefühl der Sicherheit beim Leser zu erzeugen, werden Mittel gewählt, die sich einerseits auf die Art und Weise der Beschreibung, andererseits auf die Wahl der Schauplätze und Requisiten beziehen.

a) Die Beschreibungen sind teilweise so dicht, daß man ihnen einen informierenden Charakter zubilligen muß. Sie vermitteln Kenntnisse ganzer Milieus – handele es sich um das englische Universitätsleben oder die Bräuche einer jüdischen Vorstadtgemeinde in Nordamerika –, oder sie belehren durch Detailwissen – sei es über Münzenkunde oder über englische Architektur. Zweifellos liegt hier für viele Leser ein zusätzlicher Reiz der Gattung, der im übrigen auch vom Thriller auszugehen vermag (vgl. 2.2.3.).

b) Die gewählten Schauplätze (Expreßzug, Flugzeug, Villa, Club, College usw.) vermitteln dem Leser alle das Wohlgefühl, das entweder von der Atmosphäre bürgerlichen oder aristokratischen Wohlstands ausgeht oder aber – worauf Watson (1971, 169) hingewiesen hat – zumindest von der Atmosphäre familiärer Geborgenheit (»familiar homeliness«). Auch dies ist ein Grund für die breite Darstellung von Interieurs (die als ›geschlossene Räume‹ zugleich der Verrätselung dienen).

Je anschaulicher derartige Schauplätze vergegenwärtigt werden, desto stärker wird der Leser schließlich irritiert. Nicht nur die Leiche schockiert, weil sie sich an einem schrecklich unpassenden Ort befindet (vgl. Auden, in: Z, 138); nicht nur verdächtige Gesten und Äußerungen von ›Respektpersonen‹ machen mißtrauisch; schon durch die bloße Vorstellung von Gegenständen erscheint die gewohnte Umgebung plötzlich verfremdet, wird beispielsweise plötzlich klar, daß die Üppigkeit der Einrichtung nicht menschlichen Beziehungen, sondern eher »dem Verbergen, Versperren, Verdunkeln« dient (Dingeldey, 1973, 169). Daß hierdurch neben dem aristokratischen das bürgerliche Milieu denunziert wird, dem der Detektivroman erwächst und in dem er seinen größten Rezipientenkreis findet (vgl. 4.1.), ist oft bemerkt worden. Es fragt sich aber auch hier, inwieweit eine sich aus der Entlarvung bürgerlicher Ordnung ergebende ›Einsicht‹ beim Leser anhält oder durch den Erfolg des die ›heile Welt‹ wiederherstellenden Detektivs wieder zugedeckt wird (vgl. 4.1.).

3. Die ›topographische Verankerung‹ der Handlung des Detektivromans (Heißenbüttel, in: Z, 363) in bestimmten Milieus bietet immer auch die Möglichkeit der Erkenntnisvermittlung. Da das Verbrechen »im Rücken der Geschichte« liegt (Smuda, in: V, 50) und es gilt, »den Sachverhalt des Verbrechens im Indizienverfahren durch charakterisierende Details anschaulich zu machen« (ebd.), kann der Autor prinzipiell – entsprechend seinen Absichten und seinem Bewußtseinsgrad – durch die Darstellung eines Lebensraums, der die Spuren menschlicher Aktivität enthält (vgl. Heißenbüttel, in: V, 365) und unter Umständen »unmittelbarer Menschliches in sich bewahrt als die Spielfiguren des Exempelfalles selber« (ebd.), immer auch die inneren Voraussetzungen des Mordes verdeutlichen. Auf diesen Zusammenhang beziehen sich auch die vielzitierten Sätze Benjamins (1928, in: Schriften 1, 1955, 518 f.), welche die Affinität der bürgerlichen Wohnungseinrichtung zu Kapitalverbrechen und Tod andeuten (vgl. dazu Dingeldey, 1973, 169). Auf die Versuche gerade jüngerer Autoren des Detektivromans, die Milieudarstellung für ›aufklärerische‹ Intentionen zu benutzen, wird im historischen Teil (3.4) einzugehen sein.

Literatur:

Vgl. die unter 1.2.2. (Zur Poetik des Kriminalromans) genannten Arbeiten. Unter 1.2.2. (Zur Geschichte des Kriminalromans) finden sich die bibliographischen Angaben der im letzten Kapitel genannten Arbeiten von *Kracauer, Wölcken, Just, Smuda, Buchloh/Becker, Schulz- Buschhaus, Hügel;* unter 1.2.2. (Zur Soziologie bzw. zur Didaktik des Kriminalromans) finden sich die bibliographischen Angaben der im letzten Kapitel genannten Arbeiten von *Škreb, Watson, Dingeldey, Wellershoff.*
Weitere Literatur: W. Benjamin, Einbahnstraße (1928), in: Schriften 1, Frankfurt, 1955. *D. Sayers,* Vorwort zu ›Great Short Stories of Detection, Mystery and Horror‹, London 1928 (deutsch in: P. G. Buchloh/J. P. Becker, Der Detektiverzählung auf der Spur. Essays zur Form und Wertung der englischen Detektivliteratur, Darmstadt, 1977). *J. D. Carr,* The Locked-Room Lecture (1935) in: H. *M. F. Rodell,* Clues, in: H. *P. R. Hofstätter* (Hg), Psychologie, Frankfurt, 1957. *C. Hare,* The Classic Form, in: G. *St. Ellin,* The Crime Short Story. An American View, in: G. *W. H. Auden,* The Guilty Vicarage (zuerst 1962), deutsch in: Z. *G. Schmidt-Henkel,* Kriminalroman und Trivialliteratur (zuerst 1962), in: Z. *W. Haas,* ›Mysteries‹. Von den Anfängen des Kriminalromans (zuerst 1963), in: V. *J. P. Colin,* De l'appro-

che stylistique d'un mauvais genre littéraire – le roman policier, in: La Nouvelle Critique, Numéro spécial (Linguistique et Littérature, Colloque de Cluny) 16/17. avril 1968. *D. Naumann,* Zur Typologie des Kriminalromans (zuerst 1968), in: Z. *V. Žmegač,* Aspekte des Detektivromans (zuerst 1970), in: Z. *T. Todorov,* Typologie du roman policier, in: ders., Poétique de la prose, Paris, 1971. *H.-W. Ludwig,* Der Ich-Erzähler im englisch-amerikanischen Detektiv- und Kriminalroman, in: DVjS 45, 1971. *G. Wienold,* Poetizität und Spannung in Erzähltexten, in: ders., Semiotik der Literatur, Frankfurt, 1972. *D. Weber,* Theorie der analytischen Erzählung, München, 1975. *W. Schiffels,* Zur Typologie der Kriminalgeschichte, in: Literatur für viele 1, hg. v. A. Kaes u. B. Zimmermann, Göttingen, 1975. *V. Neuhaus,* Vorüberlegungen zu einer Geschichte des detektorischen Erzählens, in: Arcadia, 12, 1977. *D. Schwanitz,* Die undurchschaubare Lösungstechnik des Detektivs. 10 Thesen zum Abstraktionsstil und zur Temporalstruktur des Krimi, in: Arcadia 17, H. 1, 1982. *B. Finke,* Erzählsituationen und Figurenperspektiven im Detektivroman, Amsterdam, 1983. *U. Suerbaum,* 1984 (vgl. S).

2.2. Elemente und Strukturen des idealtypischen Thrillers

> »Ein Abenteuerroman könnte kaum anders geschrieben werden als ein Kriminalroman: Abenteuer in unserer Gesellschaft sind kriminell« (B. Brecht).

Die Elemente und Strukturen des kriminalistischen Abenteuerromans oder Thrillers sind bisher im Vergleich zu denen des Detektivromans weniger, vor allem unsystematisch, untersucht worden. Dennoch gibt es genügend Vorarbeiten gerade zu den Hauptzweigen des Thrillers, dem Heftromankrimi und dem Spionageroman, so daß eine relativ sichere Einschätzung dieser Ausprägung der Kriminalliteratur möglich ist.

2.2.1. Die Handlung des Thrillers

2.2.1.1. Inhaltliche Elemente der Handlung

Die inhaltlichen Versatzstücke, aus denen die Handlung des Thrillers aufgebaut wird, sind, gleichgültig ob es sich um einen Heftromankrimi oder einen Spionageroman oder einen Roman der ›hardboiled school‹ (vgl. 3.3.3.) handelt, von einem gewissen Abstraktionsgrad an die gleichen. Dabei ordnen sie sich – trotz vieler, im folgenden zu beschreibender Modifikationen im einzelnen – dem auch für den Detektivroman verbindlichen Dreischritt von Verbrechen, Fahndung und Überführung (hier besser: Überwältigung) des Täters unter. Gerade hierin liegt ein wichtiges Argument, Detektivroman und Thriller als Subkategorien der übergeordneten, als Kriminalroman (Kriminalliteratur) bezeichneten Gattung zu verstehen. Im Thriller sind im Vergleich zum Detektivroman die ›action‹-Elemente (vgl. 2.1.1.1.) vorrangig, und zwar eindeutig gegenüber den ›analysis‹-Elementen. Die Bewältigung der Aufgabe, die der Held übernommen hat, verläuft nicht als intellektuelle Tätigkeit, sondern als handelnde Auseinandersetzung. ›Mystery‹-Elemente enthalten insbesondere die Thriller der amerikanischen ›hard-boiled school‹, die in der Regel an der planmäßigen Verdunkelung des ›Falles‹ festhalten (weswegen die Romane dieser Autorengruppe oft auch als Detektivromane bezeichnet werden, was aber angesichts ihrer anderen Qualitäten nicht gerechtfertigt erscheint [vgl. 3.3.3.]). Heftromankrimis etwa bevorzugen dagegen die vollständige Offenlegung des Verbrechens oder seiner Planung von Anfang an. Hier wird das ›Geheimnis‹ allenfalls zum ›Unerwarteten‹ verflacht.

Mord ist der Ausgangspunkt des Detektivromans. Im Thriller ist das *Verbrechen* nicht festgeschrieben; es reicht vom Raubüberfall bis zum Massenmord. Zugleich erscheint das Verbrechen nicht als bereits begangenes. Der Leser erlebt unmittelbar, als Zeuge, seine Ausführung oder nimmt an seiner Vorbereitung teil. Als geplantes Verbrechen, das unter Umständen eine Reihe bereits begangener Verbrechen fortsetzt, wird es zur Bedrohung und löst Reaktionen des Helden bzw. der ingroup aus. Ist der Mord im Detektivroman ein abgeschlossenes Ereignis, das es zu verstehen gilt, so wird das Verbrechen im Thriller in actu (als Planung oder Ausführung) gezeigt. Damit erhält es eine ganz andere Funktion als im Detektivroman. Es ist nicht Rätsel, sondern Ereignis, gegen das man sich wehren kann und muß. Die Abwehr der Bedrohung fasziniert den Leser. Aus der Abwehraufgabe folgert eine ganz bestimmte Konstitution des Helden (vgl. 2.2.2.) und ein Handlungsablauf, der alle Kennzeichen des Kampfes trägt (vgl. u.).

Im Zusammenhang mit den Auseinandersetzungen zwischen den Protagonisten der ingroup und der outgroup werden immer neue – in ihrem Ablauf vergegenwärtigte – Gewalttaten begangen, so daß man im Vergleich zum Detektivroman nicht nur von einer Häufung, sondern auch von Realistik der Verbrechensdarstellung sprechen muß. (An dieser ›violence is-fun‹-Technik (vgl. B/B, 99) setzt die Kritik am Thriller an). Es kommt hinzu, daß der eigentliche Gegenspieler des Helden, der ›master criminal‹, nicht nur von einer Gruppe von Helfern umgeben wird, die ihrerseits Gewalttaten begehen, sondern auch seine Stützen in der Gesellschaft hat. Damit verliert das Verbrechen den Charakter des Außergewöhnlichen, den es im Detektivroman besitzt, erscheint es auch »offenkundig sinnlos, die Frage nach der Identität der Mörder mit der gleichen, romanbeherrschenden Insistenz« wie der Detektivroman zu stellen (S-B, 133). Der Thriller deutet an, daß das Verbrechen in der bürgerlichen Gesellschaft nicht die Ausnahme ist. Er hat damit aufgrund einer formalen Voraussetzung die von seinen besten Autoren ergriffene Möglichkeit, sozialkritische Funktionen zu übernehmen, das Verbrechen also nicht als bloßen Reiz (wie im Normalfall), sondern zur Denunziation einer korrupten oder insgesamt ›gestörten‹ Gesellschaft einzusetzen (vgl. a. S-B, 186; Marsch, 1972, 19).

Ähnlich wie beim Detektivroman kann man beim Thriller den Vorgang der *Fahndung* in verschiedene inhaltliche Teilaspekte zerlegen. Sie sind im wesentlichen durch den Kampf und seine Begleitumstände (Verfolgung, Flucht, Gefangennahme, Befreiung) bestimmt:

Häufig steht zu Beginn der Fahndungsarbeit, gleichsam als Auftakt, der *Auftrag,* der den Helden in Bewegung setzt. Der Auftrag wird – dies ist in den einzelnen Genres verschieden – entweder von Privatpersonen gegeben, die durch ein Verbrechen geschädigt worden sind oder sich gefährdet fühlen, oder von einer behördlichen Instanz, die als Repräsentantin der Exekutive des Staates die Bedrohung der von ihm garantierten Ordnung abzuwenden sucht. (Entsprechend ist der Held entweder Privatdetektiv oder angestellter Agent.)

Werden im Detektivroman die Verdächtigen autoritär zum Verhör gerufen, so werden sie im Thriller verfolgt. Der Detektiv-Agent regiert nicht von einem Fixpunkt aus, sondern ist in Bewegung, auf der Spur. Die *Verfolgung* der Verdächtigen, meist ja schon der von vornherein bekannten Verbrecher, kann graduell verschiedene Qualitäten annehmen. Ihre schwächste Form ist die Überwachung. Hier kontrollieren Held oder Mitarbeiter die Verhaltensweisen Verdächtiger. Eine stärkere, besonders für die ›hard-boiled school‹ charakteristische Form ist die Suche nach dem Täter und seinen Komplizen. Hierbei bemüht sich der Held, durch Befragungen von Augenzeugen die sich versteckende oder fliehende outgroup ausfindig zu machen. Die dabei geschilderten Aktionen ermöglichen das ›Mitgehen‹ des Lesers, das verstärkt wird, wenn die Verfolgung ihre stärkste Form annimmt, die der Menschenjagd. Hier ist der Gegner gleichsam in Sichtweite, und es kommt nur noch darauf an, ihn zu ergreifen.

Die Verfolgung kann durch eine Verlagerung der Machtverhältnisse oder durch sich ändernde situative Bedingungen für den Hel-

den ins Gegenteil umschlagen, in die *Flucht*. Dabei gerät er, gleichgültig ob er sich versteckt hält oder wahllos dem nächsten schützenden Platz zuhastet, in eine für ihn kritische Situation, in der seine
ganze Existenz auf dem Spiel steht (vgl. Harper, 1969, 52 ff.).

Nicht immer entkommt der Held, obwohl derartige Fluchtsitua-
tionen prinzipiell beliebig multipliziert werden können. Zuweilen
gerät er in *Gefangenschaft* und wird nicht selten gefoltert. Auch hier
durchlebt der Held eine existenzbedrohende Grenzsituation, in der
er, will er sich befreien, auf seine List und seine pragmatischen
Fähigkeiten, auf die Hilfe der ingroup oder schlicht auf den Zufall
angewiesen ist.

Die *Befreiung* verhält sich zur Gefangenschaft wie die Verfolgung
zur Flucht. Sie gibt dem Helden seine Autonomie zurück und führt
entweder zur erneuten Verfolgung des Gegners oder aber zur entscheidenden Auseinandersetzung.

Der *Kampf* zwischen ingroup und outgroup wird häufig durch
kleinere Auseinandersetzungen im Vorfeld der endgültigen Entscheidung eingeleitet. Der Thriller schildert verschiedenste Kampf-
situationen, die nicht immer günstig für den Helden ausgehen, sondern etwa zu seiner (wiederholten oder vorübergehenden) Gefangennahme führen. Solche den Konflikt noch nicht entscheidenden
Auseinandersetzungen sind nicht nur körperlicher Art. Es kann
sich, wie oft in den Romanen der ›hard-boiled school‹ (vgl. hierzu
besonders S-B, 136 ff.), um Rededuelle handeln, welche Positionen
klären oder verändern, oder aber, wie z. B. in den Spionageromanen
Flemings, um Begegnungen zwischen dem Helden und dem ›master
criminal‹, bei denen in spielerischen Wettkämpfen (»Partien«, vgl.
Eco, in: V, 267) die entscheidende Kampfszene in sublimierter Form
vorweggenommen wird. Kampfszenen, die als körperliche bzw. mit
Waffen geführte Auseinandersetzungen verlaufen, gleichgültig ob
sie im Vorfeld der Entscheidung stattfinden oder die eigentlichen
Entscheidungskämpfe sind, weisen einige stereotyp wiederkehrende
Merkmale auf:

– Der Held ›reagiert‹ auf Provokationen, die von seinem Gegenspieler bzw. der outgroup ausgehen. Seine gewalttätigen Handlungen erscheinen so immer als Notwehr gerechtfertigt.

– Die Gegenspieler sind dem Helden, sowohl was die Taktik des
Kämpfens als was die bloße Kraft angeht, nahezu ebenbürtig. So
läßt sich nicht nur eine vorübergehende Niederlage des Helden
erklären, auch sein Sieg wird um so wertvoller und dient seiner
Überhöhung.

– Verliert der Held einen Kampf, so wird er dennoch nie getötet.
Der Sadismus seines Gegenspielers, der ihm einen qualvollen Tod

bereiten will und das Ende deswegen hinausschiebt, ermöglicht die Rettung. Während der Zeit des Wartens kann der Held seine Kräfte reaktivieren und sich befreien, oder die ersehnte Hilfe kommt von außen.

Überschaut man diese mit der Fahndungsarbeit verbundenen Situationen, so läßt sich sehr wohl vermuten, daß sie – wie V. Klotz für den Abenteuerroman Karl Mays erläutert hat (1964, 42) – deswegen so wirksam sind, weil sie primitive Grundfiguren und archetypische Lagen im Unterbewußten und Halbbewußten ansprechen.

»Die einfachsten und beliebtesten Kinderspiele sind Nachlaufen und Verstecken; sie vereinigen sich auf einer etwas höheren Ebene im Spiel von Räuber und Gendarm. Was denn anders als Episierung, Füllung und Erweiterung dieser Spiele sind die Motive der Verfolgung, des Anschleichens, der Gefangennahme und der Befreiung? Gerade weil diese Motive primitiv sind, weil ihr Sinn restlos im Sinnlichen, Anschaulichen, im körperlichen Kontakt aufgeht und sich jeder geistigen Differenzierung und Sublimierung entzieht – darum dauern sie und nutzen sich nicht ab. In gleicher Weise bestätigt das Motiv der Fesselung und Entfesselung traumhaft unbewußte Erfahrungen. Und nicht nur die ›einfachen Formen‹ und der spannungsvolle, doch primitive Inhalt dieser Motive faszinieren, auch die ostinate Weise ihres Auftretens, die sture rhythmische Wiederkehr des Gleichen, das noch in der farbigsten Abwandlung als das A und O des Abenteuers erkannt und wie im Zwang vom Leser herbeigewünscht wird« (ebd.).

In den Schlußszenen führt die Fahndungsarbeit zum entscheidenden Kampf, der mit der *Überwältigung des Gegners* endet. Da dem Leser des Thrillers der Täter längst bekannt ist, brauchen – anders als im Detektivroman – Vorgeschichte und Beweisführung nicht rekapituliert, Rätsel nicht aufgelöst zu werden. Vielmehr geht die Überführung des Täters im Sieg des Helden auf. Der Überwältigte ist zugleich der der ›Gerechtigkeit‹ Überführte. Dabei ist die Niederlage endgültig. Steht im Detektivroman am Ende die Verhaftung, so im Thriller meist der (freiwillige oder unfreiwillige) Tod. Die Schlußszenen zeigen, daß auch der Triumph des Helden ganz sinnfällig genossen wird, je nach Genre etwa als Selbstbestätigung und Motivation für neue Aufgaben, als Entspannung im sexuellen Abenteuer, als im understatement kaschierter Stolz vor Kollegen.

2.2.1.2. *Die Handlungsstruktur*

Die inhaltlichen Elemente der Handlung werden entsprechend dem Dreischritt von Verbrechen, Fahndung und Überführung (bzw. Überwältigung) des Täters angeordnet. Die einzelnen Momente der Fahndung unterliegen wie im Detektivroman der Variation.

Der Erzählverlauf ist im Gegensatz zum Detektivroman durchweg chronologisch sukzessiv. »Die Ereignisse gehen auseinander hervor und werden gemäß ihrer kausalen Verkettung in einer Reihenfolge dargestellt, die dem Ablauf der objektiven Zeit entspricht. Rückgriffe, Zersplitterungen der Kausalkette und Umschichtung der Ereignisse in einen künstlichen, montierten, nicht dem objektiven Ablauf der erzählten Zeit folgenden Konnex sind gegen die Regel« (N, 79).

Der Thriller wird entweder aus einer einheitlichen Figurenperspektive oder – häufiger – im perspektivischen Wechsel erzählt, also abwechselnd aus der Perspektive der ingroup und outgroup. Im ersteren Fall ist der Held als Handelnder oder Zuschauer in allen Situationen anwesend; die Handlung entfernt sich von ihm in keinem Augenblick. Die konsequente Durchführung der Figurenperspektive intensiviert den Prozeß der Identifikation: Nimmt der Held seine Umwelt als bedrohlich wahr, so wird der Leser in das Gefühl des Helden hineingenommen, ebenso umgekehrt, wenn der Held seine Umwelt beherrscht. Die Bindung des Lesers an den Helden ist auch eine Bindung an dessen Zeiterleben. Der erzählerische Verzicht auf Vorgriffe oder Rückgriffe, die unmittelbare Gegenwärtigkeit des Erzählten läßt dem Leser den Ausgang der Handlungen – wenigstens während des Lesevorgangs – ebenso ungewiß erscheinen wie der Hauptfigur und bewirkt daher Unruhe und Spannung. – Im anderen Fall, wo (wie etwa im Heftromankrimi) der Wechsel der Perspektive bevorzugt wird (vgl. dazu N, 79 ff.) laufen zwei linear geführte Handlungen, die an die ingroup bzw. outgroup gebunden sind, nebeneinander her und überkreuzen sich immer in den Situationen der Begegnung bzw. des Kampfes. Die Vorbereitung und Ausführung des Verbrechens wird dann im einen Handlungsstrang erzählt, die Verfolgung und Überwältigung der Verbrecher durch die ingroup im anderen. Kampfszenen werden aus der Perspektive der ingroup wahrgenommen. Die Funktion dieser Erzählweise liegt vornehmlich in der durch sie erzeugten Spannung. Die Unterbrechung der Wiedergabe eines Handlungsablaufs erzeugt im ›mitgehenden‹ Leser die Neugierde, was sich weiter ereignen werde. Wenn der eine Handlungsablauf vor einem Höhepunkt der Aktion zugunsten des anderen unterbrochen wird (und dies wechselweise im Hakenstil geschieht), so bleibt die Phantasie des Lesers – zumal wenn er sich stark mit dem Helden identifiziert – permanent beunruhigt. Spannung entsteht in diesem Fall aus wiederholter Informationsverweigerung über das Schicksal des Helden bzw. über die ihn tangierenden Pläne der outgroup.

Die beschriebenen erzähltechnischen Maßnahmen intensivieren

auf unterschiedliche Weise die Grundspannung des Lesers über das von konkreten Situationen abhängige Schicksal seines Identifikationsobjektes. Höhepunkte der Gefahr für den Helden sind zugleich Höhepunkte der Spannung; die Überwindung der Gefahr bewirkt Entspannung. Da der Held immer wieder in Bedrängnis gerät und sich immer wieder befreit, ergibt sich eine Spannungskurve, die sich jeweils punktuell an den Gefahrensituationen entzündet und im ständigen Wechsel ansteigt und abfällt. Die Handlung wird dadurch, ganz im Gegensatz zu der weitgespannten Konstruktion des Detektivromans, stark ins Szenische, Episodische aufgelöst – in ein »Szenario«, woran sich eine starke »Affinität« zwischen Roman und Film erkennen läßt (vgl. B/N, 108). (Zur Affinität zwischen Thriller und Film vgl. 3.1.3.). Aktionistischen Situationen stehen retardierende Momente gegenüber, die Emotionalität des Lesers jeweils unterschiedlich anregend, so daß man in der Tat von einer »Effektmassierung« (Smuda, in: V, 54) sprechen kann. (Manche Autoren – wie etwa Fleming – haben gerade die Handlungsretardationen in raffinierter Weise für eine Vielzahl von Unterhaltungseffekten ausgenutzt [vgl. 3.3.2.]). Die Spannung, die der Thriller erzeugt, ist stets in die Zukunft, auf den Ausgang der fortlaufenden Ereignisse gerichtet, wiederum im Gegensatz zum Detektivroman, der eine rückwärts gerichtete Spannung aufbaut. Aus diesem Grund kann man im Zusammenhang mit dem Thriller von »Zukunftsspannung« (vgl. zum Begriff Suerbaum, in: V, 446) sprechen. Sie erzeugt im Vergleich zur »Rätsel- und Geheimnisspannung« des Detektivromans, die zum Nachdenken provoziert, eine starke Lesegeschwindigkeit. Das unablässige Voneinanderfortbewegen, Aufeinanderzubewegen der Figuren, ihr sinnlicher Umgang miteinander (Schlagabtausch), die Geschwindigkeit der einzelnen Aktionen (Verfolgungsjagden, Fluchtbewegungen) geben der erzählten Wirklichkeit den »dynamischen Charakter (des Gedankenlosen)« (N, 81), der den Leser die Seiten gleichsam überfliegen läßt und letztlich auch den maßlosen Konsum der Thriller (vgl. die Auflageziffern der Heftromankrimis) zu erklären hilft.

2.2.2. Die Figuren des Thrillers

Die Figuren des Thrillers stehen sich in bipolarer Anordnung gegenüber. Sie werden – wenn nicht sofort, so doch mehr oder weniger schnell (Ausnahmen machen hierbei Romane der ›hard-boiled school‹) – als Angehörige der ingroup oder outgroup erkennbar, sie zeigen, wer sie sind und wo sie stehen, so daß die in der Sekundärliteratur durchweg anzutreffende Unterscheidung nach den moralischen Kriterien von ›gut‹ und ›böse‹ gerechtfertigt erscheint, wenn man nur berücksichtigt, daß die Qualifikationen ›gut‹ und ›böse‹ entsprechend der Einhaltung bzw. Verletzung der gesetzlich verankerten Normen der Gesellschaft vergeben werden. (Hierdurch erhalten auch die Bezeichnungen ›ingroup‹ und ›outgroup‹ ihren Sinn.)

Betrachtet man zunächst die *outgroup*, so läßt sich zusammenfassen:

1. Anders als im Detektivroman ist ihre Größe im Thriller prinzipiell nicht eingeschränkt. Da im Thriller das Denkspiel der Fahndung in ein Handlungsspiel umgewandelt wird, entfallen als die zwingenden Voraussetzungen für den Erfolg der Denktätigkeit auch die Konstanz der Zahl der Personen und der sie von der Umwelt abgrenzende Raum. Der Thriller, der das Verbrechen nicht als Rätsel, sondern als eine die Gesellschaft bedrohende und moralisch zu bewertende Tat darstellt, ist offen in der Zahl der Figuren und in der Gestaltung des Handlungsraums. Läßt sich doch hierdurch auch veranschaulichen, wie groß die Bedrohung der Positionen der ingroup eigentlich ist. Dennoch wird die Zahl der Figuren schon mit Rücksicht auf den Leser in überschaubaren Grenzen gehalten; wichtig ist nur, daß die Gruppe (dies gilt im übrigen auch für die ingroup) räumlich verstreut sein kann, ihre Qualität als Gruppe also durch eine moralische Bewertung erhält.

2. Da im Thriller das Verbrechen als ordnungsbedrohende und moralisch verwerfliche Tat erscheint und auch die Fahndung auf diese Weise von einem moralischen Anspruch geleitet wird, erhalten die Charaktere der Figuren größere Bedeutung als im Detektivroman. Dies schließt auch im Thriller freilich die Stereotypie der Darstellung nicht aus. Generell läßt sich sagen, daß die Charaktere zwar intensiver gestaltet werden, keineswegs jedoch individueller. Dennoch eröffnet der Thriller von seiner Intention und Anlage her größere Möglichkeiten zur Psychologisierung der Figuren als der Detektivroman, und nicht umsonst bevorzugen einige der sozialkritisch engagierten Autoren gerade deswegen seine Form.

Schon die Bedeutung des *Opfers* ist im Thriller nicht so eindeutig wie im Detektivroman. Es ist wohl möglich, daß es dem Kreis der outgroup angehört, zumal wenn sich diese im Handlungsverlauf aus Konkurrenzgründen oder Angst selbst zugrunde richtet. Manche Autoren widmen dem Opfer einen breiten Raum, um zu zeigen, daß es sein Schicksal vollauf verdient, und problematisieren damit die Schuldfrage. (Normalerweise ist das Opfer im Thriller jedoch Angehöriger der ingroup und wird deswegen ausführlicher auch erst im Zusammenhang mit den Figuren der ingroup zu besprechen sein.)

Während im Detektivroman meist nur ein einzelner als Mörder fungiert, treten die *Kriminellen* im Thriller scharenweise auf. Aber auch wenn in ihm verschiedene Gewalttäter agieren, gibt es doch immer den ›master criminal‹, den Drahtzieher aller Verbrechen, der als der eigentliche Gegenspieler des Helden zu betrachten ist. Verteidigt der unbekannte Mörder des Detektivromans seine falsche Unschuld durch kluge Schachzüge hinter der Maske der Wohlanständigkeit, so gibt sich der Mörder des Thrillers zu erkennen, sobald sein Versteck einmal aufgestöbert ist. Der Kampf zwischen dem Helden und seinem Gegenspieler wird im Thriller nicht insgeheim, sondern offen ausgetragen. Damit der Kampf für den Leser an Reiz gewinnt, muß die für die Spannung nötige Gleichgewichtigkeit des Gegners offen veranschaulicht werden. So erklärt sich, daß den in ihrer Stärke überhöhten Helden monströs verzerrte, also ebenfalls aus der Norm fallende, Anti-Helden gegenüberstehen. Die Skala allein ihres Äußeren reicht vom Häßlichen über das Anormale bis zum Außermenschlichen, Tierischen, die Skala ihres Verhaltens von Hinterlist und Brutalität bis zum offenen Sadismus. Als Angehörige südländischer oder asiatischer Rassen, als religiös oder politisch Andersdenkende, als übermäßig Intelligente repräsentieren sie die (sich im Verlauf des 20. Jh.s kaum verändernden) Sündenböcke der Gesellschaft. Mit der teilweise ins Bizarre reichenden Darstellung ihrer Abnormalität sind die Gegenspieler (und dies alles gilt in mehr oder minder abgeschwächter Form auch für ihre Gehilfen) Projektionen der Vorurteile, ja Alpträume des lesenden Bürgers, stehen sie seinen Bedrohungsängsten ganz sinnfällig personalisiert vor Augen. (Vgl. 4.2.; über Grundlagen solcher Ängste und Folgen ihrer Bestätigung vgl. N, 61 ff.). So erweisen sich Gegenspieler und outgroup nicht nur als echte Herausforderung für den Helden und die ingroup des Romans, sie erfüllen als Feindbilder auch eine Funktion für den Leser, indem sie dessen Aggressionen erwecken, die der Spannung auf den Ausgang der Handlung (d. h. auf die kämpferischen Leistungen des Identifikationsobjektes) einen zusätzlichen Impetus geben (vgl. hierzu Nusser, 1976 a, 74 f.).

Die kriminellen Figuren des Thrillers sind eingebettet in eine *Gesellschaft*, die tief gespalten erscheint. Ist das Gesellschaftsbild des Detektivromans einheitlich, wenn auch mehrdeutig, weil die ›heile Welt‹ – wie durch die Enthüllung ›sekundärer Geheimnisse‹ ihrer Repräsentanten offenbar wird – eine Kehrseite hat, die den Leser zu verunsichern vermag, so werden im Thriller die Figuren ständig gruppiert, d. h. positiv oder negativ bewertet, so daß sich eindeutig Konturen ergeben. Statt Irritationen zu erfahren, erhält der Leser Orientierungshilfen. Nicht die Undurchschaubarkeit der Menschen beschäftigt ihn, sondern die Frage, wie stark die Gruppen der ›Guten‹ und ›Bösen‹ sind und wie aussichtsreich die Chancen der einen oder anderen bei einer Auseinandersetzung. Diese Frage kann erhebliche Beunruhigung hervorrufen. Denn nicht immer sind ›Gute‹ und ›Böse‹ (wie im Heftromankrimi, der Beunruhigung nie ernstlich riskiert) gleichgewichtig verteilt, nicht immer steht der überschaubaren Gruppe der Verbrecher und ihrer Helfer eine ebenso große Gruppe von Polizisten und Helfern gegenüber. Oft ist vielmehr ein einzelner, aus dessen Perspektive der Leser das Geschehen mitvollzieht, auf sich selbst gestellt angesichts einer total korrumpierten Gesellschaft, in der jeder auf irgendeine Weise an Verbrechen teilhat. In solchen Fällen werden zwar überdeutliche Akzentuierungen vorgenommen und im Einzelfall auch vertiefte Einblicke in soziale Gegebenheiten erreicht, doch wird die Dichotomie des Gesellschaftsbildes prinzipiell nicht angetastet.

Die faszinierende Naivität dieses Bildes erweist sich nicht nur in der Auffassung, daß Verbrechen, auch politische, immer in den moralischen Entscheidungen einzelner Personen verankert seien (als gäbe es keine die Person unterwerfenden Zwänge), sondern vor allem darin, daß es, um das ›Böse‹ unschädlich zu machen, genüge, seine Inkarnationen zu beseitigen.

Kann man gegen den Detektivroman ideologiekritisch vorbringen, er verschweige die Ursachen des nur als Rätsel verstandenen Verbrechens, so gegen den Thriller, er stelle sie verstümmelt dar, indem er jegliches Verbrechen um die Dimension seiner psychischen, sozialen, politischen Begründung reduziere auf seine bloße Faktizität und ein grobes Raster sinnlicher Wahrnehmbarkeit (vgl. Nusser, 1976 a, 68).

Bei der Darstellung von Kriminellen und der sie umgebenden Gesellschaft lassen sich zwei häufig wiederkehrende Varianten erkennen, die vornehmlich von sozialkritisch engagierten Autoren genutzt werden (vgl. dazu Kap. 3):

a) Die Kriminellen werden in Kreisen des Unternehmertums, der Verwaltung, der politischen Führung angesiedelt, ganz offensichtlich, um den Leser darauf hinzuweisen, in welchen Gruppen die wahren Feinde des Gemeinwohls zu suchen sind. Dabei wird zum Teil auch gezeigt, daß das Verbrechen Systemcharakter haben kann und daß seine ausführenden Organe austauschbar sind.

b) Der Roman wird (vollständig oder teilweise) aus der Perspektive des Verbrechers erzählt, wodurch sich Möglichkeiten ergeben, die für die Motivation des Verbrechens entscheidenden psychischen und gesellschaftlichen Zwänge zu erklären.

In beiden Fällen verändert sich das vom Thriller normalerweise vermittelte Gesellschaftsbild: es wird mehrdimensional und ist schwieriger zu erfassen. Detektive resignieren über ihren inadäquaten Mitteln, Verbrechen zu begegnen, deren Ursachen nicht mehr handgreiflich sind. Damit werden die konventionellen Grenzen des Genres sicherlich in Richtung auf den kritischen Gesellschaftsroman überschritten.

Dem mehr oder weniger in Kriminalität verstrickten Teil der Gesellschaft und der eigentlichen *outgroup* der Kriminellen stehen die Angehörigen des integer erscheinenden Gesellschaftsteils und die Repräsentanten der staatlichen Ordnung gegenüber. Im Mittelpunkt dieser *ingroup* agiert der *Held* des Thrillers, der als Privatdetektiv, Polizeibeamter, Geheimagent usw. unterschiedliche berufliche Aufgaben erfüllen kann, stets aber die Funktion des ›Drachentöters‹ übernimmt, des Bezwingers des personifizierten Bösen. Überall und nahezu jeden Augenblick von Gefahr umgeben, ist er im Vergleich zum Helden des Detektivromans in weit entscheidenderem Maße geeignet, Identifikationsobjekt des Lesers zu sein, da seine Krisen und Triumphe immer seine ganze Existenz betreffen. Er löst nicht Rätsel, sondern riskiert sein Leben; sein Erfolg liegt nicht allein in der Aufklärung eines Verbrechens, sondern bewahrt ihn immer zugleich vor dem Tod. Diese ins Existentielle ausgeweitete Konfliktstellung des Thrillers zwingt dazu, den Helden mit Identifikationsreizen auszustatten, die sich von denen des Detektivromans unterscheiden, was aber die Einhaltung der für Identifikation grundsätzlich gültigen Bedingungen (vgl. 2.1.2. und 4.), nämlich die Überhöhung des Identifikationsobjektes und seine gleichzeitige Anpassung an den Normenhorizont der Rezipientengruppe, nicht berührt.

Ähnlich wie beim Detektivroman gelingt die Angleichung des Helden an den Leser vor allem durch die Darstellung der Beweggründe seines Tuns. Auch die Helden des Thrillers sind den Normen der vom Leser akzeptierten Gesellschaftsordnung verpflichtet. Diese Bindung wird im Thriller normalerweise sogar ausdrücklich betont. Gerade seine gewalttätigsten Helden sind zugleich die loyalsten Angestellten privater bzw. Beamten staatlicher Organisationen, patriotisch gesonnene Befehlsempfänger, diszipliniert, ehrgeizig und pflichttreu hingegeben an ihren nicht hinterfragten Auftrag. Die Moral ihrer Handlung steht nie ernstlich zur Debatte, sondern gilt als gesichert. Nicht daß sie töten, ist ihr Problem, sondern allenfalls, wie sie es tun. Die Fairneß des Kampfes ist wichtiger als die Frage nach seiner Berechtigung, die von vornherein entschieden ist. Selbst wo die Helden nicht einem »unklaren Wust von Vorurteilen und Philosophemen aus dritter Hand« (Buch, in: V, 248), sondern einfach einem ›Moralinstinkt‹ folgen, gilt doch stets, daß der Leser die Einstellung des Helden zu teilen vermag, ja daß sie seinem eigenen Bewußtsein weitgehend entspricht. Eben weil der Held die gesellschaftlich gültige Urteilsstruktur so intensiv verinnerlicht hat, darf er in seinen Entscheidungen, die Einzelheiten der Fahndung betreffen, autonom sein. Dies gilt insbesondere für den Heftromankrimi (vgl. N, 57) und für den Spionageroman. Es unterliegt dem Urteil des Helden, wer gut, wer böse ist, wen er zu töten für richtig hält, wobei die immer herbeigeführte Notwehrsituation derartige Entscheidungen erleichtert. Eine nachträgliche Problematisierung des Verhaltens der Helden durch öffentliche Instanzen kennt der Thriller nicht.

Erst die Anpassung der Überzeugungen des Helden an das öffentliche Urteil ermöglicht die (im Sinne dieser Öffentlichkeit ideologisch gefahrlose) Überhöhung seiner Gestalt, seiner Eigenschaften, seines Verhaltens als der anderen Bedingung für den intendierten Identifikationsprozeß des Lesers. Autonomie und Autorität des Helden in seinen Entscheidungen sind für den Leser zweifellos von besonderem Reiz, jedoch basiert seine Ausstrahlungskraft auf verschiedensten Voraussetzungen. Zunächst sind seine körperlichen Qualitäten zu erwähnen, die einem nach Kraft und Härte orientierten Männlichkeitsideal entsprechen (zum Folgenden vgl. N, 54 ff.). Schlagkraft, Gewandtheit, Ausdauer befähigen zu außerordentlichen Leistungen. Spezielle praktische Fertigkeiten kommen hinzu. Das Handgreifliche ist das Lebenselement des Helden. Die Handgriffe, die der Thriller zeigt, sind freilich nicht die der alltäglichen Arbeit, sondern die außergewöhnlichen, die der abenteuerliche Beruf, die Situation des Kampfes verlangen. Mit der Hand greift der Held zur Waffe, zielt und schießt, die Hand ballt er zur Faust und schlägt, mit der Hand bedient er die Maschine bei der Verfolgung des Feindes.

Zu den körperlichen Qualitäten gesellen sich die dazugehörenden Tugenden: Stolz, Entschlossenheit, Kaltblütigkeit, Tapferkeit, ja Tollkühnheit. Alle anderen emotionalen Äußerungen werden hinter diese außergewöhnlichen Eigenschaften zurückgedrängt (vgl. hierzu auch B/N, 107). Nur im kognitiven Bereich verzichtet der Thriller auf Überhöhungen. Die Helden besitzen den common sense, der für die Erledigung ihrer pragmatischen Aufgaben ausreicht. Intellektualität oder eine überragende Begabung dienen in Anpassung an ein gängiges Vorurteil (und ganz in Abweichung vom Detektivroman) eher der Diskriminierung einer Figur. All die extremen Fähigkeiten und Eigenschaften des Helden sind allerdings nur ein Teil der Bedingungen für seinen Erfolg und seine Unverletzlichkeit. Der

andere liegt in dem Glück, das ihn in den entscheidenden Augen-
blicken nicht verläßt. Dem Leser wird suggeriert, daß transzendente
Gewalten im Bunde mit dem ›Guten‹ stehen, daß die Welt sinnvoll
determiniert sei. Nicht umsonst berufen sich die Helden des Thrillers so gern auf ihren Instinkt, auf eine innere Stimme, die sie richtig
leite. Die Berechtigung ihrer autonomen Entscheidungen wird
durch diesen Bund mit dem Schicksal noch einmal bekräftigt. Umgekehrt entläßt er den Helden auch aus der Verantwortung für seine
Handlungen. Nicht nur durch institutionellen Auftrag (wie Buch-
loh/Becker einseitig herausstellen, B/B, 98), sondern gerade auch
durch die ›Vorsehung‹ ist der Held abgesichert, und eben durch sie
werden auch seine angepaßten trivialen Überzeugungen abgesegnet.

Unter psychologischem Aspekt wäre in diesem Zusammenhang sicherlich
von Interesse, daß die auftraggebenden Institutionen nicht selten von ausgesprochenen Vaterfiguren repräsentiert werden (vgl. den Chef in Romanen
Hammetts, ›M‹ in Flemings Romanen, Mr. High in der ›Jerry Cotton‹-Serie).

Das äußere Zeichen für die Autonomie und Autorität des Helden ist
seine Einsamkeit. Gemeint ist hier weniger seine Isolation von der
Gesellschaft (die eher für den Detektivroman charakteristisch ist),
als vielmehr das Auf-sich-selbst-Angewiesensein in der gefährlichen
Situation. Der Detektivroman benötigt für seine Unterhaltungs-
zwecke die prinzipielle Distanz des Helden von den menschlichen
und gesellschaftlichen Verstrickungen; der Thriller benötigt die
Vereinzelung des Helden in der Gefahr, die Perspektive des Opfers
feindlicher Überlegenheit (ein von Harper [1969] betonter Gesichtspunkt), um den Leser in Angst zu versetzen und ihn schließlich zu
entlasten.

All den der Überhöhung dienenden Kennzeichen des Helden ist
gemeinsam, daß sie die gesellschaftlich gültigen Normen nicht ver-
letzen. Die Omnipotenz des Helden, seine Autorität über andere
Figuren greift an keiner Stelle die Vorstellung von der Richtigkeit
einer vertikal strukturierten Gesellschaft an, in der die einen die
anderen beherrschen; die Ausstrahlungskraft des Helden suggeriert,
daß es Männer sind, die in der Gesellschaft am effektivsten handeln;
seine Instinktsicherheit und die daraus resultierende bewunderte
Risikofreudigkeit bestätigt den Wert emotionaler (und gewalttätiger) Konfliktbewältigung, usw. Damit erfüllt die Figur des Helden
die für den Identifikationsprozeß des Lesers so wichtige Doppelfunktion auf perfekte Weise: sie erleichtert ihm, sich seinen
Wunschvorstellungen hinzugeben, sein empirisches Erfahrungsfeld
tagträumend zu verlassen; sie bestätigt zugleich immer auch seinen
Normenhorizont (vgl. hierzu ausführlicher N, 60ff.). Überschaut

man die typischen Darstellungsmerkmale des Helden im Thriller, so erscheinen Hinweise darauf, daß er komplexer gestaltet sei als der Held des Detektivromans und Anlagen zum ›round character‹ besitze (B, 39f.), ja daß mit ihm der »ganze Mensch« der Klassik existiere, »der alle in ihm ruhenden Fähigkeiten glücklich ausgebildet hat« (Buch, in: V, 229), kaum zutreffend. Es handelt sich vielmehr – wie gezeigt worden ist – um anders gesetzte Akzente, die deutlich auf ganz spezifische Unterhaltungseffekte abgestimmt sind.

Auch die Arbeitsweise des Thriller-Helden verbindet sich mit ganz bestimmten Unterhaltungsmöglichkeiten. Von der souveränen Übersicht des ›Great Detective‹, die das »Privileg kontemplativer Muße« voraussetzt (S-B, 133), haftet ihm nichts an. Reflexionen, die »kontemplativen Augenblicke der Analysen und Résumées« (ebd.) sind aus dem Thriller weitgehend verbannt. Statt der, oft von einem Fixpunkt aus durchgeführten, Analyse von Daten schildert der Thriller die Aktion, die ganz verschiedene Anlässe haben kann. Der Held, so läßt sich verallgemeinern, ist in ständiger Bewegung. Diese Bewegung ist die Ursache für das ›Mitgehen‹, auch für die Neugierde des Lesers. Denn die Handlungen sind nicht immer übersichtlich, auch nicht immer erfolgreich. Die Wirklichkeit erscheint dynamisch, nicht statisch. Der Held untersucht auch nicht den Zustand nach der Tat, sondern sieht sich dem Verbrechen ausgesetzt; er erkennt die Menschen nicht an den von ihnen hinterlassenen Spuren, sondern an ihren gegenwärtigen Handlungen. Der Blick auf die Wirklichkeit ist im Thriller wesentlich von dem des Detektivromans unterschieden. Das heißt nicht, daß die Wirklichkeit tiefgründiger erfaßt würde. Die permanente Behauptung einer Dichotomie von ›gut‹ und ›böse‹ spricht dagegen. Der Realismus ist nur vorgetäuscht, dadurch daß dem Helden die Widerstände unmittelbarer entgegentreten und direkte Reaktionen herausfordern. Auf diese Reaktionen kommt es um des für den Thriller typischen Unterhaltungseffektes willen an: Sie ermöglichen die verbalen und handgreiflichen Aggressivitäten, die viele Leser so sehr genießen.

Die verbale Aggressivität, charakteristisch insbesondere für Romane der ›hard-boiled school‹ (vgl. hierzu S-B, 136ff.), ist ein Mittel der Auseinandersetzung, das in offensiver Verwendung der Einschüchterung anderer, in defensiver Verwendung der eigenen Selbstbehauptung dient. Lustvoll darf der Leser miterleben, wie sich sein Held mit Hilfe der Sprache Respekt verschafft, und zwar gerade den Respekt derer, die ihm gegenüber in der Übermacht sind und diese nur nicht offen zu erkennen geben dürfen. Sprachliche Mittel der Aggressivität erscheinen wirksam, solange der Gegner aufgrund seiner eigenen Interessenlage stillzuhalten gezwungen bleibt. In der

Zivilcourage des Ohnmächtigen, der an die verwundbaren Stellen des übermächtigen Gegners rührt und diesem die Niederlage gleichsam schon prophezeit, dürfte für Leser, deren Lebensgefühl gleichfalls von Ohnmacht gegenüber Unterdrückungsmechanismen bestimmt wird, der Reiz, vielleicht die Vorbildlichkeit derartiger Rededuelle liegen. Schließlich leitet das Rededuell (mehr oder weniger direkt) jedoch stets in die Situation des handgreiflich geführten Kampfes über. In dieser überleitenden Funktion kennen es auch die anderen wichtigen Ausprägungen des Thrillers (Spionageroman und Heftromankrimi), wenn es dort auch meist eine geringere Rolle spielt.

Die tätliche Aggressivität des Helden ist sowohl unter dem Gesichtspunkt seines Weltverständnisses als auch unter dem des Spannungsaufbaus schon erläutert worden. Als Arbeitsweise des Helden, als Strategie der Konfliktbewältigung, kennzeichnen sie zwei konstante Merkmale: Sie erscheint erstens immer als letzter Ausweg in einer für den Helden existentiell bedrohlichen Situation (Notwehrsituation), wobei der Thriller bewußt zu machen versäumt, inwiefern diese Situation vom Helden selbst herbeigeführt worden ist und welche alternativen Möglichkeiten der Konfliktlösung hätten ergriffen werden können. Dies verdeutlicht die absolute Priorität der mit der tätlichen Auseinandersetzung verbundenen Unterhaltungsfunktion. Zweitens sind die aggressiven Handlungen des Helden am Ende des Romans immer erfolgreich. Damit erfährt die gewalttätige Konfliktlösungsstrategie eine Aufwertung, die zu der in größerem Zusammenhang aufzuwerfenden Frage führt, inwiefern sich das von den Texten angebotene erfolgreiche Verhaltensmuster als nachahmenswert dem Leser einzuprägen vermag (vgl. 4.2.).

Zur Figurenwelt des Thrillers gehören die *Helfer des Helden*. Zu ihnen zählen nicht nur der Gefährte oder der Vorgesetzte, sondern auch die vielen Angehörigen der ingroup, welche die Gesinnung des Helden teilen, seien sie Kollegen im Polizeiapparat oder einfach die Fahndungsarbeit unterstützende Bürger. Während es sich bei den letzteren um Randfiguren handelt, die in einer typologischen Zusammenfassung nicht näher bezeichnet werden können, übernehmen die ersteren doch einige immer wiederkehrende Funktionen.

1. Der Gefährte des Helden, sofern dieser nicht (wie häufig) ganz allein vorgeht, hat in erzähltechnischer Hinsicht eine ähnliche Aufgabe wie die ›Watson-Figur‹ im Detektivroman (vgl. 2.1.2.): er entlockt dem Helden Äußerungen. Nur beziehen sich diese im Thriller nicht auf ein zu lösendes Rätsel, sondern geben vornehmlich die Stimmungslage des Helden zu erkennen oder seine unmittelbaren Absichten im Rahmen eines Handlungsplans.

Auch in rezeptionsästhetischer Hinsicht ähneln sich die Funktionen des Gefährten in Detektivroman und Thriller. Denn auch im Thriller gilt, daß der Gefährte sich dem dominierenden Helden deutlich unterordnet und auf diese Weise zu dessen Überhöhung beiträgt (vgl. 2.1.2.). Im Gegensatz zum Detektivroman wird im Thriller jedoch die Funktion des Gefährten als deus ex machina, als Lebensretter in schier aussichtsloser Situation, stärker betont. Derartige Leistungen der Nebenfigur sind jedoch insofern qualitativ von denen des Helden unterschieden, als sie normalerweise nicht Initiative oder Tollkühnheit verlangen, sondern Zuverlässigkeit in der Beachtung polizeilicher Arbeitsregeln. Der Gefährte bringt das polizeiliche Aufgebot zur Gefahrenstelle, oder er befreit den Helden, wenn dieser schlecht oder überhaupt nicht bewacht ist, usw. Nicht immer freilich ist der Gefährte ein Polizist. Der Thriller spielt hier mit Variationen. So kann beispielsweise auch die Geliebte des Helden Helferfunktionen übernehmen und dabei entsprechende weibliche Mittel einsetzen. Vor allem aber können die Helfer im Verlauf der Erzählung wechseln. Dies entspricht der offenen Konstruktion des Thrillers, der dynamischen Fahndungsarbeit der sich ständig neuen Situationen und Begegnungen aussetzenden Hauptfigur.

Das in vielen Fernsehkrimiserien agierende gleichberechtigte Freundesgespann ist vor dem Hintergrund der geschichtlichen Entwicklung des Thrillers untypisch. Hier wird vermutlich ein Unterhaltungseffekt ausgenutzt, der sich aus der bis in die Todesgefahr reichenden Solidarität zwischen Menschen ergibt (vgl. den folgenden Abschnitt).

2. Die Angehörigen des Polizeiapparates treten im Thriller ganz im Gegensatz zum Detektivroman normalerweise nicht in Konkurrenz zum Helden. Sie sind aufgrund ideologischer Übereinstimmung von vornherein seine Verbündeten und verhalten sich solidarisch. (Ausgenommen sind hiervon in gewisser Weise nur diejenigen, insbesondere der ›hard-boiled school‹ zugehörigen sozialkritischen Romane, in denen auch auf Versäumnisse und Korruption im Polizeiapparat hingewiesen wird.) Nicht wenige Thriller-Autoren nutzen gerade die Darstellung solidarischen Verhaltens als einen Effekt, mit dem sie, weil Solidarität in der Wirklichkeit selten erfahren wird, Leser anzusprechen hoffen. Eine besondere Rolle nimmt die Figur des dem Helden die Aufträge erteilenden höchsten Polizeioffiziers ein. Dort wo er distanziert im Hintergrund bleibt (wie etwa in den Spionageromanen Flemings), läßt sich ein Zusammenhang zwischen Unzugänglichkeit und dem Verzicht auf rationale Erklärungen über Sinn und Zweckmäßigkeit des Auftrags erkennen. Dort wo er (wie im Heftromankrimi) eher als fürsorglicher Freund dargestellt wird,

der, weil die Bedeutung der Polizeiarbeit gar nicht zur Diskussion steht, scheinbar menschlichen Anteil an seinen Mitarbeitern nimmt, verstärkt er den als Unterhaltungsmittel eingesetzten ›Solidaritätseffekt‹, steht er gleichsam als Familienoberhaupt über einer ›funktionierenden‹, sich gerade angesichts höchster Gefahr bewährenden Gruppe und verklärt damit auch das Bild des für gesellschaftliche Wertvorstellungen sich aufopfernden Untergebenen.

Unter den Randfiguren der ingroup im weiteren Sinne tritt gelegentlich die als *Opfer* eingesetzte Figur hervor. Manche Thriller-Autoren belassen es nämlich nicht bei der bloßen Feststellung des Todes, sondern nutzen die Gelegenheit, Todesangst darzustellen. In solchen Fällen werden die Wahrnehmungen des Opfers vergegenwärtigt, die sich mit der Annäherung und Vergrößerung der Bedrohung schreckhaft verzerren können. Die seelischen Spannungen, die hieraus für den Leser erwachsen, sind Ausgangspunkt einer von P. Boileau und T. Narcejac entwickelten Theorie des Thrillers, auf die in 3.4. eingegangen wird. Die Perspektive des Opfers kann zweifellos psychologisch interessante Studien ergeben, im allgemeinen wird sie jedoch nur als Nervenkitzel für den Leser gewählt, was freilich unter ideologiekritischem Gesichtspunkt nicht harmlos erscheint: Denn steht der Leser in der Perspektive des Opfers, so muß ihn die Gewalttat besonders stark berühren, und ist der Mörder Träger jener schon genannten Merkmale, die besonders starken gesellschaftlichen Vorurteilen unterliegen, so können Vorurteile auf diese Weise nur vertieft werden. In gleichem Maße erscheint dem Leser auch das Eingreifen des Helden und seiner Helfer unproblematisch (weil herbeigewünscht), auch dann, wenn ihr Verhalten sich als Lynchjustiz zu erkennen gibt.

2.2.3. Räume und Gegenstände im Thriller

Ebenso wie im Detektivroman erfüllt im Thriller die Darstellung von Räumen und Gegenständen verschiedene Unterhaltsfunktionen:

1. Schon in ihrer Eigenschaft als Kulisse verdichten Räume und Gegenstände im Thriller eine spezifische Atmosphäre. Der überschaubaren Umgebung, dem isolierten, oft die Aura des Zufluchtsortes ausstrahlenden Raum des Detektivromans steht im Thriller der Raum der Großstadt, verbunden mit dem jähen Wechsel der Umgebung, gegenüber. Die (im Spionageroman schon kosmopolitische) Vielfalt der Schauplätze und die zur Großstadt gehörende Vielseitigkeit entsprechen der ständig bewegten Handlung. Von Autos durch-

fahrene Straßenschluchten, ein von Menschen überschautes Häusermeer, von Fahrstühlen durchzogene Wolkenkratzer, als Versteck benutzte Tiefgaragen und Fabrikruinen, als Treffpunkt dienende Bars, Slums und Luxusappartements als Schauplätze des Verbrechens, auf der Flucht durcheilte unterirdische Gänge und ähnliches sind die Handlungsorte des Thrillers. Er knüpft damit an die von Becker (1975, 63) als ›locus horridus‹ bezeichnete ›schrecklichschaurige Staffage‹ der Gothic Novel, des Schauerromans der Romantik, an. Wie in diesem sind die Kulissen auch im Thriller – in der entsprechenden Aktualisierung – um des sensationellen, das ›mystery‹-Element verstärkenden Effektes willen aufgebaut, denn sie verbergen das Verbrechen eher als daß sie es enthüllen (wenn sie es auch ›erklären‹ helfen können [vgl. u.]).

2. Die im Thriller erwähnten Gegenstände sind die Mittel, mit denen das stereotypen Mustern folgende abenteuerliche Geschehen immer neu aktualisiert werden kann. Die zivilisatorischen Gegenstände der Gegenwart (insbesondere Maschinen und Konsumgüterartikel) täuschen über die relative Zeitlosigkeit der Handlungen hinweg. Die Gegenstände werden, wo immer es geht, mit ihrem allgemein bekannten Markennamen genannt, so daß sich vertraute Vorstellungen, oft genug die materiellen Wunschvorstellungen des Lesers, an sie knüpfen können. Daneben stehen präzise Beschreibungen beispielsweise von Bekleidung, Interieurs oder technischem Gerät, die den Leser ebenfalls an die akzeptierte Ideologie der Warenwelt zu binden und damit gleichzeitig sein Wohlgefühl zu stärken versuchen (vgl. hierzu ausführlicher N, 68 ff.). Die im Thriller dargestellten Akzidentien des Reichtums (das Luxusappartement in New York, der Rennwagen, der Schmuck, usw.) geben dem Leser, gerade weil sie häufig erwähnt werden und so wenig auf eine soziale Schicht beschränkt erscheinen und weil sie nicht ganz aus dem Bereich seiner eigenen Zielsetzung fallen, die Hoffnung, am Wohlstand partizipieren zu können, »wobei der Zusammenhang von Wohlstand und Verbrechen – in seiner ganzen Vieldeutigkeit – übersehen werden dürfte« (N, 74 f.). Zu dem an die Gegenstände gebundenen ›Naturalismus des Details‹ tritt die Verwendung geographischen und historischen Tatsachenmaterials (z. B. die Beachtung von Stadtplänen; Hinweise auf politische Tagesereignisse), so daß sich insgesamt ein widersprüchliches, vom Leser normalerweise wohl kaum durchschautes Bild ergibt, das mit »Versatzstücken der Realität« (Buch, in: V, 230) seine ahistorische und oft ganz unwahrscheinliche Aussage zudeckt.

3. Wie im Detektivroman können Räume und Gegenstände aber auch im Thriller zu Erkenntnisprozessen des Lesers beitragen. Au-

toren von Rang zeigen Wechselbeziehungen zwischen Menschen und der von ihnen erfahrenen und mitgestalteten Umgebung. Raum bedingt den Menschen, aber er ist zugleich auch Ausdruck der sich in ihm Bewegenden. Seine determinierende Funktion wird vornehmlich zur Charakteristik einzelner Figuren genutzt (vgl. dazu etwa Becker, 1975, 74; Smuda, in: V, 5 7). Die Darstellung eines Milieus oder auch nur eines Interieurs kann die Lebensbeziehungen eines Menschen veranschaulichen (vgl. z. B. Dingeldey zu Chandler, 1972 a, 273 f.). Umgekehrt erscheint der Raum aber auch als Symptom. Hinweise auf die Entwicklung einer Großstadt etwa können aufschlußreich sein für das Verständnis einer auf Produktion und Profit ausgerichteten Gesellschaft, in der das Verbrechen zum Alltag gehört.

Literatur:

Vgl. die unter 1.2.2. (Zur Geschichte bzw. zur Poetik des Kriminalromans) genannten Arbeiten, insbesondere die von *Harper, Watson, Symons, Buchloh/Becker* (B/B), *Schulz-Buschhaus* (S-B), *Madden* (M), *Nusser* (N), *Becker* (B), *Eco*. Vgl. dort auch die im letzten Kapitel genannten Arbeiten von *Smuda* und *Buch*. Unter 1.2.2. (Zur Didaktik des Kriminalromans finden sich die Angaben zu der Arbeit von *E. Dingeldey*.
Weitere Literatur: V. Klotz, Durch die Wüste und so weiter. Zu Karl May, in: G. Schmidt-Henkel u. a. (Hgg), Trivialliteratur. Aufsätze, Berlin, 1964. *J. P. Becker,* Sherlock Holmes & Co. Essays zur englischen und amerikanischen Detektivliteratur. München, 1975. *P. Nusser,* Zur Rezeption von Heftromanen (1976 a), in: R/Z. *V. Klotz,* Abenteuer-Romane. Sue, Dumas, Ferry, Retcliffe, May, Verne, München/Wien, 1979.

3. Die Geschichte des Kriminalromans

Der folgende historische Abriß der Kriminalliteratur läßt Beispiele der Verbrechensliteratur entsprechend der in 1.1.1. vorgenommenen Unterscheidung zwischen den beiden Gattungen im einzelnen unberücksichtigt. Die Darstellung der geschichtlichen Entwicklung des Kriminalromans muß sich in dem gesetzten Rahmen damit begnügen, deutliche Linien zu ziehen. Daher wird nicht Vollständigkeit angestrebt, sondern Übersicht durch die Betrachtung derjenigen Autoren bzw. Textbeispiele, die an der Konstituierung der Gattung und an der Ausbildung spezifischer Variationen maßgeblich und innovativ beteiligt waren.

In einem ersten Abschnitt wird den Entstehungsbedingungen des Kriminalromans nachgegangen. Da sich in der Sekundärliteratur hierüber sozialgeschichtliche, geistesgeschichtliche, mediengeschichtliche und literarhistorische Argumentationen oft mißverständlich überschneiden, erscheint es sinnvoll, hier einmal übersichtliche Trennungen vorzunehmen. Die folgenden Abschnitte gelten der Entwicklung des Detektivromans und des Thrillers. Der geschichtliche Überblick wird vorrangig durch die Frage gelenkt, inwieweit die den Unterhaltungscharakter des Kriminalromans bestimmenden Elemente (wie Spannungsaufbau, Identifikationsfiguren, spezifische Reizsituationen) sich verändert haben und inwieweit damit eine Anpassung an soziologisch erklärbare und sich wandelnde Leserbedürfnisse erfolgt ist. Ein letzter Abschnitt behandelt das Problem, auf welche Weise literarische Muster, die um bestimmter Unterhaltungseffekte willen ausgebildet worden sind, durchbrochen werden bzw. sich überschneiden, wenn Autoren der Gattung aufklärerisch sozialkritische Intentionen verfolgen, die mit den Anforderungen reiner Unterhaltungsliteratur in Widerspruch geraten. Dieser Abschnitt wird einen vergleichsweise breiten Raum einnehmen, was nicht nur dadurch gerechtfertigt ist, daß es zu der in ihm behandelten Fragestellung die wenigsten Vorarbeiten gibt, sondern auch dadurch, daß in diesem Zusammenhang die Leistung deutschsprachiger Schriftsteller durchaus eindrucksvoll greifbar wird.

3.1. Entstehungsbedingungen des Kriminalromans

3.1.1. Sozialgeschichtliche Entstehungsbedingungen

Immer wieder ist die Entstehung des Kriminalromans mit der Entwicklung und Konsolidierung des bürgerlichen Rechtsstaates in Verbindung gebracht worden. Das im 19. Jh. anwachsende öffentliche Interesse an der Diskussion von Rechtsfragen und, damit zusammenhängend, das Interesse an der in den Zeitschriften publizierten Literatur über Recht und Rechtsverwirklichung entspricht – so Hügel (1978, 203) – dem Gefühl der Angst vor »Übergriffen einer noch kaum kontrollierten Staatsautorität« und dem Verlangen der Bürger nach einem verläßlichen Justizverfahren. Versucht man die sozialgeschichtlichen Entstehungsbedingungen des Kriminalromans möglichst genau zu bestimmen, so ist auf die Veränderungen in der Strafprozeßform, auf den Aufbau privater und staatlicher Detekteien und den Ausbau des staatlichen Polizeiapparats, ferner auf die Entwicklung der sich immer weiter differenzierenden kriminalistischen Ermittlungsmethoden einzugehen. In der Sekundärliteratur ist lediglich kontrovers, inwieweit diese historischen Gegegebenheiten die Entwicklung des Kriminalromans ursächlich bestimmen. Während Gerteis (1953) sie am unbekümmertsten als unmittelbare Voraussetzungen begreift, beziehen sich etwa Bloch (1960) und Hügel (1978) besonders auf die veränderte Strafprozeßform; extrem vorsichtig schätzt Schönhaar alle historischen Faktoren nur als »symptomatische Parallelerscheinungen und zuhandene Stoffquelle« ein (1969, 44).

Der wesentliche Wandel in der *Strafprozeßform* ist durch die schrittweise Abschaffung der Folter gekennzeichnet. Die alte Beweistheorie basierte auf der Überführung des Verdächtigen durch zwei gesetzliche Zeugen oder durch das Geständnis. Mit der in den einzelnen Ländern zu unterschiedlichen Zeitpunkten durchgesetzten Abschaffung der Folter konnte das Geständnis nicht länger erzwungen werden. Zwar behielt es eine dominierende Rolle, aber wo es nicht mehr freiwillig abgelegt wurde, mußten andere Beweismittel, Indizien, an seine Stelle treten. Dienten Indizien davor nur zur Begründung der Anwendung der Folter, so gewannen sie nunmehr ein immer stärkeres Eigengewicht. Denn Indizien ermöglichten den Sachbeweis, der – je exakter er geführt werden konnte – im Lauf des 19. Jh.s immer häufiger über Geständnis und Zeugenaussagen gestellt wurde (vgl. Hügel, 1978, 95 f.). Jegliche Aussagen – so ist die Einschätzung seither – können mannigfaltige Irrtümer enthalten, während Indizien sich der objektiven Wahrheit annähern, sofern man aus ihnen nur die richtigen Schlußfolgerungen zieht. Daß auch hierbei Irrtümer möglich sind, ist nie bestritten, aber schließlich als das kleinere Übel angesehen worden.

Die allmähliche Veränderung der Strafprozeßform (vgl. etwa in Frankreich den ›Code pénal‹ von 1810; in Deutschland das ›Preußische Strafgesetzbuch‹ von 1851) ging mit dem *Aufbau privater und staatlicher Institutionen zur Bekämpfung des Verbrechens* einher. Mit der Bedeutung des Sachbeweises wuchs die Bedeutung der Detektion, für die sich verschiedene Funktionsträger ausbildeten.

In England schuf Henry Fielding, Friedensrichter in London, im Jahr 1748 die erste Detektivorganisation (Bowstreet Runner), die getrennt von den ehrenamtlich tätigen Konstablern arbeitete und ausschließlich die Verbrechensbekämpfung zur Aufgabe hatte. Die Polizeireform unter Sir Robert Peel ließ im Jahre 1829 in London die einheitliche Metropolitan Police entstehen, nach der Straße ihres Präsidiums Scotland Yard genannt; aber erst 1843 wurde dort unter dem Namen Criminal Investigation Department (CID) wiederum eine eigene, zunächst aus wenigen Leuten bestehende Detektivabteilung zur Untersuchung von Verbrechen gegründet.

In Frankreich wurde der frühere Sträfling Eugène François Vidocq 1809 Geheimagent der Pariser Polizei und begründete 1812 die Brigade de Sûreté. Derselbe Vidocq hat 1832 wahrscheinlich das erste private Detektivbüro eingerichtet – ein Büro für wirtschaftliche Auskünfte.

Wenige Jahre später, 1850, eröffnete in den USA Allan Pinkerton in Chicago das erste private amerikanische Detektivbüro und begründete damit die ruhmvolle Tradition des professionellen Privatdetektivs. Während des Bürgerkriegs übernahm Pinkerton Spionagedienste für die Nordstaaten und wurde Chef eines Secret Service, der nach dem Krieg eine ständige Einrichtung blieb. Erst 1909 wurde das in seinen Befugnissen die einzelnen Bundesstaaten übergreifende Federal Bureau of Investigation (FBI) gegründet, das direkt dem Justizministerium in Washington untersteht.

In Deutschland erhielt Preußen im Jahre 1822 die ersten Kriminalkommissare. 1830 wurde in Berlin im Rahmen der Polizei eine ganze Kriminalabteilung, die berühmte Abteilung IV, begründet, deren populärster Chef Dr. Stieber wurde. Stieber hat unter Bismarck dann auch die erste politische Polizei Deutschlands aufgebaut, das dem preußischen Staatsministerium unterstellte Central-Nachrichten-Bureau, das den König und seine Minister zu schützen hatte und Spionage trieb, jedoch bald wieder aufgelöst wurde.

Die in allen Ländern zu beobachtende Einrichtung privater oder staatlicher, sich ausschließlich auf die Verbrechensverfolgung spezialisierender Institutionen förderte die Entwicklung und die Nutzung der *Kriminalistik,* die für die neue, den Sachbeweis anstrebende Strafprozeßform zur unentbehrlichen Stütze wurde.

In der vorwissenschaftlichen Phase der Kriminalistik arbeiteten Detektive mit Ermittlungstechniken, die im wesentlichen von ihrer Phantasie abhingen. Ein Vidocq gewann die Freundschaft der Verbrecher, horchte sie aus und überführte sie zuweilen auf frischer Tat. Alle Detektive hatten ihre Informanten. Im übrigen waren sie auf ihre Beobachtungsgabe angewiesen. Der Beginn der wissenschaftlichen Phase der Kriminalistik ist in erster Linie mit Alphonse Bertillon verbunden, der 1882 bei der Pariser Sûreté die Anthropometrie etablierte. Mit ihrer Hilfe wurde das Knochenbild des Verbrechers vermessen und beschrieben, das sich im Gegensatz zu den äußeren Kennzeichen des Menschen nicht verändern läßt. Damit wurde die Wiedererkennung von Verbrechern auf eine wissenschaftliche (zumindest systematische) Grundlage gestellt. Nach der Jahrhundertwende trat überall die Daktyloskopie das Erbe der Anthropometrie an – die Fingerabdruckkartei wurde das »Adreßbuch der Verbrecherwelt« (Schmidt-Henkel, in: Z, 159). Im 20. Jh. nahm die Kriminalistik durch die rapide Entwicklung der Technik einen derartigen Aufschwung, daß hier nur einige Stichwörter ihre Möglichkeiten andeuten sollen: ultraviolette und infrarote Fotografie, Elektronenmikroskope, Spektrographen, Ultraschallapparate, Ikoskopen, Lügendetektoren, usw. (vgl. Gerteis, 1953, 150 f.).

Die zunehmende Professionalisierung des Detektivs, sein Umgang mit Spezialisten und Wissenschaftlern verschiedenster Art haben sicher schon im 19. Jh. seinen sozialen Status angehoben, wenn wohl auch nicht in dem Maße, wie dies Hügel (1978, 40) wahrhaben möchte. Aber sicherlich hat die öffentlich respektierte Arbeit des Detektivs zu seinem Wert als Identifikationsobjekt im Kriminalroman beigetragen.

Literatur:

Vgl. insbesondere die unter 1.2.2. angegebenen Arbeiten von *Gerteis, Bloch, Murch, Dingeldey* und *Hügel.* und: *J. Schönert u. a.* (Hg.), Literatur und Kriminalität: Die gesellschaftliche Erfahrung von Verbrechen und Strafverfolgung als Gegenstand des Erzählens. Deutschland, England und Frankreich 1850–1880, Tübingen, 1983. *H.-J. Lüsebrink,* Kriminalität und Literatur im Frankreich des 18. Jahrhunderts. Literarische Formen, soziale Funktionen und Wissenskonstituenten von Kriminalitätsdarstellung im Zeitalter der Aufklärung, München/Wien, 1983. *F. Mayer,* Zur Relation juristischer und moralischer Deutungsmuster von Kriminalliteratur in den Kriminalgeschichten der ›Gartenlaube‹ 1855–1870, in: Internationales Archiv für Sozialgeschichte der deutschen Literatur 12, 1987.

3.1.2. Geistesgeschichtliche Entstehungsbedingungen

Vor dem nicht gerade häufig zur Kenntnis genommenen sozialgeschichtlichen Hintergrund hebt sich die besonders in Deutschland geführte breite Diskussion um die geistesgeschichtlichen Entstehungsbedingungen der Kriminalliteratur (manchmal etwas beziehungslos) ab, wobei übrigens alle Aufmerksamkeit ausschließlich dem Detektivroman gilt. Konzentriert man sein Augenmerk auf die Hauptfigur des Detektivromans, den Detektiv, so ist es sicherlich berechtigt zu sagen, daß der Rationalismus der Aufklärung und der innerweltliche Optimismus des 18. Jh.s der Gattung Pate gestanden haben (vgl. Kracauer, 1925; Bloch, 1960). Durch den besonders im Detektivroman durchgängig gestalteten Wunsch nach Ausschaltung aller sich mit dem Verbrechen verbindenden Geheimnisse, durch die rationale Offenlegung der Beweisführung ist diese These ebenso zu begründen wie durch den letztlich stets eintretenden Erfolg der geistigen Anstrengungen des Detektivs. Ebenso plausibel erscheint es, die Methode der Detektion mit dem fortschrittsgläubigen naturwissenschaftlichen Denken des 19. Jh.s und der positivistischen Erkenntnistheorie in Zusammenhang zu bringen (vgl. hierzu insbesondere Messac, 1929). Nicht umsonst werden viele Detektive des 19. Jh.s als Kenner der Mathematik oder einzelner Naturwissenschaften hingestellt und läßt etwa C. Doyle seinen Sherlock Holmes von einer ›science of deduction‹ sprechen. Spätere Detektive orientieren sich in ihren Ermittlungsmethoden an anderen erkenntnistheoretischen Vorbildern. A. Christies Poirot etwa intuiert die Ganzheit des Falles – »entsprechend dem irrationaler gewordenen Denkbetrieb des späteren Bürgertums. Auch im Detektivischen also hat Bergson über J. St. Mill, dazu die Ganzheitslehre über den bloßen Aufbau aus Einzelheiten gesiegt« (Bloch, in: V, 329). Von besonderem Interesse ist Blochs kurzer Hinweis auf Analogien, die sich zwischen detektivischem Vorgehen einerseits und andererseits der Psychoanalyse als ›Entdeckung‹ der menschlichen Psyche sowie der ökonomischen Geschichtsauffassung des Marxismus als der Aufdeckung des Unterbaus, der »unaufgeklärten Teile« der Gesellschaft erkennen lassen (vgl. Bloch, in: V, 332f.). Die Beziehung zwischen den hypothetischen Schlüssen eines rationalistischen Detektivs wie Dupin und der Psychoanalyse hat Wellershoff (W, 74f.) erläutert:

»Auch sie [die Psychoanalyse] ist ein Versuch, im Agieren und Reden der Person Hinweise auf verborgene Motive zu entdecken. Das Verstehen ist aber erschwert durch die Verdrängungsarbeit, die das abgespaltene Leben nur teilweise und nur in verschlüsselter Form durchläßt. Ähnliche Schwierigkeiten hat der Detektiv bei der Aufklärung von geheimnisvollen Verbrechen. Auch er muß sein Material szenisch verstehen. Aber das tatsächliche Verbrechen kann darin so verstümmelt, lückenhaft und verfälscht erscheinen wie die traumatische Szene in den Phantasien des Neurotikers. Auch die

Aufklärungsabsicht ist ähnlich. Man will in beiden Fällen verbotene und maskierte Intentionen einer bewußten Verarbeitung zugänglich machen, weil sie sonst Irritationen und Angstquellen bleiben, die das Weltbild irreal verzerren.«

Neben diesen Erwägungen über die Herkunft des Detektivromans aus Rationalismus und Positivismus steht Alewyns Gedanke, der Detektivroman sei ein ›Kind der Romantik‹ (vgl. in: Z, 202). Die heftigen Erwiderungen, die diese Formulierung und ihre Begründung hervorgerufen haben (vgl. besonders Škreb, 1971; Gerber, 1971) beruhen wenigstens zum Teil auf Mißverständnissen. Zum Beispiel zieht Alewyn die rationale Denkarbeit des Detektivs nirgendwo in Zweifel, nur meint er, daß nicht die Gestaltung des Detektivs den Erfolg des Detektivromans erkläre, sondern die in diesem enthaltenen Effekte der Verunsicherung und Verfremdung (vgl. hierzu 2.1.1. und 2.1.2.). Sein rezeptionsästhetischer Ansatz setzt damit einen anderen Akzent. Es sind für Alewyn nicht die ›analysis‹-, sondern gerade die ›mystery‹-Elemente, die den immer neuen Reiz für den aufgeklärten Leser ausmachen und damit die Entwicklung der Gattung begünstigen. Nicht die Bestätigung seiner durchrationalisierten Welt suche dieser zu seiner Unterhaltung, sondern umgekehrt Unsicherheit und Gefühle der Angst. Hier nun ergeben sich für Alewyn Analogien zum romantischen Roman in Deutschland, den er seinerseits als Derivat des den ganzen Kontinent überflutenden Schauerromans, dieser »Abstinenzneurose der alternden Aufklärung« (in: Z, 199), betrachtet. Auch der romantische Roman thematisiere das Geheimnis und die Suche nach seiner Aufklärung, die Menschen ließen sich von Spuren als Hinweisen leiten, die sie immer wieder in die Irre führten, bis am Ende alle Hinweise sich zu Zusammenhängen verdichteten und das Unerklärte einen durch die äußeren Erscheinungen verstellten verborgenen Sinn erführe (vgl. in: Z, 198).

Der Kritik an Alewyn ist es nicht gelungen, diese These insgesamt plausibel zu widerlegen. Vielmehr hält man sich an einzelnen Teilen seiner Ausführungen auf. Daß Alewyn sich beispielsweise so ausschließlich auf E. T. A. Hoffmanns »Fräulein von Scudery« bezieht, ist besonders von Škreb bemängelt worden (in: Z, 56 ff.). Indem er zweifellos richtig zeigt, daß Hoffmanns Erzählung keineswegs schon ein Detektivroman zu nennen ist, glaubt er ein entscheidendes Argument gegen Alewyn gefunden zu haben, obwohl dieser gar keine kausale Abhängigkeit zwischen Hoffmann und Poe konstruiert, vielmehr betont, daß die Detektivgeschichten Hoffmanns und Poes nichts weiter seien als Seitentriebe aus der gemeinsamen Wurzel des Schauerromans (in: Z, 198).

Der andere wiederkehrende, schon stichhaltigere Einwand bezieht sich auf

Alewyns Vergleich des Detektivs mit dem romantischen Künstler, der als gesellschaftlicher Außenseiter die trügerische Oberfläche der Wirklichkeit durchschaue. Hiergegen wird geltend gemacht (vgl. insbesondere Gerber, in: V, 417 ff.), daß der Detektiv sich keineswegs in Auseinandersetzung mit der Gesellschaft, sondern gerade im Einverständnis mit ihr befinde; daß er zwar Sonderling, aber kein Außenseiter sei und daß sich außerdem seine Zielsetzungen gänzlich von denen des romantischen Künstlers unterschieden. Der Detektiv forsche nicht, um Geheimnisse zu finden, die ein anderes Licht auf die Wirklichkeit zu werfen vermöchten, sondern decke Verborgenes auf, um die gesellschaftliche Wirklichkeit in ihrer Banalität abzusichern. »Statt daß er wie ein deutscher Romantiker sagt: ›Dahinter ahne ich ein wunderbares Geheimnis‹, sagt er skeptisch englisch: ›There is something fishy about it.« (in: V, 419)

Die Auseinandersetzung mit Alewyn, so berechtigt sie im einzelnen sein mag, bleibt letztlich ein Scheingefecht, weil sich die unterschiedlichen Anschauungen darüber, ob der Detektivroman dem Rationalismus oder der Romantik näherstehe, nicht gegenseitig ausschließen, sondern eher ergänzen. So wie ›mystery‹ und ›analysis‹ konkurrierende Kompositionselemente des Detektivromans sind und eines ohne das andere in ihm nicht denkbar ist, so sind Rationalismus und Romantik in gleicher Weise Voraussetzungen für seine Entstehung.

Stärker in die sozialgeschichtliche Verankerung der Gattung weisen Erklärungsversuche zurück, die eine Strukturhomologie zwischen Detektivroman und kapitalistischer Wirtschaftsweise herausstellen. Wenn dies so plump geschieht wie etwa bei H. Pfeiffer (1960), der im Detektiv den revolvertragenden »Hüter der ungestörten kapitalistischen Ausbeutung« sieht (179) oder ähnlich vordergründig bei Kaemmel (in: V, 519), mag man darüber hinweggehen, ganz abgesehen davon, daß der Detektiv nicht immer auf der Seite der Besitzenden steht. Fragt man dagegen – wie Bloch –, welchen Einfluß das kapitalistische Tauschprinzip auf die menschlichen Beziehungen hat und kommt man wie er zu dem Ergebnis, daß die Entfremdung des einzelnen von Natur und Produkt seiner Arbeit, von seinen Mitmenschen und sich selbst ein hohes Maß an Verstellung, Verunsicherung und Mißtrauen zur Folge hat, so läßt sich sagen, daß hiermit nicht nur der Nährboden für den »mikrologischen Blick« (Bloch, in: V, 329), für detektorische, rationalistische Arbeit angelegt ist, sondern auch das Bedürfnis nach eskapistischer Lektüre (vgl. Bloch, in: V, 331 f.; vgl. a. Egloff, 1974, 83 f.). Für Bloch also schließen sich die auf den Rationalismus und die auf den Kapitalismus zurückführenden Entstehungsbedingungen des Detektivromans keineswegs aus. Auch die romantische Philosophie gewinnt in seinen Erörterungen einen bedeutenden Stellenwert (vgl. in: V, 336 ff.).

Insofern ist sein Erklärungsversuch zweifellos der umfassendste. Ungelöst bleibt durch ihn jedoch die Frage nach der Motivation des Lesers, diese Literatur zu konsumieren. Ob dieser sein Vergnügen aus dem vorübergehenden Reiz der Verunsicherung zieht, bevor er die Oberfläche seiner gewohnten Welt durch den Detektiv wiederhergestellt sieht (Alewyn), oder ob sein Ungenügen an der entfremdeten »Maskenwelt« (Bloch, in: V, 332), die der Detektivroman spiegelt, der Ausgangspunkt für die Befriedigung ist, daß durch die gedanklichen Operationen eines einzelnen alle Verstellungen durchschaut werden (dies entspräche der Position Blochs), ist nicht einseitig zu entscheiden (vgl. 4.1.) und hängt auch von den sozialen und psychischen Voraussetzungen der Leser ab.

Inwieweit die sozial- und geistesgeschichtlichen Entstehungsbedingungen auch für den Thriller gelten, ist bisher noch nirgends erörtert worden. Man ist deshalb – was die Entstehung seiner Form angeht – vorläufig auf mediengeschichtliche Voraussetzungen und auf literarische Vorläufer verwiesen, die in den folgenden beiden Abschnitten zu behandeln sind.

Literatur:

Vgl. die unter 1.2.2. angegebenen Arbeiten von *Kracauer, Alewyn, Gerber, Škreb, Wellershoff.*
Weitere Literatur: H. Pfeiffer, Die Mumie im Glassarg. Bemerkungen zur Kriminalliteratur, Rudolfstadt, 1960. *E. Kaemmel,* Literatur unterm Tisch. Der Detektivroman und sein gesellschaftlicher Auftrag (zuerst 1962), in: V. *D. Naumann,* Zur Typologie des Kriminalromans (zuerst 1968), in: Z. *G. Egloff,* Detektivroman und englisches Bürgertum. Konstruktionsschema und Gesellschaftsbild bei Agatha Christie, Düsseldorf, 1974. *H. Conrad,* Die literarische Angst. Das Schreckliche in Schauerromantik und Detektivgeschichte, Düsseldorf, 1974. *P. J. Brenner,* Die Geburt des Detektivromans aus dem Geiste des Unheimlichen, in: Literatur in Wissenschaft und Unterricht 11, 1978.

3.1.3. Publizistische Entstehungsbedingungen

Das Interesse der Öffentlichkeit an Rechtsfragen wurde im 19. Jh. von den Medien aufgegriffen. In ihnen wurde daher nicht mehr nur über historische und zeitgenössische Verbrecher und Verbrechen, sondern zunehmend auch über strittige Punkte im Strafverfahren und vor allem über Organisation, Aufgaben und Methoden der

Polizei geschrieben. Dabei liefen Sachbericht und fiktionale Gestaltung parallel: Kriminalerzählungen ergänzten Gerichts- und Polizeiberichte. Gleichgültig ob es sich um reale oder fiktive Polizeibeamte bzw. Detektive handelte – ihre Tätigkeit (die Feststellung des corpus delicti, kluge Verhöre, die Sammlung von Indizien, die Zusammenstellung des Sachbeweises) faszinierte das Publikum.

Die Diskussion über Justiz und Justizorgane wurde durch die rasche Entwicklung der literarischen Medien stark gefördert. Der drucktechnische Fortschritt und die den Absatz sichernde Verstädterung führte in den dreißiger und vierziger Jahren des 19. Jh.s international zu einem ersten Zeitschriften- Boom. In Amerika etwa stieg die Zahl der Magazine zwischen 1825 und 1 850 von 100 auf 600 (vgl. Mott, 1957, 341 f.; Hickethier/Lützen, in: R/Z, 268). Die Zeitschrift bemächtigte sich sämtlicher aktueller Themen und entwickelte einen riesigen Bedarf an Informationen und unterhaltenden Manuskripten. Für die Popularität gerade juristischer und kriminalistischer Themen zeugt die Gründung sich speziell diesem Stoffbereich widmender Blätter (z. B. in Deutschland seit 1853 die »Berliner Gerichts-Zeitung« und ab 1861 die nach französischem Vorbild redigierte »Tribüne«) (vgl. Hügel, 1978, 161 ff.).

Zu einem zweiten internationalen Zeitschriften-Boom kam es gegen Ende des Jahrhunderts. Aufgrund sinkender Herstellungskosten und des Abdrucks gewinnbringender Werbeanzeigen wurden die Zeitschriften billig. Die Konkurrenz innerhalb dieser neuen Wachstumsbranche führte zur zunehmenden Bedeutung der ›großen‹ Autoren als Werbefaktoren. »Es war kein Zufall, sondern symptomatisch, daß die Talent- und Attraktionssucher von ›Lippincott's‹ Doyle ausfindig machten« (Hickethier/Lützen, in: R/Z, 272). Die Autoren (u. a. auch E. A. Poe und E. Gaboriau) hatten sich ihrerseits nach den Anforderungen der Presse zu richten. So erklären sich Kurzformen des Erzählens, melodramatische Einschübe, emphatischer Stil u. a. (vgl. Hickethier/Lützen, in: R/Z, 268 ff.).

Andererseits orientierten sich viele Zeitschriftenverleger, um den breiten Absatz ihrer Erzeugnisse zu sichern, an der Sensationspresse. Je aktionsreicher eine Geschichte war, desto größer war die Garantie für ihre Lektüre. Die reinen Unterhaltungselemente verselbständigten sich im Interesse des Profits. Hier liegt die wohl wichtigste publizistische Entstehungsbedingung für die kriminalistische Abenteuererzählung. Für die Entwicklung des kriminalistischen Abenteuerromans, des Thrillers, erwies sich das 1860 in den USA eingeführte, in Europa erst um 1900 übernommene Prinzip der Romanheftserie als bedeutsam. Romanheftserien bestanden (und bestehen bis heute) aus Einzelheften mit jeweils abgeschlossener

Handlung. Gegenüber den Abenteuer erzählenden Kolportageromanen, die dem Leser durch Kolporteure in einzelnen Lieferungen ins Haus geliefert wurden und deren ausführliche Handlung entsprechend in einzelne Abschnitte zerstückelt wurde, hatten die Romanhefte für den Leser den Vorteil, daß er nicht zu fürchten brauchte, den Anschluß zu verpassen, wenn er eine oder mehrere Fortsetzungen ausließ. Außerdem war die Handlung des einzelnen Heftes übersichtlich und leicht verständlich. Die Folge war ein größerer Umsatz der Abenteuerliteratur. Auch die Distribution war billiger. Hefte brauchten nicht ausgeliefert zu werden, sondern wurden durch Straßenhändler an Kiosken verkauft. Problematisch war lediglich, daß die Lesemotivation, die bei den Fortsetzungsromanen kontinuierlich wirkte, in den Romanheftserien immer neu geschaffen werden mußte. Dies geschah in den Abenteuergenres nicht nur durch die Einführung des – unverletzlichen – Serienhelden, sondern vor allem durch die Häufung sensationeller Motive und den dafür nötigen aktionistischen Handlungsverlauf. Die Entstehung der Form des Thrillers erklärt sich weitgehend aus ökonomischem Zwang.

Die Entwicklung des Kinos im 20. Jh. führte schließlich zur wachsenden Annäherung der Textgestaltung des Thrillers an publikumswirksame Möglichkeiten des neuen Mediums. Die Aneinanderreihung kurzer, aktionsgeladener Szenen, ständiger Schauplatzwechsel, Wechsel der Beschreibungs- und Wahrnehmungsperspektiven, Verkürzung des Bildes zur Großaufnahme und die durch all dies bewirkten Spannungssteigerungen und emotionalen Erregungen bestimmen heute sowohl den Thriller als auch den aktionistischen Kriminalfilm bzw. Fernsehkrimi. (Zur Affinität zwischen Thriller und Film vgl. a. B/N, 108 f.). So wurden auch schon früh Romanserien durch Kinofolgen gleichen Inhalts ergänzt (vgl. Hickethier/ Lützen, in: R/Z, 280); heute sind Sendeanstalten zum Teil schon bei der Planung von Romanen beteiligt (vgl. a.a.O., 28 7). Umgekehrt werden inzwischen auch Romane nachträglich zu einzelnen Fernsehserien angefertigt. Dieses Medienverbundsystem, das in der Gegenwart wo immer möglich erweitert und differenziert wird und etwa auch das Hörspiel miteinbezieht, garantiert die optimale merkantile Verwertung ein und derselben Vorlage; es bringt nicht nur den Autoren durch Zweit- und Drittrechte höhere Einnahmen (zu den Einkünften der Autoren vgl. Flesh, in: Sch, 180ff.), sondern steigert in erster Linie den Profit der Verlage, Filmverleihe und Sendeanstalten. Kriminalliteratur (insbesondere der Thriller) – so viel ist deutlich – wird immer ausschließlicher zur ›Ware‹, ihre Produktion zunehmend genormt. Dennoch läßt sich nach wie vor auch mit individuell gestalteten und anspruchsvollen Texten Gewinn erzielen, zumal wenn dazu ein geeigneter Publikationsrahmen geschaffen wird (vgl. dazu Flesh, in: Sch, 178 ff.).

Literatur:

F. L. Mott, A History of American Magazines, Cambridge, 1957. *P. Boileau/ T. Narcejac* (vgl. B/N). *K. Hickethier/W. D. Lützen,* Der Kriminalroman. Entstehung und Entwicklung eines Genres in den literarischen Medien, in: R/Z. *D. Pforte,* Bedingungen und Formen der materiellen und immateriellen Produktion von Heftromanen, in: R/Z. *H.-O. Hügel,* Untersuchungsrichter – Diebsfänger – Detektive. Theorie und Geschichte der deutschen Detektiverzählung im 19. Jahrhundert, Stuttgart, 1978. *R. K. Flesh,...* doch hart im Raume stoßen sich die Sachen ... Bemerkungen aus der Produktion von Kriminalromanen, in: Sch. *E. Weber,* Zum Kriminalhörspiel in der Bundesrepublik Deutschland, in: E/G. *K. Hickethier,* Die umkämpfte Normalität. Kriminalkommissare in deutschen Fernsehserien und ihre Darsteller, in: E/ G.

3.1.4. Literarische Vorläufer des Kriminalromans

Publikumsinteresse, soziale und geistige Veränderungen, Medienentwicklung und literarische Motive stehen in wechselseitiger Beziehung. Die populäre Literatur orientierte sich im Zeitalter der Französischen Revolution unter anderem an dem allgemeinen Verlangen nach Darstellung großer Verbrecher (bzw. Ordnungsbrecher); später kam sie dem Wunsch nach Darstellung der Probleme der Rechtsverwirklichung und auch detektorischer Ermittlungsarbeit entgegen, schließlich (seit der Mitte des 19. Jh.s) dem Wunsch nach Darstellung großer Detektive. Aus der Popularisierung einzelner literarischer Motive formten sich – zumal wenn die Presse daraus Profit zu ziehen vermochte – ganz bestimmte Darstellungsmuster, die sich zu Gattungen verfestigten.

An den Beginn der literarischen Tradition des Kriminalromans wird oft (vgl. Schönhaar, 1969; Marsch, 1972) der sogenannte »Pitaval« gestellt (Gayot de Pitaval, Causes célèbres et interéssantes..., Paris, 1735 ff.; 2. Auflage 1765 ff.; 3. Auflage, von François Richter bearbeitet, 1768–70). Dies ist nur bedingt richtig.

Pitavals Werk, das bald in verschiedene Sprachen übersetzt wurde, ist eine Sammlung berühmter Kriminalfälle und folgt damit dem Vorbild des seit dem Mittelalter bekannten Prozeßberichts. Zeit, Ort, Art des Delikts, Name des Täters werden genannt, Akten, Verhandlungsprotokolle, kommentierende Anmerkungen so kompiliert, daß nicht nur die historischen und psychologischen Hintergründe des Falles sowie seine juristischen Probleme deutlich werden, sondern dabei auch eine gewisse Spannung entsteht. Diese resultiert allerdings nicht aus der allmählichen Aufdeckung eines noch Verborgenen (der Umstände der Tat, des Täters), sondern, da die Fälle schon als gelöste vorgestellt werden, aus der Darstellung der Art und Weise, wie es nacheinander zu Verbrechen, Urteilsspruch und Bestrafung kommt. Um diese Art von Spannung bemühten sich durch entsprechende Stoffauswahl und psychologische Vertiefungen besonders die Deutschen E. Hitzig und W. Häring (Willibald Alexis) in einer neuen, von ihnen herausgegebenen Sammlung (Der neue Pitaval. Eine Sammlung der interessantesten Criminalgeschichten aller Länder und Völker, Leipzig, 1842 ff.) (vgl. hierzu Marsch, 1972, 93 ff.). Es ist eindeutig, daß diese Sammlungen ihren Erfolg dem öffentlichen Interesse am Verbrechen und seiner Verfolgung verdankten. Ihre fiktionalen Entsprechungen fanden sie in der mit der Kriminalliteratur konkurrierenden Verbrechensliteratur (vgl. 1.1.1.). Diese hat eine lange europäische Tradition und fand seit Ende des 18. Jh.s auch in Deutschland einige Höhepunkte: A. G. Meißner, Criminalgeschichten (ab 1778); F. Schiller, Der Verbrecher aus verlorener Ehre (1792); A. v. Droste-Hülshoff, Die Judenbuche (1842); T. Fontane, Unterm Birnbaum (1885). Ihre Behandlung bleibt hier ausgeklammert (vgl. 1.1.1.).

Für den Kriminalroman in seinen Ausprägungen als Detektivroman und Thriller ist der »Pitaval« in erster Linie als Stoffquelle von Bedeutung (vgl. dazu Schimmelpfennig, 1908; Thomas, 1956). Dagegen wird man in erzähltechnischer Hinsicht kaum von einem nennenswerten Einfluß sprechen können, obwohl er für den Thriller – denkt man an die szenische Darstellung entscheidender Momente der Tat – nicht ganz auszuschließen ist. Detektorisches Erzählen ist im »Pitaval« jedoch maßgeblich nicht vorgebildet, abgesehen von einigen technischen Details der Untersuchungspraxis. Weder findet man die analytische Erzählweise als durchgängiges Prinzip (allenfalls analytische Reflexion aufgrund von Zeugenaussagen), noch zeigen die Berichte irgendwo »den handelnden Menschen, der durch sein sachliches Können Probleme der Verbrechensaufklärung zu lösen vermag« (Hügel, 1978, 86).

Es ist daher ergiebiger, den Kriminalroman, insbesondere den Detektivroman, mit anderen literarischen Vorlagen in Zusammenhang zu bringen.

Mehrfach werden für den Detektivroman Quellen genannt, in denen detektorisches Erzählen eine Rolle spielt. D. Sayers (1928) zählt etwa die Geschichten von Daniel und den Priestern Baals aus dem Alten Testament, von Susanna im Bade aus den Apokryphen, von Herkules und Cacus aus der Aeneis, von der Schatzkammer des Königs Rhampsinit aus dem 2. Buch Herodots zur Detektivliteratur. A. Murch (1958) nennt das arabische Märchen von den 3 Prinzen und dem Kamelreiter, das d'Herbelot de Mailly in die europäische Literatur eingeführt und Voltaire im 3. Kapitel des »Zadig«

82

behandelt hat. Wölcken (1953) weist unter anderem generell auf die Rätselli-
teratur, insbesondere auf das Rätselmärchen, hin. Derartige Vorbilder erscheinen jedoch nicht nur aufgrund ihrer Singularität weit hergeholt; ihnen
fehlen bis auf die Komponente der rationalen Deduktion alle anderen Voraussetzungen der Gattung. Ähnliches gilt auch für Defoes »The Life and
Strange, Surprising Adventures of Robinson Crusoe« (1719). Zwar vermag
hier der Held durch Beobachtungen und Deduktionen sein Überleben zu
sichern, doch fehlt z. B. das Verbrechen als auslösendes Moment.

Ein für die Entstehung des Kriminalromans wirklich bedeutsamer
Einfluß beginnt mit dem massenhaft gelesenen Schauerroman (Gothic Novel) des ausgehenden 18. Jh.s. Prototyp dieses Genres ist
Horace Walpoles »The Castle of Otranto« (1764). Von dort leiten
sich zwei Entwicklungsstränge her: der eine ist durch die Anhäu-
fung surrealistischer Horroreffekte gekennzeichnet (M. G. Lewis,
»The Monk«, 1796; Ch. Maturin, »Melmouth the Wanderer«,
1820), der andere durch die rationale Erklärung scheinbar überna-
türlicher Vorgänge am Ende des Romans. Dieser zweite Entwick-
lungsstrang, oft auch mit dem Begriff ›Mystery Novel‹ verbunden,
findet seine Hauptvertreterin in Ann Radcliffe (»The Mysteries of
Udolpho«, 1794; »The Italian«, 1797) und stellt wichtige Motive des
späteren Kriminalromans bereit: die ›schaurige‹ Kulisse, das myste-
riöse Verbrechen, die rationale Erklärung des Geheimnisses.
    Auch der vom Schauerroman beeinflußte romantische Roman in
Deutschland ist ein Vorläufer des Kriminalromans. Auf die Bedeutung der in ihm ausgesprochenen ›Vermutungen‹, des Suchens nach
Spuren (clues), Geheimnissen, Personen als durchgängigen Motiven
hat Alewyn hingewiesen (in: Z und V). Während Alewyn sich
hierbei besonders auf E. T. A. Hoffmann (»Das Fräulein von Scudery«, 1819) beruft, macht Hügel (1978, 103 ff.) unter diesem Aspekt
nachdrücklich auf den kaum noch bekannten Laurid Kruse (»Der
krystallene Dolch«, 1820) aufmerksam.
    Andere Motive der Kriminalliteratur sind in William Godwins
Roman »Caleb Williams: or Things as They Are« (1794) vorgebildet. In ihm findet man nicht nur schon eine subtile Fragetechnik, die
dazu verhilft, einem Mord auf die Spur zu kommen, sondern auch
bereits den intellektuellen Abstand zwischen dem fragenden ›Amateur‹ und dem offiziell eingesetzten Polizisten. Ein Detektivroman
freilich ist »Caleb Williams« deswegen noch nicht. Der fragende
Caleb handelt nicht aus der Intention, einen Verbrecher zur Strecke
zu bringen, sondern bleibt – gleichsam zur Strafe für seine ihn
überwältigende Neugierde – im Zustand der Furcht, selbst Opfer zu
werden. In seinem zweiten Teil nimmt der Roman überdies mit der
Darstellung von Flucht und Verfolgung Züge an, aufgrund derer

man ihn auch zu den Vorläufern des Thrillers rechnen könnte. Einen Schritt weiter als Godwin geht Edward Lytton Bulwer mit seinem 1828 erschienenen Roman »Pelham: or The Adventures of a Gentleman«, einem Abenteuerroman, der unter anderen auch ein ausgesprochen kriminalistisches Abenteuer enthält. Hier überschattet der privat ermittelnde Held nicht nur die dilettierende Polizei, sondern zum erstenmal auch den Verbrecher, der verfolgt und der Justiz ausgeliefert wird.

Eine nicht zu unterschätzende Bedeutung für den entstehenden Kriminalroman, der in diesem frühen Stadium noch kaum in Detektivroman und Thriller unterschieden werden kann, gewinnen der Amerikaner James F. Cooper und der Franzose Eugène F. Vidocq. Coopers Romane, besonders »The Last of the Mohicans« (1826) und »The Pathfinder« (1840) wurden überaus populär, besonders auch in Frankreich und England. Sie schildern die Auseinandersetzungen kleiner Gruppen von Weißen mit nordamerikanischen Indianern. Ein großer Reiz der Geschichten liegt in Motiven wie der schnellen Wahrnehmung von Gefahr, der Identifizierung von Spuren und ihrer Verfolgung, wobei der Informationsgehalt eines abgebrochenen Zweiges oder eines Fußabdrucks ausführlich erläutert wird. Davon wird nicht nur Sherlock Holmes profitieren; auch den Helden des Thrillers sind manche ihrer späteren Fähigkeiten in Coopers Romanen vorgezeichnet, da Detektion dort ganz in Bewegung und Handlung eingebunden ist. Für den späteren Thriller noch einflußreicher sind die 1828 erschienenen »Memoiren« des ehemaligen Sträflings und späteren Chefs der französischen Geheimpolizei Vidocq (vgl. 3.1.1.). Inwieweit seine Erinnerungen der Wirklichkeit entsprechen oder fiktiv sind, ist von untergeordneter Bedeutung. Vidocq stellt die bei Cooper erzählten Abenteuer des Kampfes und seiner Begleiterscheinungen gleichsam vor einen anderen Hintergrund, den der französischen Hauptstadt. Die Verbrecher, die er in ihrem Milieu zeigt, sind als solche direkt erkennbar. Sie brauchen nicht überführt, sondern nur festgenommen zu werden. Hierbei entwickelt der Kriminalist (Vidocq selbst) seine Fähigkeiten: körperliche Gewandtheit, Ausdauer und eine zweckbezogene List (Verkleidung, Rollentausch), die es ermöglicht, den Täter in flagranti zu überraschen. Mit dem Muster des Detektivromans haben seine Geschichten kaum etwas zu tun. Dennoch hat er auf die bedeutendsten Autoren der Detektivliteratur im 19. Jh., auf Poe und Doyle, seine Wirkung nicht verfehlt. Sie übernehmen von Vidocq die Vorstellung des selbstbewußten und stets erfolgreichen, des ›idealen‹ Detektivs, auch wenn sie ihre Detektive mit ganz anderen Eigenschaften ausstatten.

Zu den literarischen Vorläufern zählen schließlich viele der Feuilletonromane, die seit dem zweiten Viertel des 19. Jh.s Europa überschwemmen. Der 1836 von E. de Girardin neu gegründete Zeitschriftentyp des Feuilletons sollte die Leser aller Schichten ansprechen und ein Gegengewicht zu den auf bestimmte Themenbereiche spezialisierten Journalen bilden. Die Feuilletons waren billiger als die Journale und wurden ein großer Erfolg. Um die Leser an sich zu binden, begannen die Herausgeber mit dem Abdruck von Fortsetzungsromanen, deren Folgen sich über Monate und Jahre hinzogen. Als die Journale aus Konkurrenzgründen genötigt waren, derartige Feuilletonromane ebenfalls zu übernehmen, entstand eine Massenproduktion dieses Romantyps. Wegen seiner auswuchernden Breite mit einer Fülle für sich stehender Szenen und des von vielen Autoren oft gar nicht abgesehenen Endes konnten in struktureller Hinsicht für den späteren Detektivroman von hier keine Anregungen ausgehen, allenfalls für den kriminalistischen Abenteuerroman, den Thriller. Dagegen wurde der Ausbau einzelner kriminalistischer Motive schon aufgrund der Sensationsanfälligkeit des Feuilletonromans weiter vorangetrieben, gerade auch von seinen herausragendsten Vertretern H. de Balzac, E. Sue, A. Dumas und Ch. Dickens.

Balzac war sowohl ein Verehrer Coopers als auch stark von Vidocq beeindruckt, nach dessen Vorbild er seinen Vautrin in »Le Père Goriot« (18 34–35), »Les Splendeurs et Misères des Courtisanes« (1843–47) und »La Dernière Incarnation de Vautrin« (1847) gestaltete. Am stärksten mit detektivischen Themen angefüllt sind seine beiden Romane »Maitre Cornélius« (1831) und »Une Ténébreuse Affaire« (1841). Das Motiv des Verbrechens im geschlossenen Raum taucht bei ihm schon zehn Jahre vor E. A. Poe auf; logische Deduktionen aufgrund von Beobachtungen, die Überlegenheit des Amateurs gegenüber der Polizei, die Schuld der am wenigsten verdächtigen Person, kleinere wissenschaftliche Abhandlungen im Zusammenhang der Ermittlungen – all dies wird von Balzac genutzt. Dennoch ist keiner seiner Helden ein Detektiv, gewinnt die für einen Detektivroman so maßgebliche Handlungskomposition niemals den Vorrang über die Charakterportraits, aus denen Balzac seinen ›roman de moeurs‹ zusammensetzt.

Zwischen 1842 und 1843 erschien Eugène Sues »Les Mystères de Paris«, ein stark von Ann Radcliffe beeinflußter Roman, der eine Fülle für den Thriller charakteristischer Einzelheiten enthält: den offen ausgetragenen Konflikt zwischen einem (hier adligen) Helden und Gangsterbanden, Darstellungen des Verhaltens und der Sprache der Verbrecher, Beschreibungen von Foltern, Verfolgungen, usw. Sowohl Elemente des kriminalistischen Abenteuers als auch detektorische Elemente weisen die Romane von Alexandre Dumas auf, insbesondere sein von Cooper beeinflußter Roman »Les Mohicans de Paris« (1854–55), der im übrigen zum erstenmal in der französischen Literatur die Darstellung eines sympathisch gezeichneten Polizeioffiziers enthält, ohne daß dieser schon die Rolle des Romanhelden übernimmt. Hier zeichnet sich jedoch ein neuer Trend ab, der in England eine Entsprechung in den Arbeiten von Charles Dickens findet. Dickens, der gute persönliche Beziehungen zu Polizeibeamten von Scotland Yard besaß, veröffentlichte in den Jahren zwischen 1 850 und 1856 in der von ihm selbst gegründeten Zeitschrift ›Household Words‹ eine ganze Serie von informativen Artikeln über die städtische Polizei Londons (»On Duty with Inspector Fields«, »The Detective Police« u. a.). Als Verleger registrierte er den sich wandelnden Geschmack der Leser genau und richtete sich danach. Die wachsende Übereinstimmung des Publikums mit der Tätigkeit der Polizei spiegelt besonders deutlich »Bleak House« (1852–53), der erste englische Roman, in dem ein Polizeidetektiv eine Hauptrolle übernimmt.

Literatur:

Vgl. die unter 1.2.2. (Zur Geschichte des Kriminalromans/Zur Poetik des Kriminalromans) angegebenen Arbeiten von *Wölcken, Murch, Alewyn, Schönhaar, Marsch, Freund, Hügel.*
Weitere Literatur: A. Schimmelpfennig, Beiträge zur Geschichte des Kriminalromans. Ein Wegweiser durch die Kriminalliteratur der Vergangenheit und Gegenwart, Dresden und Leipzig, 1908. *H. Garte,* Kunstform Schauerroman. Morphologische Begriffsbestimmung des Sensationsromans im 18. Jahrhundert, von Walpoles ›Castle of Otranto‹ bis Jean Pauls ›Titan, Leipzig, 1935. *L. Thomas,* Der neue Pitaval. Allgemeine literarische Bedeutung, mit besonderer Berücksichtigung von Alexis' Dichtung, in: ZfdPh 75, 1956. *W. Haas,* ›Mysteries‹. Von den Anfängen des Kriminalromans (zuerst 1958/9), in: V. C. Reinert, Das Unheimliche und die Detektivliteratur. Entwurf einer poetologischen Theorie über Entstehung, Entfaltung und Problematik der Detektivliteratur, Bonn, 1973. *K. D. Post,* Kriminalgeschichte als Heilsgeschichte. Zu E.T.A. Hoffmanns Erzählung ›Das Fräulein von Scudery‹, in: ZfdPh 95, 1976, Sonderheft. *I. Ousby,* Bloodhounds of heaven.The detective in English fiction from Godwin to Doyle, Cambridge, 1976. *D. Daube,* Die Geburt der Detektivgeschichte aus dem Geiste der Rhetorik, Konstanz, 1983. *H. Dainat,* Der unglückliche Mörder. Zur Krimigeschichte der deutschen Spätaufklärung, in: ZfdPh 107, 1988.

3.2. Die Geschichte des Detektivromans

3.2.1. E. A. Poe

Im Jahre 1841 veröffentlichte der Amerikaner Edgar Allan Poe in
›Graham's Magazine‹ die Detektiverzählung »The Murders in the
Rue Morgue«. Sie integriert die meisten der für die Detektivliteratur
typischen Motive, die bis dahin nur verstreut in ihren literarischen
Vorläufern aufgetaucht waren (vgl. 3.1.4.): Das zentrale Thema ist
ein Mord; er ist im verschlossenen Raum begangen worden; die
Polizei ist dem Fall nicht gewachsen; ein Privatdetektiv, der mit
einem Freund (hier dem Erzähler) zusammenarbeitet, wird zum
Helden der Geschichte und löst den Fall; das scheinbar Geheimnisvolle wird rational erklärt; das zunächst angenommene Mordmotiv
erweist sich als falsch, der zunächst Verdächtige als unschuldig,
u. a. m. (vgl. B/B, 38 f.). Aber es ist nicht nur die Konzentration
dieser bekannten Motive auf engem Raum, die dieser Erzählung eine
die künftige Detektivliteratur prägende Kraft verleiht; ihr eigentli-
cher Erfolg beruht auf der geradezu mit Glaubenseifer vorgetrage-
nen Überzeugung von der Macht des Intellekts, die der Detektiv am
Beispiel eines sich als pures Rätsel darstellenden Verbrechens vorexerziert. War das Verbrechen bei den Vorläufern des Kriminalromans
immer auch als seelisches und gesellschaftliches Problem interessant
(die Verbrechensliteratur behandelt es nur als solches), so verhält
sich Poe diesen Dimensionen gegenüber völlig indifferent. Die Konstruktion des Mordes ist bei ihm bis in die Details unwahrscheinlich:
Ein krimineller Orang-Utang ist allenfalls für Zoologen von Interesse (vgl. S-B, 10). Die Kuriosität des Verbrechens und seine Entwirklichung zum bloßen Rätseleffekt dienen der Überhöhung der intellektuellen Fähigkeiten des Detektivs. Poes Dupin ist der Inbegriff
des weltabgewandten Scharfsinnshelden, der durch sein methodi-
sches Vorgehen die realitätszugewandte, ganz dem augenblicklichen
Eindruck ausgelieferte Polizei in den Schatten stellt. »Seine Rätsello-
sung belegt epistemologisch die Überlegenheit von ›acumen‹ gegenüber ›attention‹, von philosophisch geschärfter Analyse gegenüber
jener konzentrierten Beobachtung, die aus Training und Erfahrung
der Berufspraxis erwächst« (S-B, 8). In äußerster Verkürzung auf
den Begriff gebracht, lautet die Eigenart seines Vorgehens: Wenn
alles Denkunmögliche eliminiert ist, so bleibt allein die richtige
Lösung übrig. Boileau/Narcejac haben angemerkt, daß dies nicht
unbedingt der Weg des Forschers, sondern der eines Dichters sei,
und sprechen von dem ästhetischen Charakter der Logik Poes,
womit sie meinen, daß diese nur zur Lösung solcher Rätsel tauge, die

von ihm selbst zuvor aufgebaut worden seien (vgl. B/N, 41). Andere Kritiker haben in den gedanklichen Konstruktionen Poes zahlreiche Irrtümer entdeckt (z.B. W. Wimstatt, 1939 u. 1941; L. Riding, zitiert bei Symons, 1972, 39 f.). Aber solche Mängel sind literaturgeschichtlich ohne Bedeutung. Poe selbst hat um seine Schwäche in dieser Hinsicht gewußt und dies in einem Brief von 1856 geäußert (vgl. Symons, 1972, 39). Entscheidend für den von Poe ausgehenden Einfluß ist nicht »die Kunst der Deduktion selbst, sondern die Leidenschaft zur Deduktion« (Wölcken, 1953, 37), die auch in den beiden späteren Dupin-Geschichten zu erkennen bleibt (1842 folgt »The Mystery of Marie Roget«, 1845 »The Purloined Letter«), obwohl sie – wie Smuda (1970) herausgestellt hat – dem Prinzip der kleinen Variation folgen und einige modifizierte Betrachtungen über den Wert und die Möglichkeiten der ›ratiocination‹ enthalten.

Die Betonung und Exemplifizierung der Kraft menschlichen Verstandes gibt allen drei Erzählungen wenigstens teilweise den Charakter des Traktats. Dokumente werden ausgebreitet und kommentiert, Episoden eingeflochten, die ein Licht auf die Vorzüge der Methode Dupins werfen, die sich – wie Dupin vorexerziert – für das Gedankenlesen ebenso eignet wie für die Aufdeckung eines Verbrechens. Die eigentlichen Handlungselemente werden auf ein Mindestmaß reduziert (physisch bleibt Dupin fast bewegungslos), die reine Analyse tritt in den Vordergrund. Die Hauptfigur wird um der Veranschaulichung von Theorie willen figuriert, die Nebenfiguren und die gesamte Rätselkonstellation dienen dementsprechend als bloßes Material, an dem die Möglichkeiten deduktiver Gedankenarbeit gezeigt werden sollen. Schulz-Buschhaus kann deswegen mit Recht formulieren, daß die Dupin-Erzählungen letztlich nur akzidentell Detektiverzählungen sind, substantiell dagegen noch späte »›contes philosophiques‹, in denen alles Geschehen als Affirmation oder Negation auf eine philosophische These bezogen ist« (S-B, 12).

Literatur:

Vgl. die unter 1.2.2. (Zur Geschichte des Kriminalromans/Zur Poetik des Kriminalromans) angegebenen Arbeiten von *Depken, Messac, Fosca, Wölcken, Symons, Murch, Boileau/Narcejac, Smuda, Buchloh/Becker, Schulz-Buschhaus.*
Weitere Literatur: J. W. Krutch, Edgar Allan Poe: A Study in Genius, New York, 1926. *W. K. Wimstatt,* Poe and the Chess Automation, in: American Literatur XI, 1939. *Ders.,* Poe and the Mystery of Marie Rogers, in: PMLA LVI, 1941. *K. Schuhmann,* Die erzählende Prosa Edgar Allan Poes, Heidelberg, 1958. *F. H. Link,* Edgar Allan Poe, Frankfurt, 1968. *M. Kesting,* Auguste Dupin, der Wahrheitsfinder und sein Leser. Inwieweit Edgar Allan Poe

nicht der Initiator der Detektivgeschichte war, in: Poetica, 1978, H. 1. *U. Bö-ker*, Drei versteckte Briefe: Die produktive Rezeption von E. A. Poes ›The Purloined Letter‹ in der englischen Detektivliteratur vor 1865, in: Arbeiten aus Anglistik und Amerikanistik 5, 1980. *U. Suerbaum*, 1984 (vgl. S).

3.2.2. *Collins und Gaboriau*

Poes Detektiverzählungen stehen aufgrund ihrer Kürze und ihres theoretischen Ballasts dem volkstümlichen Feuilletonroman denkbar fern. So blieben sie auch auf Jahrzehnte hinaus ohne unmittelbare Nachfolge, bis schließlich Conan Doyle aus ihrer Vorlage eine populäre Gattung entwickelte.

Unterdessen schufen Wilkie Collins und Emile Gaboriau eine Romanform, in der die Gesetzmäßigkeiten des Feuilletonromans, also breite Erzählanlage, Figurenreichtum, Häufung melodramatischer Episoden, mit bekannten, aber weiterentwickelten kriminalistischen und detektorischen Motiven zu einer eigenartigen Symbiose verschmolzen. Ihre Romane sind zu Recht als eine Frühform des Detektivromans gesehen worden, nicht mehr als bloße literarische Vorläufer der Gattung. Hätte Charles Dickens sein letztes Buch »The Mystery of Edwin Drood« (1870) vollenden können, so müßte er dieser Gruppe zugerechnet werden.

W. Collins veröffentlichte neben zahlreichen Erzählungen zwei Romane, die seinen Ruhm begründeten. »The Woman in White« begann 1859 in Fortsetzungen in der Zeitschrift ›All The Year Round‹ zu erscheinen und wurde anschließend als gebundenes Buch in Hunderttausenden von Exemplaren verkauft. »The Moonstone« (1868), zunächst ebenfalls in der genannten Zeitschrift gedruckt, wurde noch weit populärer. In beiden Romanen ist das kriminalistische Thema noch nicht der Mord, der erst im 20. Jh. für den Detektivroman zur conditio sine qua non wird, sondern Intrige und Diebstahl. Im ersten Roman beginnt die analytische Arbeit der Detektion erst im letzten Drittel, während der größere Teil des Buches dem spannenden Aufbau von undurchschaubarer Bedrohung und Gefahr dient, die – aus der Perspektive der ›Opfer‹ gesehen – eine »Intensität des Verängstigungseffektes« erreichen, »welche die fast identische Technik des ›suspense‹ in den Romanen der ein Jahrhundert später erfolgreichen Franzosen Boileau/Narcejac vorwegnimmt« (S-B, 22). Da aber in diesem Roman die detektorische Aufklärung des verbrecherischen Geheimnisses noch untergeordnet bleibt, ist vor allem »The Moonstone« als Beispiel eines frühen Detektivroman anzusehen. Denn hier wird das Verbrechen, ein

Diebstahl, bereits sehr früh begangen, und der Versuch seiner Aufklärung beherrscht die gesamte Anlage des Romans. Auf diese Weise wird nicht vornehmlich Furcht, sondern Neugier im Leser evoziert. So erscheint es auch konsequent, daß in diesem zweiten Roman ein professioneller Detektiv, Sergeant Cuff, eingeführt wird, der schon ganz unverwechselbare Züge eines Scharfsinnshelden trägt, dabei aber nicht Privatdetektiv, sondern Angehöriger der Polizei ist. Wie sein Vorfahr Dupin und seine vielen Nachfahren besitzt er einige unkonventionelle und daher sehr einprägsame Angewohnheiten, die das Publikum offensichtlich über die Tatsache hinwegführen sollen, daß Scharfsinnshelden nicht mehr als Personifikationen analytischer Potenz sind. Wie stark dies als Problem empfunden wird, über den analytischen Partien nicht die publikumswirksamen Vorzüge des Feuilletonromans zu vernachlässigen, zeigt die Abwechslung versprechende Einführung einer zweiten Detektivfigur, die zugleich noch die Rolle des jugendlichen Liebhabers zu spielen hat. Vom Detektivroman als pointiertem Rätselroman ist Collins damit noch weit entfernt. Obwohl er eine überraschende Lösung des Falles durchspielt, ist der Roman insgesamt ein Kompositum aus Mustern des Abenteuer- und Liebesromans, mit einem betont starken Anteil an ›mystery‹-Elementen und ausgesprochen detektorischen Elementen (z.B. wechselnde Verdächtigungen, falsche Spuren, anzuzweifelnde Alibis), die durch die Gestaltung des Detektivs besonders hervorgehoben werden. Es kommt hinzu, daß Collins sich als erster konsequent um die Einhaltung des ›fair play‹ (vgl. 2.1.1.1.) bemüht, indem er zwar widersprüchliche Aussagen seiner Figuren arrangiert, um den Leser in die Irre zu führen, als Erzähler aber stets verläßliche Hinweise gibt.

E. Gaboriau gilt als Begründer des französischen ›roman policier‹, eine Bezeichnung, die sich auf die Figur des Detektivs bezieht, der als Beamter der Polizei arbeitet. Gaboriaus bekanntester Roman, »L'Affaire Lerouge«, erschien seit 1863 fortsetzungsweise in der Zeitschrift ›Le Pays‹ und wurde wie die Romane von Collins auch als Buch (1866) ein großer Erfolg. Stärker als bei Collins rückt bei Gaboriau der Detektiv (in diesem Buch Père Tabaret) in den Mittelpunkt des Geschehens. In »L'Affaire Lerouge« ist er allerdings noch ein Amateur, der aus spärlichen Indizien den Hergang des Verbrechens, eines Mordes, rekonstruiert. Daß er gefühlsmäßig in die Schicksale der Figuren einbezogen ist und ausgerechnet den Sohn seiner heimlichen Liebe entlarven muß, belegt, daß melodramatischer Feuilletonroman und Rätselroman wie bei Collins noch eine Einheit bilden. Gerade bei Gaboriau häufen sich dabei pathosgeladene Szenen zur Rührung des Lesers. Die klischeehafte Hyperbolik

der Gefühlsbeschreibungen in solchen Szenen ist von Schulz-Buschhaus anschaulich herausgestellt worden (S-B, 34f.). A. Murch hat
kritisiert, daß Gaboriau um der emotionalen Einbeziehung des Lesers willen sogar die Ermittlungskette des Detektivs zerbricht und
den Leser mit Schicksalen vertraut macht, die der Detektiv gar nicht
kennt, ein für den modernen Leser der Gattung höchst enttäuschen-
des Verfahren. Diese Kombination von Gefühlspathos und detekti-
vischer Analyse wird auch in den späteren Romanen Gaboriaus
beibehalten, die als seine eigentlichen ›romans policiers‹ gelten, in
»Le crime d'Orcival« (1867), »Le dossier no 113« (1867), »Les
esclaves de Paris« (1868) und »Monsieur Lecoq« (1869). In diesen
Romanen übernimmt die Hauptrolle der junge Polizeidetektiv Lecoq, der in »L'Affaire Lerouge« nur ein Statist gewesen war. Er ist
neben Dupin und Sherlock Holmes sicherlich die berühmteste Detektivfigur des 19. Jh.s geworden. Um Lecoq als Helden aufzubau-
en, teilt Gaboriau ihm Qualitäten zu, die viele Vorzüge der bisher
bekannten Detektivgestalten vereinen: Lecoq ist mutig und erfin-
dungsreich wie Vidocq, kann Spuren lesen wie ein Indianer Coopers
und analytisch denken wie Dupin, auch wenn er sich manchmal irrt.
Darüber hinaus beschäftigt er sich als erster Detektiv der Literaturgeschichte ganz praktisch mit den kleinen Banalitäten der Ermittlungsarbeit und läßt damit zugleich die Polizei in einem günstigen
Licht erscheinen. Angesichts der in Frankreich so lange gehegten
Antipathie gegenüber dieser Institution ist dies durchaus auffallend.
Dabei wirkt Lecoq äußerlich eher unscheinbar, so daß er für größere
Aufgaben von vornherein disqualifiziert erscheint. Die Unterschätzung seiner Person durch eine Umwelt von Honoratioren ist möglicherweise eine Erklärung für seine große Popularität bei den Lesern,
die sich selbst unterschätzt fühlen. Lecoq verkörpert einen reizvol-
len Widerspruch von Schein und Sein, dessen Auflösung dem Leser
offenbar große Befriedigung verschafft. Einerseits Kleinbürger, andererseits omnipotenter Held, wobei der erstere die Bedingung des
letzteren ist, wenn dieser seine Wirkung ganz ausspielen will, erfüllt
Lecoq alle Voraussetzungen zur Personifikation der Kompensa-
tionswünsche breiter Leserschichten. Seine Widersacher sind meist
Aristokraten, wie der bürgerliche Unterhaltungsroman des 19. Jh.s
überhaupt gern Aristokraten als Bösewichter einsetzt (was übrigens
auch für Collins gilt). Dadurch entsteht der Anschein von Sozialkritik, die jedoch die aktuelle historische Situation verfehlt.

»Gaboriaus Kritik denunziert eben nicht die ökonomische Herrschaft bürgerlichen Kapitals, welche dabei ist, sich endgültig zu etablieren, sondern die
zersetzten Residuen aristokratischer Herrschaft, welche ihrer Macht gerade

zunehmend verlustig gehen. Indem sie emphatisch schmäht, was ohnehin vergangen ist, trägt sie als Kritik des historisch Überholten zur Affirmation, ja Glorifikation des Bestehenden bei« (S-B, 41).

Collins und Gaboriau sind die profiliertesten all jener Autoren, die zur gleichen Zeit ähnliche Detektivromane hervorbrachten. Zu erwähnen sind neben ihnen allenfalls Sheridan Le Fanu (»Checkmate«, 1871) und Fortuné du Boisgobey, der sich als Schüler Gaboriaus verstand, mit seinem 1875 publizierten Roman »La Vieillesse de Monsieur Lecoq« und dem im gleichen Jahr erschienenen »Le Coup de Pouce«, dessen zentrale Figur ein Geistlicher ist, ein Vorläufer von Chestertons Pater Brown, in gewisser Weise sogar von Kemelmans Rabbi Small. Einige weniger bedeutende neue Motive hat auch Anna Katherine Green mit »The Leavenworth Case« (1878) zum Detektivroman beigesteuert (vgl. dazu Murch, 1958, 158 ff.).

Literatur:

Vgl. die unter 1.2.2. (Zur Geschichte des Kriminalromans) angegebenen Arbeiten von *Wölcken, Murch, Boileau/Narcejac, Symons, Schulz-Buschhaus.*
Weitere Literatur: W. Phillips, Dickens, Reade and Collins. Sensation Novelists, New York, 1919. *C. P. Cambiaire,* The Influence of Edgar Allan Poe in France, New York, 1927. *T. S. Eliot,* Wilkie Collins and Dickens, in: Selected Essays 1917–1932, New York, 1932. *R. M. Baker,* The Drood Murder Case. Five Studies in Dickens' »Edwin Drood«, Berkely-London, 1951. *R. P. Ashley,* Wilkie Collins and the Detective Story, in: Ninteenth Century Fiction, VI, 1951. *K. Robinson,* Wilkie Collins, London, 1951. *R. Ashley,* Wilkie Collins. A Biography, London, 1952. *F. Aylmer,* The Drood Case, London, 1964. *P. Collins,* Dickens and Crime, London, ²1965. *P. Diskin,* Poe, Le Fanu and the Sealed Room Mystery, in: Notes and Queries, XIII, 1966. *E. Osborne* (Hg.), Victorian Detective Fiction, London, 1966. *J. Heldmann,* Wilkie Collins and the Sensation Novel (Unpubl. Diss.) University of North Carolina, 1968. *R. Altick,* Victorian Studies in Scarlet, New York, 1970.

3.2.3. A. C. Doyle

Arthur Conan Doyle veröffentlichte neben historischen Romanen, denen sein eigentliches Interesse galt, vier Detektivromane (»A Study in Scarlet«, 18 8 7; »The Signe of Four«, 1890; »The Hound of the Baskervilles«, 1902; »The Valley of Fear«, 1915) und 56 Detektivgeschichten (gesammelt in: »The Adventures of Sherlock Holmes«, 1892; »The Memoirs of Sherlock Holmes«, 1893; »The Return of Sherlock Holmes«, 1905; »His Last Bow«, 1917; »The Case-Book of Sherlock Holmes«, 1927). Sie alle haben in Sherlock Holmes

denselben Helden. Das von Poe initiierte und von den ›dime-novels‹
bzw. ›penny dreadfuls‹ (vgl. 3.3.1.) praktizierte Prinzip, ein und
dieselbe Figur durch eine Kette einzeln publizierter Abenteuer gehen zu lassen, erwies sich auch für Doyle als äußerst profitabel. Die
Leser, deren Unterhaltungsbedürfnisse gleichsam mit einem Zug
befriedigt wurden, rissen sich nach dem ›Strand Magazine‹, wenn
dort eine Holmes-Geschichte erschienen war, und Doyle konnte
seine Honorarforderungen in bis dahin unbekannte Höhen schrau-
ben, teilweise in der Hoffnung, zurückgewiesen und von der Last
des Weiterschreibens befreit zu werden. Schließlich ließ er Holmes
im Kampf versuchsweise ums Leben kommen (»The Final Problem«, 1893), aber der öffentliche Protest war so stark und anhal-
tend, daß er die Serie nach Jahren (1905) wieder aufnahm (nachdem
1902 schon aus dem fingierten Nachlaß von Holmes »The Hound of
the Baskervilles« erschienen war), indem er erklärte, Holmes habe
sich seinerzeit retten können. Eine neue Welle der Publikumsbegei-
sterung (anschaulich dargestellt bei Murch, 1958, 167ff.) unterstützte daraufhin die bis 1927 anhaltende Produktion dieser Geschichten.
  Die erzählerische Leistung Doyles liegt zunächst in einer eigen-
ständigen Verschmelzung zweier literarischer Modelle. Er selbst
beruft sich in seinen »Erinnerungen« (1924) auf Gaboriau und Poe,
wobei jedoch – darauf weist schon die überwiegend gewählte Form
der Erzählung hin – das Vorbild Poes stärkeres Gewicht erhält. Es
gelingt Doyle, nicht nur das Sensationelle, auf das Gaboriau so viel
Wert gelegt hatte, in Grenzen zu halten, sondern vor allem die
gedanklichen Operationen von Holmes in so unterhaltsamer Weise
darzustellen, daß diese weitgehend alle traktathafte Sprödigkeit verlieren. Das ist in erster Linie der Einführung Watsons zu verdanken
(vgl. 2.1.2.), dessen Fragen und Fehlschlüsse die Analyse ins Dialo-
gische auflösen, das Gedankliche für den Leser leichter nachvollziehbar machen. Hierbei fällt auf, daß sowohl bestimmte Ge-
sprächssituationen in den Erzählungen immer wiederkehren (etwa
die Anfangsszene) als auch die Analyse selbst formelhaft verläuft, so
daß die regelmäßige Lektüre der Holmes-Geschichten allein aufgrund der bloßen Wiederholungen Unterhaltung bietet, da jedes
Wiedererkennen ästhetisches Vergnügen auslöst, sei der Anlaß noch
so unbedeutend. Nicht allein der Spaß am Mitdenken also, sondern –
und vielleicht besonders – der Spaß an den stereotyp wiederkehrenden Erkennungszeichen der Charaktere und ihrer Handlungen si-
cherte den Sherlock-Holmes-Geschichten einen so breiten Erfolg.
Es kam hinzu, daß Doyle die analytischen, nüchternen Teile seiner
Erzählungen mit vielen Aktionen der Hauptfiguren Holmes und

Watson zu verbinden wußte. Holmes ist oft in Bewegung, schleicht sich an, versteckt sich, belauscht und greift zu. So wird Spannung nicht allein aus dem Geheimnis des Mordes erzielt, sondern auch aus den kleinen Gefahren und Hindernissen, die der Held im Verlauf der Ermittlungen zu überwinden hat. Boileau/Narcejac (B/N, 60) weisen darauf hin, wie gut es Doyle außerdem verstanden hat, den Leser auch emotional zu bewegen, nicht etwa durch die Schilderung blutrünstiger Szenen, sondern durch die Präsentation des verzweifelten oder gar vor Furcht halb gelähmten Klienten in der Anfangsszene. Die sich auf den Leser übertragende Gemütserregung intensiviert ihres Erachtens das Bedürfnis nach Aufklärung und bringt Leben in die Detektiverzählung.

Emotionale Erschütterungen vermag der Sicherheit ausstrahlende Sherlock Holmes aufzufangen. Von der Figuration des Helden, der weitgehend dem im typologischen Teil entworfenen Bild entspricht (vgl. 2.1.2.), geht die eigentliche Wirkung der Texte Doyles aus. Einerseits ist Holmes überhöhte Gestalt, deren aristokratische Angewohnheiten (spätes Aufstehen, Geige spielen, Literaturgenuß, usw.) im Gegensatz zu denen des Erwerbsbürgers stehen und von diesem insgeheim bewundert werden können, andererseits entspricht er genau dem Selbstverständnis seiner Leser. Dies läßt sich an zwei wichtigen Besonderheiten seiner Arbeitsweise verdeutlichen. Während Dupins Deduktionen ganz den Charakter des Experiments tragen, dessen Ausgang ungewiß ist, erledigt Holmes seine Fälle schon routinemäßig nach bewährten Rezepten, d. h.: er tritt als Experte in Erscheinung, als jemand, der sich durch fachliche Leistungen Anerkennung verdient. Seine Methoden, zweitens, sind stark vom positivistischen Zeitgeist beeinflußt. Die scharfe Trennung Dupins zwischen ›acumen‹ und ›attention‹ und dessen Abwertung der ›attention‹ wird von ihm nicht geteilt. Detektivische Ermittlung beginnt bei Holmes stets mit der genauen Beobachtung der Fakten, aus denen sich dann Schlußfolgerungen ziehen lassen (vgl. 2.1.2.). Aus den unablässigen Beobachtungen baut sich allmählich auch ein berufliches Wissen des Detektivs auf, das seiner Arbeit zugute kommt. Dennoch ist Holmes noch kein im eigentlichen Sinn der Wissenschaft verbundener Detektiv. Obwohl die Kriminalistik sich um die Jahrhundertwende bedeutend entfaltet, nimmt er, selbst wenn er einmal zum Mikroskop greift, keine Kenntnis von ihr. Die Fakten, die ihm alles erklären, werden ohne wesentliche Hilfsmittel gesammelt.

Die Kehrseite des von Holmes vertretenen »Pathos der Faktizität« (S-B, 47) ist die Indifferenz allen moralischen Implikationen seiner Tätigkeit gegenüber. Doyle konstruiert nur solche Geschichten, in denen die moralische Reflexionsfähigkeit seines Helden nicht gefordert wird. So verwickelt die detektivischen Forschungen sind, mit Fragen wie der nach der Ursächlichkeit des Verbrechens belastet Holmes weder sich noch den Leser. Insofern ist Doyle bei all seiner erzählerischen Lebendigkeit und ungeachtet seiner emotionalen Appelle schon ganz und gar Vertreter der pointierten Rätselgeschichte, welche die Leistungen des Detektivs eng als Tätigkeiten eines Spezialisten umschreibt. Im Realitätsverlust der Rätselgeschichte spiegelt sich die Wandlung des öffentlichen Interesses, das nicht mehr dem ›Verbrechen‹ und der Rechtsverwirklichung, sondern der möglichst reibungslosen ›Erledigung‹ des Verbrechens (bzw. des Verbrechers) als des Ausnahmefalls gilt. So unterhält sich eine Leserschaft, die Anlaß hat, Fragen nach dem Verhältnis von Gesellschaft, Moral, Verbrechen und Recht zu verdrängen.

Literatur:

Vgl. die unter 1.2.2. (Zur Geschichte des Kriminalromans) angegebenen Arbeiten von *Messac, Murch, Boileau/Narcejac, Symons, Routley, Schulz-Buschhaus.*
Weitere Literatur: C. Doyle, Memories and Adventures, London, 1924. *V. Schklovskij,* Die Kriminalerzählung bei Conan Doyle (zuerst 1929), in: V. *V. Starrett,* The Private Life of Sherlock Holmes, New York, 1933. *V. Starrett* (Hg), 221 B. Studies in Sherlock Holmes, New York, 1940. *E. W. Smith* (Hg), The Baker Street Journal. An Irregular Quarterly of Sherlockania, New York, 1947 ff. *J. D. Carr,* The Life of Sir Arthur Conan Doyle, New York, 1949. *O. F. Grazebrock,* Studies in Sherlock Holmes 1–6, Worcester, 1950–51. *G. Brend,* My dear Holmes. A Study in Sherlock, London, 1951. *S. C. Roberts,* Holmes and Watson. A Miscellany, Oxford, 1953. *V. Starrett,* The Private Life of Sherlock Holmes, Chicago, 1960 (Neuauflage). *E. W. Smith,* Introducing Mr. Sherlock Holmes, Morristown, 1961. *H. Pearson,* Conan Doyle, New York, 1961. *W. Baring-Gould,* Sherlock Holmes of Baker Street. A Biography of the World's First Consulting Detective, New York, 1962. *P. Nordon,* Conan Doyle, London, 1966. *W. Baring-Gould,* The Annotated Sherlock Holmes, New York, 1967. *T. H. Hall,* Sherlock Holmes. Ten Literary Studies, London, 1969. *R. B. De Waal,* A Bibliography of Sherlockian Bibliographies and Periodicals, in: Papers of the Bibliographical Society of America 64, 1970. *T. H. Hall,* The Late Mr. Sherlock Holmes, and other Literary Studies, London, 1971. *I. Brown,* Conan Doyle, London, 1972. *S. Rosenberg,* Naked is the best disguise. The death and resurrection of Sherlock Holmes, New York, 1974. *U. Suerbaum,* 1984 (vgl. S). *O. Klis,* A study in scarlet. Doyle und sein Vorbild Gaboriau, in: dh 154, 1989.

3.2.4. Kritiker und Nachfolger Doyles

Der Einschnitt, den die Erzählungen Doyles in der Geschichte des Detektivromans markieren, ist von den zeitgenössischen Schriftstellern sehr schnell gesehen worden und hat unterschiedliche Reaktionen hervorgerufen.

Gilbert Keith Chesterton setzte sich in zwei Essays (1901 und 1902 in der ›Daily News‹ erschienen) mit Sherlock Holmes auseinander, bevor er mit seinen 50 Pater-Brown-Erzählungen (gesammelt in: »The Innocence of Father Brown«, 1911; »The Wisdom of Father Brown«, 1914; »The Incredulity of Father Brown«, 1926; »The Secret of Father Brown«, 1927; »The Scandal of Father Brown«, 1935) ein literarisches Gegenbild zu ihm entwarf. Schon durch sein unscheinbares Äußere (klein, rund, nichtssagendes Gesicht, usw.) als genauer Widerspruch zu Sherlock Holmes erkennbar, führt Pater Brown vor allem »den Denkgrundsatz des innerweltlich bezogenen Superman ad absurdum« (B/B, 66). Der Priester löst kriminalistische Fälle nicht als unbestechlicher Denker, sondern als Seelsorger und Beichtvater, der geübt ist, in andere Menschen hineinzusehen, gerade auch in die innerlich verstrickten Sünder und Verbrecher, dessen Motivationen sich ihm schneller als anderen erschließen. Dabei wird auf eine dem ›common sense‹ entspringende rationale Argumentation keineswegs verzichtet; aber die Überlegungen richten sich in deutlicher Antithese zu Doyle weniger auf die Rekonstruktion des Tathergangs, als vielmehr auf die Psychologie des Verbrechers. Hat Pater Brown den Verbrecher identifiziert, so neigt er nicht selten dazu, ihn vor der menschlichen Gerechtigkeit zu schützen und Gott die Bestrafung zu überlassen, auf dessen Barmherzigkeit sich dabei vertrauen läßt. Wegen ihrer witzigen Pointen wird man den frühen Detektivgeschichten Chestertons den Vorzug vor den späteren geben, die zum Teil einen stark religiös-belehrenden Charakter annehmen.

Auch Edmund C. Bentley, Chestertons enger Freund, hat dem detektivischen Supermann in seinem bekannt gewordenen Buch »Trent's Last Case« (1912) eine deutliche Absage erteilt. Gegen Sherlock Holmes, dessen Ernsthaftigkeit und Selbstgerechtigkeit er verabscheut, stellt er einen ganz unexzentrischen Detektiv, dessen absolut korrekte Beweisführung sich als völlig falsch erweist. Diese Kritik trifft Doyle ungleich schwerer als diejenige Chestertons. Während dieser mit Hilfe seines Priesters einfach die eine durch die andere Methode ablöst bzw. ergänzt, läßt Bentley seinen Trent mit gleicher Gründlichkeit, aber ohne Erfolg, eben die Mittel anwenden, denen Sherlock Holmes seinen Ruhm verdankt. Trents Fehlschlag weist nicht nur auf die Grenzen kausaler Gedankenführung, sondern desillusioniert zugleich den allgemein bewunderten Holmes, dessen Popularität deswegen freilich nicht beeinträchtigt wurde.

Eine ganz andere Reaktion auf Sherlock Holmes manifestiert sich in den Erzählungen und Romanen von E. W. Hornung und Maurice Leblanc. Beide Autoren durchschauen das von Doyle kräftig bestätigte Bedürfnis nach großen, erfolgreichen Identifikationsobjekten und den Warencharakter der Detektivliteratur. Sie versuchen ihr Glück, indem sie die alte Vorliebe der Leser für große Verbrechergestalten auszunutzen versuchen, und knüpfen dabei an der Figur des Rocambole in den Romanen von Pierre Alexis de Ponson (Ponson du Terrail) an, die in den sechziger Jahren des 19. Jh.s überaus beliebt waren. Noch um die Wende zum 19. Jh. erklärte sich die Vorliebe des Publikums für die Gestalt des großen Verbrechers nicht zuletzt aus dessen bewundertem Mut, gegen das Gesetz und damit zugleich gegen dessen feudalistische Herkunft anzugehen; seit der Mitte des 19. Jh.s träumt das Publikum davon, sich aus Zwängen zu befreien, in die es durch die eigene Moral geraten ist. Mit diesem Traum von einer unbeschränkten Existenz spekulieren beide Autoren und lassen ihre Gentleman-Verbrecher die bürgerliche Moral mißachten, zugleich aber das gesellschaftliche Ideal von Erfolg und Macht erfüllen. Hornung mußte sich deswegen von seinem Schwager A. C. Doyle Vorhaltungen machen lassen (vgl. dessen »Memories and Adventures«, 1924, 259). Nichtsdestoweniger führte er seinen Plan aus und schuf in Raffles einen Anti-Holmes (»Raffles, the Amateur Cracksman«, 1899; »Raffles«, 1901; »A Thief in the Night«, 1905), der seine geistigen Kräfte zur Überlistung der Polizei einsetzt und seine Einbrüche ebenso als l'art pour l'art betreibt wie Holmes seine Ermittlungen. Mit dem Schema der Detektivliteratur haben Hornungs Abenteuererzählungen nur dann etwas zu tun, wenn Raffles zum Schluß erläutert, wie er seine Vorhaben in die Tat umgesetzt hat.

Eine ähnliche Figur wie Raffles erfindet der Franzose Leblanc in seinem 1907 erschienenen Buch »Arsène Lupin, Gentleman-combrioleur«. Auch Lupin ist als Gegenfigur zu Holmes anzusehen, was schon im Titel von Leblancs zweitem Lupin- Roman (»Arsène Lupin contre Herlock Sholmes«, 1908) deutlich zum Ausdruck kommt. Hier werden Holmes und Watson schadenfroh karikiert und gegen den gallischen Esprit Lupins ausgespielt. Wie Raffles ist auch Lupin virtuoser Dieb und Einbrecher, ein Künstler in seinem Metier, daneben Literat und Großaktionär, von perfekter Eleganz, gesellschaftlich fortwährend avancierend – eine Märchengestalt der belle époque. Nur als Gegenfigur zu Holmes ist es in diesem Zusammenhang von Interesse; unter strukturellem Gesichtspunkt sind die von ihm erzählenden Bücher reine Abenteuerromane.

Indessen fand A. C. Doyle auch Nachfolger, die seine Anregungen aufgriffen und weiterentwickelten. Zu nennen sind hier an erster Stelle R. Austin Freeman, Jacques Futrelle und Gaston Leroux. Freeman, wie Doyle ausgebildeter Mediziner, richtete seine Aufmerksamkeit auf die Intensivierung des wissenschaftlichen Vorgehens des Detektivs. In »The Red Thumb Mark« (1907), »John Thorndyke's Cases« (1909), »The Eye of Osiris« (1911), »The Mystery of 31 New Inn« (1912), »The Singing Bone« (1912) u. a. trägt die Arbeit des Helden alle Merkmale der Authentizität. Stets ein kleines Laboratorium mit sich führend, untersucht Dr. Thorndyke auffällige Spuren gleich an Ort und Stelle, wobei viele seiner Tests bis ins Detail beschrieben werden. Der Unterhaltungseffekt, der von diesen Büchern ausgeht, liegt nicht in der Anregung zum Mitdenken durch ›clues‹ oder die Erörterung verschiedener Lösungsmöglichkeiten eines Falles, sondern in der Bewunderung der Autorität des Wissenschaftlers, dessen Bestandsaufnahmen exakt und dessen Schlußfolgerungen unabweislich sind.

Eine Steigerung in dieser Richtung bieten die Erzählungen von Futrelle (gesammelt in »The Thinking Machine«, 1907), der aber den Bogen überspannt und seinen Detektiv Augustus S. F. X. Van Dusen als wahre ›Denkmaschine‹ alle Fälle so rasant lösen läßt, daß eine Identifikation mit ihm kaum möglich erscheint.

Mit Leroux nähert sich das Genre jenem Muster, das für die Unmenge der seit dem 1. Weltkrieg erschienenen Detektivliteratur bestimmend wird. Nach Poes Dupin-Geschichten und Doyles Sherlock-Holmes-Erzählungen stellt Leroux' ›Le mystère de la chambre jaune« (1907) für Schulz-Buschhaus das »dritte und entscheidende Paradigma der Gattungskonstitution« dar (S-B, 86). Von Leroux wird die »Rätselkomponente des Detektivromans in jener exzessiven Manier ausgeführt, die später bei Agatha Christie, John Dickson Carr und Ellery Queen das bestimmende Merkmal der Gattung ergeben wird« (S-B, 87). Sowohl die Formulierung als auch die Auflösung des Rätsels werden in diesem Roman so gesteigert, daß sie jeder Wahrscheinlichkeit entbehren. Leroux arbeitet mit dem Motiv des ›geschlossenen Raumes‹, wobei der Raum so hermetisch verriegelt ist, daß sich – anders als bei Poe oder Doyle – nicht einmal ein Tier Zugang verschaffen kann. Dieses Rätselmotiv wird durch ein weiteres, nicht minder frappierendes, ergänzt. Mit Lageplänen und einer ganzen Reihe verdächtig erscheinender Personen führt Leroux den Leser fortwährend in die Irre, dies um so mehr, als dem Leser zu wenig Anhaltspunkte für ein konstruktives Mitdenken gegeben werden. Das ›mystery‹-Element gewinnt ein Übergewicht, das zwar einerseits die Ausweitung zur großen Form des Romans rechtfertigt, andererseits aber die Voraussetzungen des ›fair play‹ vernachlässigt. Denn die Auflösung des Rätsels liegt nicht nur völlig außerhalb aller Denkbemühungen des Lesers, sondern verstößt zudem gegen ein tabu, das im allgemeinen, wenn auch nicht immer, von den Autoren der Gattung vor und nach Leroux eingehalten worden ist: der Verbrecher ist mit dem Detektiv identisch. Die Unangemessenheit dieser Konstellation spürte Leroux wohl selbst, denn er stellt seinem verbrecherischen Polizeiinspektor einen Journalisten und Amateurdetektiv namens Rouletabille zur Seite, der in späteren Romanen (z. B. »Le Parfum de la Dame en Noir«, 1908; »Rouletabille chez le Tzar«, 1913) die Hauptrolle spielt. In »Mystère de la chambre jaune« wird er in einem Methodenstreit vorgestellt, den er mit dem noch nicht als Verbrecher vorgestellten Inspektor führt. Auch diese theoretischen Teile des Romans zeigen, wie sehr Leroux sich Poe und Doyle verpflichtet weiß. Der Methodenstreit selbst, während dessen Rouletabille das Prinzip rationalistischer Analyse gegenüber der empiristischen Analyse als wirkungsvoller verteidigt, ist insofern ein Scheingefecht, als der Empiriker, der hier zugleich der Verbrecher ist, seine Methode nicht voll unter Beweis stellen kann, wenn er sich nicht verraten will. So gewinnt das analytische Element im Roman auch durch solch ein Zwischenspiel letztlich nicht an Boden. ›Mystery‹-Elemente und ›analysis‹-Elemente in einem den Leser aktivierenden Gleichgewicht zu halten, wird sich auch den späteren Autoren als schwierigste Aufgabe stellen. Bei Leroux führt die einseitige Akzentuierung der Rätselstellung zwar zu dem überraschenden Höhepunkt der Auflösung, dann aber zu der notwendig langen Erläuterung aller das Rätsel konstituierenden Umstände, was mit nahezu vollständigem Spannungsverlust verbunden ist. Immerhin wird hierbei der Beruhigungseffekt einmal überdeutlich sichtbar, den der Rätselroman der zwanziger und dreißiger Jahre stets ausspielt, nachdem er den Leser vorübergehend verunsichert hat.

Literatur:

Zu *Chesterton: G. K. Chesterton,* A Defence of Detective Stories (1901), in: H (deutsche Übersetzung in: V). *W. W. Robson,* G. K. Chesterton's ›Father Brown‹ Stories, in: Southern Review, V, 1969. *J. Symons,* Bloody Murder, From the Detective Story to the Crime Novel: A History, London, 1972. *P. G. Buchloh/J. P. Becker* (vgl. B/B). *W. W. Robson,* Father Brown an others, in: G. K. Chesterton. A centenary appraisal, London, 1974.
Zu *Bentley: F. Wölcken,* Der literarische Mord – Eine Untersuchung über die englische und amerikanische Detektivliteratur, Nürnberg, 1953.

Zu *Hornung:* F. *Depken*, Sherlock Holmes, Raffles und ihre Vorbilder. Ein Beitrag zur Entwicklungsgeschichte und Technik der Kriminalerzählung, Heidelberg, 1914.
Zu *Leblanc:* P. *Boileau/T. Narcejac* (vgl. B/N). *U. Schulz-Buschhaus* (vgl. S–B).
Zu *Freeman:* A. *Murch*, The Development of The Detective Novel, London, 1958. *J. Symons* (s. o.).
Zu *Futrelle:* A. *Murch* (s. o.).
Zu *Leroux:* A. *Murch* (s. o.). J. *Roudaut*, Gaston Leroux en relief, in: Critique 164, 1961 (in deutscher Übersetzung, gekürzt, in: V). *U. Schulz-Buschhaus* (vgl. S–B).

3.2.5. Der Detektivroman nach dem 1. Weltkrieg

In den zwanziger und dreißiger Jahren beendet der Detektivroman seine Entwicklung zum pointierten Rätselroman. Er mündet in ein von verschiedenen Autoren erstelltes Muster ein, das über Jahrzehnte bis in die Gegenwart nachgeahmt wird, – in der Zeit zwischen den Weltkriegen fast ausschließlich, heute eher beiläufig. Auch seine immense Auflagenhöhe trägt zur Etablierung seiner Gesetzmäßigkeiten bei. Seine Popularität, deren historische Ursachen zu erörtern sein werden, bewegt einzelne Autoren zur theoretischen Betrachtung ihrer Unterhaltungsprodukte. R. A. Knox, S. S. Van Dine u. a. fassen ›Regeln‹ für den Detektivroman zusammen (vgl. 1.2.2.); 1929 wird von Schriftstellern der Londoner ›Detection Club‹ gegründet, dessen Mitglieder die Einhaltung solcher Regeln beschwören müssen, usw. Derartige Gegebenheiten haben auch ihre Wirkung auf die Literaturkritik nicht verfehlt. Es ist inzwischen zur Konvention geworden, den Rätselroman als die ›typische‹ Ausprägung des Detektivromans anzusehen. (An diese Konvention hält sich auch Abschnitt 2.1. dieses Bandes, womit nicht die Meinung vertreten wird, daß in der ›typischen‹ Form des Detektivromans auch sein literarischer Höhepunkt liege.)
   Da sich die meisten Autoren seit dem 1. Weltkrieg mehr oder weniger übereinstimmend an den in Abschnitt 2.1. schon dargestellten Strukturmerkmalen und den mit ihnen verbundenen Unterhaltungseffekten orientieren, darf sich der folgende historische Abriß dieses Zeitraums auf die ausführlichere Behandlung von Agatha Christie als der für die Ausbildung des Rätselromans maßgeblichen Autorin, im übrigen auf die Nennung der wichtigsten Repräsentanten dieses Genres beschränken. Besondere Aufmerksamkeit verdienen allerdings diejenigen Autoren, die schon

bald versucht haben, das erstarrende Muster des Rätselromans auf-
zubrechen (vgl. bes. 3.2.5.2.).

3.2.5.1. Der pointierte Rätselroman

Im Jahre 1920 begann Agatha Christie ihre schriftstellerische Lauf-
bahn mit »The Mysterious Affair at Styles«. Danach erschien bis in
die siebziger Jahre fast jährlich ein neuer Band von ihr, jeder erfolgreich, so daß die Gesamtauflage ihrer Bücher hoch in die Millionen
geht. Am bekanntesten wurden wohl »The Murder of Roger Ack-
royd« (1926), »Murder on the Orient Express« (1934), »Death on
the Nile« (1937). »Hercule Poirot's Christmas« (1938) und »Ten
Little Niggers« (1940). Ihre Detektivromane sind weitgehend stan-
dardisiert (vgl. Revzin, in: V, 139) und entsprechen in ihrem Aufbau
im wesentlichen der in Abschnitt 2.1.1. gegebenen Folge. Zum
erstenmal in der Geschichte der Gattung gelingt es, alle denkbaren
mit der Struktur des Detektivromans (nicht des Thrillers) verbundenen Unterhaltungseffekte relativ gleichgewichtig ins Spiel zu bringen. Dies hat eine gewisse Nivellierung zur Folge. Hercule Poirot
oder Miss Marple als Detektive sind weit von den Überhöhungen
eines Sherlock Holmes entfernt; nur skurrile Züge sind als Merkmale geblieben. Auch die methodische Analyse ist nicht mehr von der
Konsequenz der berühmten Vorgänger. Poirot stößt beim Ordnen
der Fakten regelmäßig an eine Schranke, die nur eine plötzliche
Eingebung, wie sich alles zugetragen haben könnte, die Intuition,
überwinden kann; ohne sie wäre er erfolgos. Das beeinträchtigt
letztlich auch die Chancen des Lesers, so sehr dieser andererseits zu
eigenen Schlußfolgerungen ermutigt wird. Die eigentliche Leistung
der Autorin liegt in der Ausgewogenheit von Verrätselung, Ermittlung und Auflösung, die eine exzessive Gestaltung nur eines dieser
Momente (wie etwa noch bei Leroux) nicht mehr zuläßt.
Warum ihre Romane so populär werden konnten, erhellt eine
1974 erschienene Dissertation von G. Egloff, in der die Strukturhomologie zwischen dem Konstruktionsschema der Romane Agatha
Christies und der sozioökonomischen Lage der englischen ›middle
class‹ herausgestellt wird. Egloff beschreibt das rigide Formschema,
dem die Autorin jede Einzelheit ihrer Romane unterwirft (z. B. der
artifiziell umgrenzte Raum, der planmäßig begangene Mord, die
Begrenzung des Milieus, die konstanten Verhaltensschemata in der
Vorgehensweise des Detektivs, die Wiederherstellung der Ordnung
menschlichen Zusammenlebens am Schluß), und setzt diesen
»Zwang zur Ordnung« (100) in Beziehung zu dem für die englische
›middle class‹ nach dem 1. Weltkrieg charakteristischen Wunsch

nach einer hierarchischen Gesellschaftsstruktur und festen Wertvorstellungen. Dieser Wunsch wird als Reaktion auf die materiellen
Einbußen, die gerade diese Gruppe nach dem Krieg hinnehmen
mußte, plausibel erklärt. So läßt sich die Schlußfolgerung ziehen,
daß auf die ›middle class‹ gerade Detektivromane (A. Christie steht
hier durchaus exemplarisch für andere Autoren) besonderen Eindruck machten, weil die in ihnen angelegten Ordnungsprinzipien
und die in ihnen immer wiederhergestellte ›heile Welt‹ den Kompen-
sationswünschen dieser Lesergruppe entsprachen. Auf diese Weise
erklärt sich für Egloff auch der Massenabsatz der Detektivliteratur
gerade in England.

Neben A. Christie sind für die zwanziger Jahre vor allem Freeman
W. Crofts (»The Cask«, 1920; »Inspector French's Greatest Case«,
1925) mit der Rückkehr zum Polizeidetektiv und Henry C. Bailey
(»Call Mr. Fortune«, 1920) mit einem an Chestertons Pater Brown
erinnernden Detektiv zu nennen, daneben mit hoch eingeschätzten
Büchern Alan A. Milne (»The Red House Mystery«, 1921), Alfred
E. W. Mason (»The House of the Arrow«, 1924), Williard H. Wright
(alias S. S. Van Dine) (»The Benson Murder Case«, 1926), Anthony
B. Cox (»The Poisoned Chocolate Case«, 1925), der als Francis Iles
auch berühmt gewordene Thriller schrieb (vgl. 3.3.2.). Auch Doro-
thy Sayers läßt sich mit ihrem Frühwerk (beginnend mit »Whose
Body«, 1923) zu dieser Gruppe zählen.

In den dreißiger Jahren ist aus der Vielzahl der erscheinenden
Detektivromane »The Hollow Man« (1935) von John Dickson Carr
hervorzuheben, von vielen als der Rätselroman par excellence angesehen, mit der berühmten ›locked-roomlecture‹ des 17. Kapitels
(vgl. a. in: H, 273 ff.), die sich fast schon als Apologie lesen läßt. In
der Tat beginnen in diesem Jahrzehnt schon die vielen Ansätze zu
einer Neugestaltung des Detektivromans, bis hin zu den Romanen
der ›hard-boiled school‹ (die hier unter 3.3.3. dem Thriller zugerechnet werden), während sich der reine Rätselroman – was sein Reper-
toire an Ideen angeht – zunehmend abnutzt, ohne daß dies seiner
kommerziellen Ausnutzung, von der auch eine Agatha Christie
profitiert, schadet. Neben Carr (oft als Carter Dickson publizie-
rend) bewiesen auch Frederic Dannay und Manfred B. Lee, bekannt
unter dem Pseudonym Ellery Queen, Originalität, besonders in
ihren Detektiverzählungen, wie sie überhaupt die ›short detective
story‹ durch das von ihnen seit 1941 herausgegebene ›Ellery Queen's
Mystery Magazine‹ und durch zahlreiche Anthologien förderten.
Unter den Autoren, welche die Tradition des Rätselromans mit
neuen Ideen teilweise bis in die Gegenwart fortsetzen, verdienen mit
ihren bekanntesten Titeln besondere Erwähnung (– eine Auswahl ist

hier unumgänglich): Rex Stout (»Fer-de-Lance«, 1934; »The Red Box«, 1937) mit dem unbeweglich fetten Nero Wolfe, der seine Fälle aus dem Sessel heraus löst; Cecil Day Lewis (alias Nicholas Blake) (»Malice in Wonderland«, 1940); Leslie Charter Bowyer Lin (alias Leslie Charteris) (»Enter the Saint«, 1930); Georgette Heyer (»Merely Murder«, 1935; »A Blunt Instrument«, 1938); Ngaio Marsh (»A Man Lay Dead«, 1934; »Enter A Murderer«, 1935); Margery Allingham (»Black Plumes«, 1940), die sich zunehmend am viktorianischen Kriminalroman orientiert und viel Wert auf die Schilderung von Familienverhältnissen legt, neben Detektivromanen aber auch eine Reihe guter Spionageromane geschrieben hat; John Innes Makkintosh Stewart (alias Michael Innes), der wie vielleicht kein zweiter den Detektivroman zu einer schwierigen, oft belehrenden Lektüre voller literarischer Anspielungen und Zitate entwickelt hat (»Hamlet, Revenge!«, 1937; »Lament For a Maker«, 1938) und später wie M. Allingham Spionageromane schrieb; der von Innes beeinflußte, viel Humor in die Gattung hineintragende Robert B. Montgomery (alias Edmund Crispin) (»The Moving Toyshop«, 1946; »Buried For Pleasure«, 1948), der auch Detektiverzählungen schrieb (gesammelt in »Beware of the Trains«, 1953), die in ihrer Qualität an Harry Kemelmans ›Nicky-Welt-Geschichten‹ (»The Nine Mile Walk«, 1967) heranreichen; Margaret Millar (»The Soft Talkers«, 1957); Elisabeth Mackintosh (alias Josephine Tey) mit ihrem Roman »The Daughter of Time« (1951), dessen Detektiv aufgrund Quellenstudiums einen ›historischen‹ Fall zu lösen versucht; Phyllis Dorothy James (»A Taste for Death«, 1969); Ruth Rendell (»Shake Hands For Ever«, 1975; »Death Notes«. 1981).

Eine Parodie auf den Detektivroman schreibt Marion Mainwaring (»Murder in Pastiche«, 1954); parodistische Züge tragen auch die Romane des Engländers H. R. F. Keating (»The Perfect Murder«, 1964; »Inspector Ghote Hunts the Peacock«, 1968; »Inspector Ghote goes by Train«, 1971), dessen Detektiv Inspector Ghote dank seiner Ungeschicklichkeiten in fatale Situationen gerät, die so detailliert beschrieben werden, daß das Gattungsmuster sich darüber aufzulösen beginnt. Voll origineller Einfälle und voll von schwarzem Humor sind die Erzählungen von Stanley Ellin (»Mystery Stories«, 1956; »The Blessington Method and Other Strange Tales«, 1964) und von Patrick Quentin (»The Ordeal of Mrs. Snow«, 1961), die ebenfalls die Regeln des Genres überschreiten. In die Groteske münden schließlich die Kriminalromane des als Science Fiction-Autor berühmten Polen Stanislaw Lem. In »Sledztwo« (1959) (deutsch: »Die Untersuchung«) scheitern Detektiv und Leser an einem Geheimnis, dem man sich allenfalls hypothetisch anzunähern vermag. Als eines der interessantesten Experimente des Detektivromans – und insofern durchaus auch in den nächsten Abschnitt (3.2.5.2.) einzugliedern – erschien 1980 Umberto Ecos »Il nome della rosa« (deutsch: »Der Name der Rose«, 1982), ein Buch, das schnell zum Weltbestseller wurde. Eco reichert das traditionelle komplexe Schema, dessen Verwendung er mit der Namensgebung seiner Protagonisten (William von Baskerville, Adson von Melk) und mit der Darstellung einiger auf Doyles Figuren zu beziehender Verhaltensweisen ironisch und witzig zu erkennen gibt, um lange und höchst gelehrte Darlegungen verschiedenster Aspekte der mittelalterlichen Geschichte an, so daß selbst Mediävisten unter den Lesern auch in wissenschaftlicher Hinsicht auf ihre Kosten kommen können. Das Kunststück Ecos besteht nicht zuletzt darin, daß die Reflexionen Williams über Sinn und Methoden der Verbrechensaufklärung dem Bewußtseinsstand des späten Mittelalters entsprechen, in dem ›Aufklärung‹ etwas Neues und die Zukunft Weisendes war, und doch zugleich das gedankliche Niveau der modernen Detektive weit übersteigen.

Literatur:

Gesamtdarstellungen des Zeitraums u. a.: Wölcken, Murch, Symons, Buchloh/ Becker (vgl. B/B) (Titel vgl. unter 1.2.2. – Zur Geschichte des Kriminalromans). Zu einzelnen Autoren vgl. Reclams Kriminalromanführer, hg. von *A. Arnold* u. *J. Schmidt,* Stuttgart, 1978.
Zu *Christie: I. I. Revzin,* K semioticeskomu analizu detektitov. Na primere romanov Agaty Kristi (zuerst 1964) (deutsch: Zur semiotischen Analyse des Detektivromans am Beispiel der Romane Agatha Christies, in: V). *G. C. Ramsay,* Agatha Christie, Mistress of Mystery, New York, 1967. *G. Egloff,* Detektivroman und englisches Bürgertum. Konstruktionsschema und Gesellschaftsbild bei Agatha Christie, Düsseldorf, 1974. *H. R. F. Keating* (Hg.), Agatha Christie: First Lady of Crime, London, 1977. *G. Egloff,* Mordrätsel oder Widerspiegelung der Gesellschaft? Bemerkungen über die Forschung zur Kriminalliteratur, in: Sch. *I. Tschimmel,* Kriminalroman und Gesellschaftsdarstellung. Eine vergleichende Untersuchung zu Werken von Christie, Simenon, Dürrenmatt und Capote, Bonn, 1978. *R. Barnard,* A Talent to Deceive: An Appreciation of Agatha Christie, London, 1980. *U. Suerbaum,* 1984 (vgl. S). *J. Morgan,* Agatha Christie. Eine Biographie, Hamburg, 1986.
Zu *Stout: I. M. Gerhardt,* Homicide West: Some Observations on the Nero Wolfe Stories of Rex Stout, in: English Studies 49, 1968. *W. S. Baring-Gould,* Nero Wolfe of West Thirty-fifth Street, New York, 1969.
Zu *Carr: U. Schulz-Buschhaus* (vgl. S–B).
Zu *Marsh: H. Carter,* Crime Pays, in: The Guardian 22, 1972.
Zu *Allingham: J. P. Becker,* Sherlock Holmes & Co. Essays zur englischen und amerikanischen Detektivliteratur, München. 1975.
Zu *Innes: J. P. Becker* (vgl. u. Allingham). *V. Neuhaus,* Michael Innes: ›From

London far‹, Spiel und Glasperlenspiel im Detektivroman, in: Euphorion, 1977. *U. Suerbaum*, 1984 (S).

Zu *James: U. Suerbaum*, Neues vom Krimi? P.D. James und die Veredelung des Detektivromans. In: *H.-J. Diller u.a.* (Hg.), Crime and Treachery. Neuere Kriminal- und Spionageliteratur, Heidelberg, 1989.

Zu *Ellin: Arno Schmidt*, Die 10 Kammern des Blaubart, in: ders., Trommler beim Zaren, Karlsruhe, 1966. *J. Symons*, The Short Crime Story and Stanley Ellin, in: S. Ellin, The Blessington Method, Harmondsworth, 1971. *U. Schulz-Buschhaus*, Scheiternde Detektive und erfolgreiche Diener im Haus der Billionen – Stanley Ellins ›Very Old Money‹, in: *H.J. Diller u.a.* (Hg.) Crime and Treachery. Neuere Kriminal- und Spionageliteratur, Heidelberg, 1989.

Zur *Detektiverzählung: E. Queen (M. D. Lee/F. Dannay)*, The Detective Short Story: A Bibliography, Boston, 1942. *E. Queen (M. D. Lee/F. Dannay)*, Rogue's Gallery. The Great Criminals of Modern Fiction, Boston, 1945. *E. Queen (M. D. Lee/F. Dannay)*, Queen's Quorum – History of the Detective Short Story. Boston, 1951. *P. A. Ruber/W. S. Daliba*, The Detective Short Story (a Bibliography), New York, 1961.

Zu *U. Eco: U. Suerbaum* 1984 (vgl. S). *U. Schulz-Buschhaus*, Kriminalroman und Post-Avantgarde, in: Merkur 41, 1987.

3.2.5.2. Varianten (D. Sayers, G. Simenon, F. Glauser u. a.)

Besonders innovative Spielarten des Detektivromans gelingen unter Beibehaltung seiner analytischen Erzählstruktur Dorothy Sayers und George Simenon. Beide bemühen sich um einen neuen Realitätsbezug der Gattung.

D. Sayers versucht den Detektivroman in die Tradition des realistischen Romans zurückzulenken, in der er sich bei Collins befunden hatte. Eine Voraussetzung dafür ist der Verzicht sowohl auf die für den Rätselroman charakteristische Häufung irreführender Spuren als auch auf den Sensationscharakter der Pointe. Auf diese Weise kann der Leser sogar chancenreicher an der Lösung des Falles ›mitarbeiten‹, zumal er von der das ›fair play‹ respektierenden Autorin immer ausreichende Informationen erhält; er kann zugleich auch mit größerer Aufmerksamkeit Milieustudien und Nebenhandlungen verfolgen, die einzelne Personen besser ausleuchten, wie auch Gespräche, in denen unter anderem psychologische und moralische Implikationen des Verbrechens und der Detektion erörtert werden. In »Gaudy Night« (1935) und »Busman's Honeymoon« (1937), den Romanen, in denen die reflektierende Position der Sayers am deutlichsten ist, werden ihre Detektive Harriet Vance bzw. Lord Peter Wimsey – der letztere in früher erschienenen Romanen Prototyp des distanzierten Scharfsinnshelden – so sehr in die erzählte Geschichte einbezogen, daß sie ihre Verwicklungen nicht mehr interesselos als bloße Probleme betrachten, sondern beteiligt erleben. Damit wird das Bild des Detektivs entscheidend verändert, zugleich aber auch die Rolle des Lesers. Erscheint dem Detektiv die Wirklichkeit nicht nur zum Zweck der Scharfsinnsprobe, so erweitert sich auch der Wahrnehmungsbereich des Lesers. Dies geht auf Kosten seines Gespanntseins, jedoch nicht unbedingt seiner Teilnahme, die möglicherweise überhaupt erst geweckt wird. Das Problem des Sayerschen Versuchs liegt in der Gefahr des Auseinanderklaffens von detektivischem Fall einerseits, begleitender Handlung und Milieudarstellung andererseits, die dann zur bloßen Dekoration verkommen, – einer Gefahr, der D. Sayers nur in »Gaudy Night« ganz entgangen ist. Hier allerdings gelingt die Verklammerung von Milieu, Gedankenwelt und Interessen der Personen, Verbrechen und Aufklärungsarbeit so überzeugend, daß dieser Roman zu den gelungensten Beispielen der Gattung gehört.

Die schriftstellerischen Fähigkeiten Georges Simenons wirken im Vergleich zu denen D. Sayers' sehr viel ärmer, aber er verfolgt ähnliche Intentionen wie sie. Auch sein Detektiv, Kommissar Maigret, erscheint ›humanisiert‹, zwar nicht durch Verstrickungen in das Schicksal der am Kriminalfall beteiligten Personen, sondern durch seine soziale Integration in die Welt der Kleinbürger und durch sein Bemühen, die Gründe des Verbrechens vornehmlich aus den Bedingungen des sozialen Milieus heraus zu verstehen. Durch die rund 80 Maigret-Romane Simenons, die zwischen 1929 und 1973 erschienen, bleibt Maigret der verheiratete Berufspolizist mit festen, breit dargestellten Angewohnheiten, ganz der Alltäglichkeit seiner Existenz (dem Wein, seinen Pfeifen, dem guten Essen, kleineren Beschwerlichkeiten, usw.) hingegeben. Er hat nichts von der Exzeptionalität und Omnipotenz eines Sherlock Holmes, dafür viel praktischen Sinn, wie ihn einst Gaboriaus Lecoq besaß. Mit der Zurücknahme der Identifikationsfigur aus dem Bereich des ›Über-Bürgerlichen‹ in den des Kleinbürgers erschließt sich Simenon ein breites Publikum, das sich sowohl dem Verhalten des Helden als auch seinen Anschauungen verbunden fühlen kann; der Verzicht auf jegliche Überhöhung Maigrets bietet gleichzeitig die Voraussetzung, den Blick des Lesers auf die realen Bedingungen der Arbeit des Detektivs zu lenken. Damit wird aber auch das Verbrechen realistischer gesehen. Es ist nicht länger der Inbegriff des Unerhörten, hat nichts von der konstruierten Außergewöhnlichkeit wie im pointierten Rätselroman, sondern erwächst den Umständen alltäglichen Lebens. Wie sehr Simenon die psychischen und sozialen Ursachen des Verbrechens interessieren, beweist die Zurückstellung der Frage nach dem Täter (Whodunit?) gegenüber der Frage nach dem Motiv der Tat.

Die Identität des Verbrechers ist Maigret wie dem Leser oft längst bekannt, während Maigret noch immer nach den Veranlassungen des Verbrechens sucht und erst abläßt, wenn er sie verstanden hat (vgl. z. B. »Les vacances de Maigret«, 1947; »Maigret tend un piège«, 1955). Schulz-Buschhaus (S-B, 172) nennt Maigret deshalb den ›Hermeneutiker‹ unter seinen literarischen Kollegen, womit er ein sehr negatives Urteil Brechts korrigiert, der Simenon vorgeworfen hatte, er lasse seinen Detektiv ahnen statt denken (vgl. Arbeitsjournal v. 1 7. 12. 42), ein Urteil, das Boileau und Narcejac mit Brecht teilen. Bei der umfassenden Verstehensbereitschaft des Detektivs erscheint der Ermordete manchmal bösartiger als der Mörder (z. B. »La colère de Maigret«, 1962), so daß der Leser mit diesem sympathisieren muß (vgl. B/N, 12), ein Motiv, das bei Sjöwall/Wahlöö wieder wichtig wird (vgl. 3.4.). Daß Simenon den Verbrecher mit Vorliebe in großbürgerlichen Gruppen ansiedelt (z. B. »Maigret se trompe«, 1953) und im Zuge der Ermittlungen Maigrets die zunächst als verdächtig dargestellten ›kleinen Leute‹ rehabilitiert, gibt seinen Romanen zum Teil sozialkritische Züge, läßt aber wohl auch das kommerzielle Interesse des Autors erkennen, diese ›kleinen Leute‹ als breite Leserschaft für sich zu gewinnen. Daß er seine vielen Leser bei aller Vernachlässigung aktionistischen Geschehens und zugleich der ›mystery‹-Elemente dennoch zu unterhalten vermag, verdankt er dem Einfall, die alltäglich sich wiederholenden Gewohnheiten seines Helden so liebevoll herauszustellen, daß vor ihnen jede Unterbrechung schon als Abenteuer erscheint. In dieser »Versöhnung von Abenteuer und Alltäglichkeit«, mit der er den Detektivroman in eine volkstümliche Spielart des realistischen Romans zurückführt (vgl. S-B, 166, 177), liegt vielleicht der wesentliche Grund für Simenons andauernden Erfolg.

Ähnlichkeiten mit Simenons Romanen weisen die Detektivromane des Schweizers Friedrich Glauser auf (»Wachtmeister Studer«, 1936; »Matto regiert«, 1936; »Die Fieberkurve«, 1938; »Der Chinese«, 1938; „Krock und Co.'', 1941). Nicht nur die verstandnisvolle Darstellung des kleinbürgerlichen Milieus, dem Verbrecher wie Opfer entstammen, läßt an Simenon denken, sondern vor allem die Gestalt des Wachtmeisters Studer, der in Anlehnung an Maigret konzipiert zu sein scheint, aber dessen Verstehensbereitschaft noch übertrifft. Seit der umfassenden Monographie G. Saners (1981) ist man darauf aufmerksam geworden, daß Glausers Erzählen eng mit seiner Biographie zusammenhängt und daß zumal seine Auseinandersetzung mit der Psychoanalyse, die er als ein an den Normen der Gesellschaft Gescheiterter und schließlich in einer psychiatrischen Anstalt Internierter kennenlernte, bestimmte Konsequenzen für sein Werk gehabt hat. Nicht nur läßt Glauser in »Matto regiert«, seinem wichtigsten Roman, in dem der Kriminalfall in einer Heil- und Pflegeanstalt angesiedelt ist, den Detektiv mit einem Psychiater gemeinsam das ohne dessen Hilfe nicht erfaßbare Geschehen analysieren; Studer selbst entwickelt gerade in diesem Roman (vgl. Ruoss, 1987, S. 64) das Gefühl, sich vor eindeutigen Urteilen über Menschen und entsprechend vor Verurteilungen hüten und sich stattdessen um die Erkenntnis der Beweggründe auch für verbrecherisches Handeln bemühen zu müssen.

Seinen bekanntesten Nachahmer hat Simenon in Nicolas Freeling (»Love in Amsterdam«, 1962; »Double Barrel«, 1964; »Criminal Conversation«, 1965; »The King of The Rain Country«, 1966; »Tsing-Boum«, 1969, u. a.) gefunden. Freelings Polizeidetektiv Van der Valk ist nach den gleichen Prinzipien wie Maigret entworfen, was Unterschiede im einzelnen (z. B. in der äußeren Erscheinung) nicht ausschließt, im wesentlichen aber eine Übereinstimmung hervorruft, die von der Methode des Vorgehens bis zur Verankerung des Detektivs in Alltag und Häuslichkeit reicht. Auch die forschende, fast neugierige Haltung Van der Valks gegenüber dem Verbrechen ist derjenigen Maigrets ähnlich. Dies bedingt zugleich eine intensive Beschäftigung mit dem Milieu, in dem das Verbrechen sich ereignet. Freelings Bücher sind voller Lokalstudien (vornehmlich Hollands); zugleich aber – und dies ist eine entscheidende Erweiterung gegenüber Simenon – arbeitet er zeitgeschichtliche oder aktuelle politische Ereignisse in seine Bücher ein und bezieht Verbrechen auch auf die Erfahrungen des Menschen mit der Geschichte.

Einflüsse Freelings, besonders was die Milieudarstellung angeht, sind bei dem Holländer Janwillem de Wetering (u. a. »Buitelkruid«, 1975) nicht zu verkennen. Zu beobachten ist die Zunahme der ›action‹-Elemente in der analytischen Gesamtdarstellung. Zu den bekannten Vertretern eines realistischen Detektivromans gehört auch der Italiener Giorgio Scerbanenco (u. a. »Traditori di tutti«, 1966, deutsch: »Doppelt gekillt hält besser«), der resigniert die Vergeblichkeit polizeilicher Arbeit herausstellt.

In der deutschen Kriminalliteratur der Gegenwart knüpfen die als Vorlagen für die ›Tatort‹-Folgen des Fernsehens konzipierten Romane des zuerst als Jacob Wittenbourg publizierenden Friedhelm Werremeier (u. a. »Taxi nach Leipzig«, 1970; »Ein EKG für Trimmel«, 1972; »Trimmel macht ein Faß auf«, 1973) am ehesten an den Polizeiroman im Gefolge Simenons an. Obwohl die Arbeit des Polizeiapparats akzentuiert wird, liegt die aktuelle Gesellschaftskritik, die der Autor seinen Romanen hinzufügt, im Bereich des Verbrechens (Umweltverschmutzung, Manipulation von Computern, usw.). Ähnlich wie Werremeier legt Pieke Biermann (»Potsdamer Ableben«, 1987; »Violetta«, 1990) viel Wert auf die Darstellung der täglichen Routinearbeit eines Polizeiteams; es wird von einer Kommissarin angeführt, die über gute Verbindungen zur Berliner Prostituiertenszene verfügt, was zu genügend Gelegenheiten führt, mit gängigen Vorurteilen aufzuräumen und darauf hinzuweisen, daß Kriminalität bzw. Gewaltbereitschaft ganz woanders angesiedelt ist als gerade dort. Um Realitätsnähe und Milieustudien bemühen sich auch viele andere deutsche Autoren, ob sie nun die Aufmerksamkeit des Lesers eher auf Ermittlerfiguren lenken wie Hanjörg Martin (»Kein Schnaps für Tamara«, 1966), Felix Huby (»Der Atomkrieg in Weihersbronn«, 1977), Jörg Fauser (»Das Schlangemaul«, 1985), Jakob Arjouni (»Happy birthday, Türke!«, 1987) oder sich wie Fred Breinersdorfer (»Noch Zweifel, Herr Verteidiger?«, 1983; »Der Dienstagmann«, 1984) um die Entwicklung eines Justizkrimis bemühen, der die Situation Beschuldigter nach ihrer Festnahme zu beleuchten versucht, oder ob sie sich eher für die Entstehungsmechanismen von Verbrechen und die Tatmotive des Verbrechers interessieren wie Irene Rodrian (»Tod in St. Pauli«, 1967; »Der Tod hat hitzefrei«, 1976; »Schlaf, Bübchen, schlaf«, 1980), Thomas Andresen (»Nur über Meiners Leiche«, 1976), Stefan Murr (»Vorsicht – Jaczek schießt sofort«, 1975) und Paul Henricks (»Eine Maßnahme gegen Franz«, 1977). Sie alle verfolgen dabei bewußt auch sozialkritische Intentionen, die allerdings nicht immer voll in der Handlung aufgehen, sondern oft nur zu illustrativen Zusätzen führen. Inwieweit ›Frauenkrimis‹, wie sie beispielsweise seit kurzem in der ›Ariadne-Reihe‹ publiziert werden (vgl. Haug, 1988), wirkliche Neuansätze des Kriminalromans im Sinne neuer Wahrnehmungen von Kriminalität, neuer Ermittlungsmethoden und neuer literarischer Gestaltungen sind und nicht nur den Alltag von Frauen in die Handlung einfügen und einzelne Beispiele weiblicher Emanzipation und Solidarität vorführen, bleibt noch zu untersuchen. Daß hier auch Fallstricke liegen können, belegt der inzwischen mehrfach aufgelegte Roman »Weinschröter, du mußt hängen« (1988) von Doris Gercke. Anders als P. Biermann, mit der sie fälschlicherweise oft in einem Atemzug genannt wird, verlagert sie den Schauplatz des Geschehens in ein Dorf, in dem eine auf besonders schändliche Weise vergewaltigte und danach verstörte Frau sich durch dreifachen Mord an den Tätern rächt. Die Verstehensfähigkeit und Solidarität der Polizeikommissarin, die weiß, wer die Mörderin ist, geht hier so weit, daß sie den letzten Mord, den sie hätte verhindern können, innerlich gutheißt und geschehen läßt. Hier wird nicht nur eine Grenze des Kriminalromans überschritten. Doris Gercke scheint dies zu spüren, wenn sie ihre Detektivin am Ende daran denken läßt, ihr Entlassungsgesuch zu schreiben. Eine nahtlose Verquickung von aufklärerischer Gesellschaftskritik und einer dem Muster des Detektivromans verpflichteter unterhaltender Handlung gelingt unter den deutschen Autoren besonders eindrucksvoll Michael Molsner, -ky und Richard Hey (vgl. zu ihnen ausführlich 3.4.).

Literatur:

Zu *D. Sayers: L. Pohl,* Studien zum Sprachgebrauch von Dorothy L. Sayers, Diss. Jena, 1957. *U. Schulz-Buschhaus* (vgl. S–B). *M. P. Hannay* (Hg.), As Her Whimsey Took Her: Critical Essays on the Work of Dorothy L. Sayers, Kent (Ohio), 1979. *M. B. Durkin,* Dorothy L. Sayers, Boston, 1980. *T. H. Hall,* Dorothy L. Sayers: Nine Literary Studies, London, 1980. *U. Suerbaum,* 1984 (vgl. S). *M. Siebald,* Dorothy L. Sayers, Wuppertal/Zürich, 1989.

Zu *Simenon: T. Narcejac,* Le Cas Simenon, Paris, 1950. *Q. Ritzen,* Simenon, avocat des hommes, Paris, 1961. *B. de Fallois,* Simenon, Paris, 1961. *J. Raymond,* Simenon in Court. A Study, London, 1968. *E. Schütz,* Verbrechensals Verstehensprosa. Überlegungen anhand der ›Simenon-Kur‹, in: Sch. *I. T-schimmel,* Kriminalroman und Gesellschaftsdarstellung. Eine vergleichende Untersuchung zu Werken von Christie, Simenon, Dürrenmatt und Capote, Bonn, 1978. *C. Schmölders/C. Strich,* Über Simenon, Zürich, 1978. F. Bresler, Georges Simenon, Hamburg, 1985.

Zu *Glauser: G. Hensel,* Fluchtversuche aus der Trivialliteratur, in: R/Z. *E. Jaksch,* Friedrich Glauser, Anwalt der Außenseiter, 1976. *H. D. Zimmermann,* Die schwierige Kunst des Kriminalromans. Zum Werk des Schweizers Friedrich Glauser, in: GRM, 1978, H. 3. *G. Saner,* Friedrich Glauser, Biographie und Werkgeschichte, 2 Bde, Frankfurt/M und Zürich, 1981. *H. Ruoss,* ›Spotten Sie nicht über Kriminalromane!‹ Gründe und Hintergründe von Friedrich Glausers Erzählen, in: dh 148, 1987.

Zum deutschen Kriminalroman der Gegenwart: M. Schmitz/M. Töteberg, Mord in der Lüneburger Heide. Über-ky und andere Autoren des neuen deutschen Kriminalromans, in: Basis. Jahrbuch für deutsche Gegenwartsliteratur. Bd. 8, hg. v. R. Grimm und J. Hermand, Frankfurt, 1978. *K.-D. Walkhoff-Jordan,* Bibliographie der Kriminalliteratur 1945–1984 im deutschen Sprachraum, Berlin 1985. *T. Radewagen,* Ein deutscher Fernsehbulle. Trimmel – der ›Tatort‹-Star und seine Mediengenese. Eine vergleichende Untersuchung von Werremeiers Kriminal-Romanen und ›Tatort‹-Drehbüchern, Berlin, 1985. *J. P. Becker/P. G. Buchloh,* Ist der Kriminalroman im traditionellen Sinn in Deutschland möglich?, in: E/G. *F. Breinersdorfer,* Wider den Polizistenroman, in: E/G. *U.-M. Heim,* ›Postmodern‹ – wieso? Fred Breinersdorfers Neuer Deutscher Krimi, in: dh 144, 1986. *K. Hickethier,* Der alte deutsche Kriminalroman, in: dh 144, 1986. *M. Diedel-Käßner,* Die verlorene Souveränität des Detektivs. Einige deutsche und angelsächsische Autoren als ›Aufklärer‹, in: dh 144, 1986. *R. Kost,* Der Bulle mit der Maske, Friedhelm Werremeier, Paul Trimmel und die deutschen Kommissare, in: dh 144, 1986

(Vgl. auch die Literaturangaben unter 3.4.)

Speziell zum Kriminalroman von Frauen: J. Mann, Deadlier than the Male. An Investigation into Feminine Crime Writing, Newton Abbot, 1981. *C. Berens,* Verwischte Spuren, Die Detektivin als literarische Wunschfigur in Kriminalromanen von Frauen, in: *R. Berger* (Hg.), Weiblichkeit und Tod in der Literatur, Köln/Wien, 1987. *F. Haug,* Ariadne spinnt den Faden noch oder: Gibt es überhaupt eine feministische Kriminalliteratur?, in: Das Argument 30, 1988. *M. Slung,* Frauen in der Kriminalliteratur, in: *J. Ball* (Hg.), Morde, Meister und Mysterien. Die Geschichte des Kriminalromans, Frankfurt/M, 1988. *H. Hellmann* u. *U. Hölzer,* Die Morde der Lady ABC oder ›Mehr Arbeit für den Totengräber‹. Kriminalromanautorinnen, in: *Gnüg/Möhrmann* (Hg.), Schreibende Frauen. Frauen-Literatur-Geschichte. Vom Mittelalter bis zur Gegenwart, Frankfurt/M, 1989.

3.2.5.3. Destruktionen (Dürrenmatt, Robbe-Grillet, Handke)

Versuchen D. Sayers, Simenon, Freeling u. a., das erstarrende Schema des Detektivromans durch Varianten am Leben zu erhalten, versuchen andere Autoren sogar, den Detektivroman für aufklärerische Intentionen zu nutzen (vgl. 3.4.), so entscheiden sich Dürrenmatt, Robbe-Grillet und Handke aus unterschiedlichen Motiven heraus für den Weg der literarischen Destruktion der Gattung. Am zögerndsten verhält sich Dürrenmatt hierbei, der nicht verleugnen kann, daß der Kriminalroman ihn fasziniert (vgl. »Theaterprobleme«, 1964). Sein erster Detektivroman »Der Richter und sein Henker« (1952) parodiert zwar die tradierte Figur des Detektivs, ist nichtsdestoweniger oder gerade deswegen aber ein besonders interessantes Beispiel der Gattung, da es ihr Unterhaltungsschema zum Anlaß nimmt, Probleme des Rechtsbruchs und der Rechtsverwirklichung zu thematisieren. Dürrenmatt zeigt sich um eine Unterscheidung zwischen dem trivial Bösen (dem Verbrechen aus menschlich erklärlichen Motiven) und dem radikal Bösen (dem Verbrechen als Beweis für die Möglichkeit einer bindungslosen, also inhumanen Freiheit) bemüht und wirft die Frage auf, ob die Rechtsverwirklichung (gegen das radikal Böse) auch den Rechtsbruch des Ermittelnden erlaubt, wenn anders der Schuldige nicht zu überführen ist. Entscheidet sich Dürrenmatts Detektiv in diesem Roman für den Rechtsbruch, so hat er in dem 1953 erschienenen Roman »Der Verdacht« angesichts einer ähnlichen Problemstellung seine Entscheidungsfreiheit verloren. Die Figur des Detektivs wird von Dürrenmatt demontiert. Der Detektiv wird zum Opfer des Verbrechers, eines ehemaligen KZ-Arztes, und entkommt nur durch einen als ›deus ex machina‹ fungierenden Juden, der ihm gleichsam programmatisch erklärt: »Die Zeiten sind vorüber, wo es genügt, etwas scharfsinnig zu sein, um die Verbrecher, mit denen wir es heute zu tun haben, zu stellen.« Genau diese Skepsis gegenüber der Möglichkeit, das Recht in einer ›heillosen‹ Welt zu verwirklichen, führt Dürrenmatt zur Konstruktion seines vorläufig letzten Detektivromans (»Das Versprechen«, 1957), der nicht mehr nur die Figur des Detektivs, sondern das Muster der Gattung überhaupt ad absurdum führen will.

Kircher (1978, 199) sieht in diesem Roman das direkte Gegenstück zu Poes Erzählung »The Murders in the Rue Morgue«. Während in deren Rahmenhandlung Dupins Kunst der ›ratiocination‹ vorgeführt wird, benutzt Dürrenmatt in seinem Roman eine Rahmenhandlung zur Erklärung, daß in Wirklichkeit der Zufall regiere, daß die Wirklichkeit sich nicht der Logik unterwerfe, daß die Wirklichkeit in den dramaturgischen Regeln der Schriftsteller nicht aufgehe. Als Exempel dient die Geschichte eines Detektivs, dessen logisch konsequenter Plan, einen Mörder zu überführen, wegen eines grotesken Zufalls fehlschlägt. Sinnbildlich läßt Dürrenmatt den Detektiv darüber in Wahnsinn versinken. Die im ›Verdacht‹ geäußerte Kritik an der Hilflosigkeit des Detektivs angesichts ›moderner‹ Verbrechen wird im »Versprechen« insofern verharmlost, als es hier gar nicht mehr um ein Verbrechen geht, das so unfaßbar ist, daß menschliche Vorstellungskraft sich darauf nicht einrichten kann, sondern lediglich um die Unangemessenheit einer detektivischen Methode dem Zufall gegenüber. Hierzu läßt sich sagen, daß ein solcher Einwand den Leser, der weiß, daß der Detektivroman ein Spielfeld mit festgesetzten Regeln ist, wenig berühren kann, zumal der Zufall, wenn er so zielgerichtet wie bei Dürrenmatt eingesetzt wird, als dramaturgische Konstruktion gut zu den übrigen Unwahrscheinlichkeiten des Genres paßt (vgl. dazu Zimmermann, 1978, 347, und Waldmann, in: V, 206 ff.).

Bleibt die Struktur des Detektivromans bei Dürrenmatt durchweg erkennbar, so wird sie bei Allain Robbe-Grillet bis zur Unkenntlichkeit zersplittert. Für ihn ist das allgemein bekannte Muster des Detektivromans nur Mittel zum Zweck, auf besonders wirksame Weise Irritationen zu erzielen, die sich aus der Enttäuschung von Erwartungen ergeben. Er hofft durch die Verschachtelung von Erzählteilen und Zeitebenen (vgl. »Les gommes«, 1953), durch die Eindeutigkeit verweigernde Zerstörung erzählerischer Kausalität und Kontinuität (vgl. »Le voyeur«, 1955), durch eine ins Extrem getriebene Technik des Variierens einzelner Episoden, durch welche Personen entpsychologisiert, ja austauschbar werden und Handlungsausschnitte sich selbst parodieren (vgl. »La maison de rendezvous«, 1965), eine Aktivierung der Imagination des Lesers hervorzurufen, die diesem die Überwindung der von den ›modernen Mythen‹ (Barthes) ausgehenden Zwänge und Ängste erleichtern helfen soll (vgl. dazu Kircher, 1978, 207).

Deutlich von Robbe-Grillet beeinflußt zeigt sich Peter Handke. In seinem ›Roman‹ »Der Hausierer« (1967) werden die einzelnen Kapitel typographisch jeweils in zwei Teile zergliedert: Im einen legt Handke in einer kenntnisreichen theoretischen Erörterung (allmählich) das Muster des Detektivromans bloß, im anderen zeigt er jeweils Bruchstücke von Situationen, die sich veranschaulichend auf das gerade zuvor Erörterte beziehen sollen. Diese erzählerischen Partien ergeben allerdings keine zusammenhängende Geschichte, nicht einmal zusammenhängende Situationen, sondern sind eine »Summierung von mehr oder weniger heterogenen Sätzen« (Kircher, 1978, 208). Handke will damit auch lediglich transparent werden lassen, wie Situationen, Stimmungen und Spannung im Detektivroman prinzipiell konstruiert werden –, in der Hoffnung allerdings (dies hat er in einem Aufsatz zum »Hausierer« 1967 selbst erklärt), den Lesenden zu neuen Möglichkeiten des Lesens, des Spiels, des Überlegens, zu einer kombinatorischen Kreativität anzuregen. Wie sehr dies bloßes Programm geblieben ist, zeigen beispielsweise Besprechungen des Romans (vgl. etwa Jacobs, 1970; Vormweg, 1972), in denen der von ihm ausgehende Verlust jeglichen Leseinteresses konstatiert wird. Inzwischen hat sich auch Handke von seinem Experiment distanziert (vgl. ›Die Zeit‹ vom 5. 3. 76).

Literatur:

G. *Bien,* Abenteuer und verborgene Wahrheit. Gibt es den literarischen Detektivroman? (zuerst 1965), in: V. *E. Marsch,* Die Kriminalerzählung. Theorie, Geschichte, Analyse, München, 1972 (zu Dürrenmatt und Handke). D. *Wellershoff* (vgl. W.) H. *Kircher,* Schema und Anspruch. Zur Destruktion des Kriminalromans bei Dürrenmatt, Robbe-Grillet und Handke, in: GRM, 1978, H. 2.
Zu *Dürrenmatt:* G. *Waldmann,* Kriminalroman – Anti-Kriminalroman. Dürrenmatts Requiem auf den Kriminalroman und die Anti-Aufklärung (1971), in: V. *P. Spycher,* Friedrich Dürrenmatt. Das erzählerische Werk, Frauenfeld und Stuttgart, 1972. *J. Hienger,* Lektüre als Spiel und Deutung. Zum Beispiel: Friedrich Dürrenmatts Detektivroman ›Der Richter und sein Henker‹, in: Unterhaltungsliteratur, hg. von J. Hienger, Göttingen, 1976. *E.-P. Wieckenberg,* Dürrenmatts Detektivromane, in: Text und Kritik 56 (Friedrich Dürrenmatt II), 1977. *I. Tschimmel,* Kriminalroman und Gesellschaftsdarstellung. Eine vergleichende Untersuchung zu Werken von Christie, Simenon, Dürrenmatt und Capote, Bonn, 1978. *F. Müller,* Der Anhauch des Nichts und der Kampf für das Gute. F. Dürrenmatts Kriminalromane, in: Schweizer Monatshefte 59, 1979. *I. Tschimmel,* Kritik am Kriminalroman,

in: *G. P. Knapp/G. Labroisse* (Hg.), Facetten. Studien zum 60. Geburtstag
F. Dürrenmatts, Bern, – Frankfurt/M-Las Vegas, 1981. *H. Fritz*, Dürrenmatt
als Kriminalschriftsteller, in: Vorträge. Internationaler Sommerkurs der
J. Gutenberg Universität Mainz, 1985. *U. Niederer*, Grotesken zum wahren
Ende. Neuerlicher Versuch über Dürrenmatts Kriminalromane, in: dh 154,
1989.
Zu *Robbe-Grillet: G. Goebel*, Alain Robbe-Grilllet: ›Le Voyeur‹, in:
W. Pabst (Hg.), Der moderne französische Roman. Interpretationen, Berlin,
1968. *J. Beyer*, Alain Robbe-Grillet, in: W.-D. Lange (Hg.), Französische
Literatur der Gegenwart in Einzeldarstellungen, Stuttgart, 1971. *G. Zeltner*,
Im Augenblick der Gegenwart. Moderne Formen des französischen Ro-
mans, Frankfurt, 1974.
Zu *Handke: P. Handke*, Über meinen neuen Roman ›Der Hausierer‹, in:
Dichten und Trachten, 29, 1967. *H. Vormweg*, Eine andere Lesart. Über
neue Literatur, Neuwied, 1972. *J. Jacobs*, Peter Handke, in: D. Weber (Hg.),
Deutsche Literatur seit 1945 in Einzeldarstellungen, Stuttgart, [2]1970, *M.
Scharang* (Hg.), Über Peter Handke Frankfurt, 1972, [3]1977.

3.3. Die Geschichte des Thrillers

Die Geschichte des Thrillers (zum Begriff vgl. 1.1.1., zu seiner
Typologie vgl. 2.2.) wird im folgenden um der Übersichtlichkeit
willen in drei Längsschnitten dargestellt, die seine drei wichtigsten
Ausprägungen, den Heftromankrimi, den Spionageroman, den Kriminalroman der ›hard-boiled school‹, berücksichtigen. Auf Quer-
verbindungen zum Detektivroman wird, wo sie relevant sind, jeweils hingewiesen.
  Die Entstehungsbedingungen des Thrillers sind in Verbindung
mit denen des Detektivromans in 3.1. behandelt worden; von besonderer Bedeutung für den Thriller sind die Entwicklungen im Me-
dienbereich (vgl. 3.1.3.). Zu seinen literarischen Anregern und Vorläufern gehören unter den in 3.1.4. behandelten Autoren insbesondere: Gayot de Pitaval (als Stoffquelle), der auf die Mystery Novels
zurückgehende Feuilletonroman eines E. Sue (als Vorbild für den
Handlungsraum und die offene Auseinandersetzung der Kontrahenten), J. F. Cooper (in dessen Romanen die für den Thriller so
wichtig werdenden Begleiterscheinungen des Kampfes wie Verfolgung, Flucht, usw. eine bedeutende Rolle spielen), F. Vidocq (der
das Vorbild für einen effektiven und idealisierten Helden schafft).
Zu nennen sind in dieser Reihe auch einige schon dem 20. Jh. ange-
hörende Autoren, die mit der Akzentuierung bestimmter Motive
dem Thriller zwar keinen direkten Anstoß gegeben, gewiß aber sich

in ihm ausbildende Trends aufgegriffen und befestigt haben: M. Leblanc entwickelt in seinen Lupin-Romanen (vgl. 3.2.5.) das Prinzip
der Aneinanderreihung einzelner, den immer neuen Zusammenstoß
seiner Protagonisten erzählender Episoden weiter, so daß sich eine
ständig auf- und absteigende Spannungskurve ergibt, die für die
Struktur des Thrillers charakteristisch ist (vgl. 2.2.1.2.); M. Allain
und P. Souvestre unterstützen mit ihrer berühmten, zwischen 1909
und 1914 erschienenen Fantômas-Serie (die von 1919 bis 1962 von
Allain allein fortgesetzt wurde und in Frankreich noch heute ein
Taschenbuch- Bestseller ist) die Vorstellung des übermächtigen,
nicht greifbaren Verbrechers als eines den Einsatz aller Abwehrmit-
tel rechtfertigenden Feindes der gesellschaftlichen Ordnung. All
diese Motive wurden zuerst im Heftromankrimi allmählich integriert und unter dem Gesichtspunkt der optimalen Wirkung auf eine
möglichst breite Leserschaft in Annäherung zu der Form des Thrillers entwickelt, die in 2.2. umrissen worden ist.

3.3.1. Der Heftromankrimi

Heftromane (›dime-novels‹) wurden zuerst in den USA seit ungefähr 1860 geschrieben, und zwar aufgrund verschiedener (in 3.1.3.
erwähnter) Vorteile als Alternative zu den Kolportageromanen. In
Amerika wurden mit diesem Medium zunächst Western-Helden
wie Buffalo Bill und Kit Carson zu volkstümlichen Identifikationsfiguren. Die sozialen Veränderungen, das Anwachsen der Städte
gegen Ende des Jahrhunderts begünstigten die Entstehung des Heftromankrimis, der das Abenteuer aus der Prairie in die Stadt verlegt.
Gerade die Arbeit eines Detektivs ist der Konstruktion eines durch
eine ganze Serie hindurch gleichbleibenden Helden adäquat, weil ein
Detektiv ständig neue Verbrecher zu verfolgen hat und weil mit der
Lösung eines Falles auch der Schluß des Einzelheftes gerechtfertigt
ist.

In der Konkurrenz verschiedener Reihen mit Titeln wie »Old
Sleuth«, »Velvet Foot, the Indian Detective«, »The Hudson River
Tunnel Detective«, »Sergeant Sparrow«, »Dick Danger«, »Old King
Brady« hatte schließlich die »Nick Carter«- Serie, die von John
Russel Coryell 1886 durch einige Erzählungen in der ›New York
Weekly‹ ins Leben gerufen worden war, den größten Erfolg. Seit
1891 schrieb Frederic M. Van Rensselaer Dey, unterstützt von eini-
gen anderen Autoren, 27 Jahre lang mehr als 1000 Nick-Carter-
Hefte. Ab 1906 verlegte Eichler in Dresden die deutsche Carter-
Serie, bald mit einer wöchentlichen Auflage von 45 000 Exemplaren.

Bei derartigen Möglichkeiten des Profits erschienen auch auf dem deutschen Markt bald neue Reihen: »Jack Franklin, der Weltdetektiv«, »Nat Pinkerton, der König der Detektive«, etc. Auch weibliche Detektive konnten sich durchsetzen: »Wanda von Brannburg, Deutschlands Meister Detektivin«, »Ethel King, ein weiblicher Sherlock Holmes«. Der einzige Heftroman-Detektiv, der Nick Carter wenigstens in der Zahl der Publikationen noch übertraf, war Sexton Blake. Die sich ihm seit 1893 widmende englische Reihe brachte es mit ca. 200 verschiedenen Autoren auf insgesamt etwa 4000 Titel. Die Kulmination der Heftromanliteratur vor dem 1. Weltkrieg löste eine Welle pädagogischer Bemühungen gegen die ›Schmutz- und Schundliteratur‹ aus, die sich jedoch im großen und ganzen nicht durchsetzen konnte (vgl. weiterführende Literatur hierzu bei Foltin, 1965). In Deutschland wurde die Produktion von Heftromankrimis nur während des Dritten Reiches unterbunden, um dann nach dem 2. Weltkrieg um so stärker wieder aufzuleben. Heute gibt es Krimiserien in Heftromanform (z. T. als Nachdrucke alter Titel) in allen westlichen Ländern; in der Bundesrepublik u. a. »Kommissar X« (Pabel Verlag) und seit 1956 die marktbeherrschende »Jerry Cotton«-Serie des Bastei-Verlags, die gegenwärtig zu etwa 300 000 Exemplaren wöchentlich vertrieben wird.

Vergleicht man die Helden der vor dem ersten und nach dem zweiten Weltkrieg geschriebenen Heftromankrimis, so fallen einige Unterschiede ins Auge: Nick Carter ist fast noch eine Art in die Stadt verpflanzter Western-Held, der besser boxt und schießt als alle seine Gegner, Superman mit individuellen Zügen: ein Künstler der Verkleidung, der immer Perücken, Bärte und Brillen mit sich trägt, und Sprachgenie, das Dutzende von Sprachen akzentfrei beherrscht. Dagegen wirkt ein Jerry Cotton zwar sehr viel normaler, aber kaum noch als Individualität. Zwar sind auch seine kämpferischen Fähigkeiten beachtlich, doch sein Verstand ist eher durchschnittlich. Intelligenz wird bei ihm durch ein ›Know how‹ im Umgang mit technischen Apparaturen ersetzt und – durch Instinkt. Vor allem aber trifft er nur kleine Entscheidungen völlig selbständig; er ist eingebunden in die Beamtenhierarchie des FBI, empfängt Aufträge, weiß sich unterstützt und – gleichgültig, was er tut – in Übereinstimmung mit dem ihn deckenden Vorgesetzten. Diese Unterschiede spiegeln nicht nur den Fortschritt im Aufbau der Polizei, sondern in erster Linie den Wandel der Wunschvorstellungen der Leser. Während Nick Carter in den undurchsichtigen, verwirrenden Verhältnissen der Großstadt den Überblick behält und sich als Persönlichkeit durchsetzt, ist Jerry Cotton Funktionsträger, der den gesellschaftlichen Auftrag, für Ruhe und Ordnung zu sorgen, erfüllt. Die

Sehnsucht nach einem Identifikationsobjekt mit Durchsetzungsvermögen ist hinter dem Wunsch, in Sicherheit leben zu können, zurückgetreten.

Sorgt der Held des Heftromankrimis für den Zusammenhalt der jeweiligen Serie, so schaffen Handlungsführung, Raum- und Requisitendarstellung die notwendigen Abwechslungen. Die Unterschiede zwischen den frühen und den gegenwärtigen Heftromankrimis liegen hier vor allem in der Zunahme der dem Helden zur Verfügung stehenden technischen Geräte. Während die Schauplätze des Verbrechens – die großen amerikanischen Städte, die besonders für deutsche Leser noch einen exotischen Reiz ausüben – weitgehend identisch geblieben sind, so werden die Verfolgungsjagden heute weniger zu Fuß als im Sportwagen oder Hubschrauber durchgespielt. Die Struktur der Handlung (vgl. 2.2.1.2.) ist dagegen unverändert geblieben und zeigt nur durch Übersteigerungen im Wechsel der Schauplätze und einzelner kurzer Handlungsteile die immer größere Annäherung an filmische Mittel der Spannungstechnik (vgl. 2.2.1.2. und 3.1.3.). Das in 3.1.3. erläuterte Medienverbundsystem läßt sich gerade am Heftromankrimi gut illustrieren. Die erfolgreichen Serien dienten alle auch als Vorlagen für Verfilmungen (vgl. Seeßlen/Kling, 1977) und sind als solche von vornherein immer bewußter konzipiert worden. Umgekehrt versuchen die Hefte mit den Bildern der Filmstars auf ihren Titelblättern Leser zu werben, und Verlage geben zu Fernsehserien die begleitenden Romane heraus (vgl. Hickethier/Lützen, in: R/Z, 279 f.). Um der profitmindernden Gefahr einer zu großen Angleichung der Medienprodukte entgegenzuwirken, versuchen die Heftromanverlage gerade in jüngster Zeit, die Attraktivität des Films dadurch zu übertreffen, daß sie Gewaltdarstellungen und sadistische Einlagen häufen. Dies wird auch durch die Selbstzensur-Praxis, die freiwillige Selbstkontrolle deutscher Romanheft-Verlage, nicht verhindert. Die Richtlinien (abgedruckt bei Pforte, in: R/Z, 51 ff.) sind in entscheidenden Punkten so unverbindlich formuliert, daß Gewalt, wird sie nur als Notwehr deklariert (vgl. Analyse eines Beispiels bei Nusser, 1975, 57 f.), durchaus erlaubt erscheint und daß Sadismus und Perversitäten, solange ihre Schilderung nicht »bis in Einzelheiten« reicht, durchgehen können.

Der Warencharakter des Heftromans verlangt in allen seinen Teilaspekten weitgehende Stereotypisierung (vgl. dazu Wernsing/Wucherpfennig, 1976, 20 ff.). Für die Einhaltung der marktgerechten, den Absatz sichernden Handlungsschemata und die Befolgung der zu vermittelnden Wertvorstellungen sorgen die Schreibanweisungen der Heftroman-Verlage und die nach diesen Anweisungen redi-

gierenden Lektoren (zu den Produktionsbedingungen von Heftromanen allgemein vgl. die zusammenfassende Darstellung von Pforte, in: R/Z). Dabei werden ganz bestimmte, Wahrnehmung und
Bewußtsein der Leser beeinflussende Strategien befolgt (vgl. Nusser, 1976a, in: R/Z), deren Wirksamkeit deswegen so unabweislich
ist, weil sie den von Massenpresse und Wirtschaftswerbung entworfenen Manipulationsstrategien genau entsprechen (vgl. zu diesen
Zusammenhängen Nusser, 1976b, und zur Rezeption von Kriminalliteratur insgesamt Kap. 4 dieses Bandes).

Literatur:

Zur Geschichte, zu den Produktions- und Rezeptionsbedingungen von Hef-
tromanen *allgemein: E. Pearson,* Dime Novels. Or Following an Old Trail in
Popular Literatur, Boston, 1929. *A. E. Murch,* The Development of the
Detective Novel, London 1958 ²1968. *Ch. Bragin,* Bibliography: Dime
Novels 1860–1964, Brooklyn, 1964. *R. Goulart,* Cheap Thrills, New Ro-
chelle, 1972 (Neuausgabe: An Informal History of the Pulp Magazines, New
York, 1973.) *H. F. Foltin,* Die minderwertige Prosaliteratur. Einteilung und
Bezeichnungen, in: DVjS, 1965. *P. Nusser* (vgl. N.) *L. James,* Fiction for the
Working Man, Harmondsworth, 1974. *P. Nusser,* Zur Rezeption von Hef-
tromanen, in: R/Z (1976a). *P. Nusser,* Massenpresse, Anzeigenwerbung,
Heftromane (2 Bde.), Stuttgart, 1976 (b). *D. Pforte,* Bedingungen und For-
men der materiellen und imateriellen Produktion von Heftromanen, in: R/Z.
A. V. Wernsing/W. Wucherpfennig, Die ›Groschenhefte‹: Individualität als
Ware, Wiesbaden, 1976. *G. Seeßlen/B. Kling,* Unterhaltung. Lexikon zur
populären Literatur, Bd. 1, Reinbek, 1977.
Zu den *Heftromankrimis: H. Epstein,* Der Detektivroman der Unterschicht,
Frankfurt, 1929. *R. Clurman* (Hg), Nick Carter, Detective. With an Intro-
duction, 1963 (Nachdruck von 6 Nick-Carter-Heften der Jahre 1891 bis
1902). *H.-F. Foltin,* Nick Carter, Amerikas größter Detectiv. Mit einem
Vorwort des Herausgebers, 1972 (Nachdruck der ersten 25 deutschen Nick-
Carter-Hefte von 1906). *G. Bierwirth,* Zum Beispiel Jerry Cotton: Trivialliteratur als Chance der Literaturwissenschaft, in: LiLi 6, 1972. *Arbeitsgruppe
Massenliteratur,* Verwertbare Unmündigkeit. Zur Romanheftserie Jerry
Cotton, in: Ästhetik und Kommunikation, 1972, H. 5/6. *J. Jansen,* Zwischen
›Silvia‹ und ›Jerry Cotton‹. Über Romanheftserien, in: Literaturdidaktik,
hg. v. J. Vogt, Düsseldorf, 1972. *P. Nusser,* Kriminalromane zur Überwindung von Literaturbarrieren in: DU, 1975, H. 1. *K. Hickethier/W. D. Lützen,* Der Kriminalroman. Enstehung und Entwicklung eines Genres in den
literarischen Medien, in: R/Z. *P. Wesollek,* Jerry Cotton oder die verschwie-
gene Welt. Untersuchungen zur Trivialliteratur am Beispiel einer Heftro-
manserie, Bonn, 1976. *A. Arnold/J. Schmidt,* Reclams Kriminalromanführer,
Stuttgart, 1978. *J. Grimm,* Assoziationsstrukturen in Kriminalheftromanen,
in: Spiel (Siegener Periodicum zur Internationalen Empirischen Literaturwissenschaft) 5, Frankfurt/M, 1986.

Der Spionageroman ist thematisch, nicht aber strukturell von anderen Erscheinungsformen des Thrillers unterschieden. Die Aneinanderreihung von Grundsituationen wie Beauftragung des Helden, Begegnung der Kontrahenten, Gefangennahme, Flucht und Sieg des Helden (vgl. 2.2.1.1.) ist in der einen oder anderen Form allen Thrillern eigen, wobei gerade der Spionageroman zur wirksamen Gestaltungsweise derartiger Situationen viel beigetragen hat. Wie in allen Thrillern geht es auch in ihm nicht um die Entlarvung eines Verbrechers durch analytisches Denken, sondern um dessen Lokalisierung durch Erkundungen (vgl. B/N, 173) und um dessen Ausschaltung durch aktionistische Maßnahmen. Dabei kennt auch der Spionageroman das ›mystery‹-Element. Das Geheimnisvolle liegt jedoch nicht wie im Detektivroman oder anderen Thrillern unter der Oberfläche einer dem Leser bekannten Alltagswirklichkeit; es manifestiert sich vielmehr – und hierin liegt die wesentliche thematische Variation – in politischen Strukturen und Machtverhältnissen, die der Leser normalerweise nicht durchschaut. Boileau und Narcejac können daher von einem Kampf der »Geheimorden« sprechen (B/N, 173), den aber der Leser insofern auf sich bezieht, als er in Spionage und Spionageabwehr Mittel des Krieges bzw. des Kalten Krieges erkennt, dessen Ausbruch und Verlauf er ohnmächtig und voller Furcht gegenübersteht.

Die Geschichte des Spionageromans als eines eigenen Genres beginnt dort, wo sich das Thema Spionage mit den Strukturen des Thrillers verbindet. Unter dieser Voraussetzung ist nicht etwa Rudyard Kiplings »Kim« (1902), in dem der Werdegang eines Spions erzählt wird, der erste Spionageroman, sondern Erskine Childers' »The Riddle of the Sands« (1903). Childers war englischer Marineoffizier und wollte mit seinem Roman, in dem durch die auf eigene Faust betriebenen spionierenden Tätigkeiten zweier Segelsportler deutsche Invasionsvorbereitungen entdeckt werden, die Öffentlichkeit vor der erstarkenden Seemacht Deutschland warnen. Der Erfolg des Buches, das eine Reihe militärstrategischer Überlegungen in die Handlung einstreut, ist vor dem Hintergrund des Flottenwettrüstens zwischen England und Deutschland verständlich; die Jahreszahlen der Neudrucke (1914, 1940) belegen seine propagandistische Tendenz. Damit ist schon ein Grundthema des Spionageromans, die Diffamierung des politischen Gegners, deutlich zu erkennen, obwohl Childers hierbei im Gegensatz zu späteren Autoren noch relativ zurückhaltend bleibt.

Ein für alle späteren Spionageromane grundlegender Einfluß geht von John Buchans »The Thirty-Nine Steps« (1915) aus, mit Recht als der Klassiker des Genres bezeichnet (vgl. B, 51). Buchan selbst hat in der Widmung seines Romans an Thomas A. Nelson seine Vorliebe »for that elementary type of tale which Americans call the ›dime novel‹« bekannt und sein Buch als Resultat des Versuchs angesehen, sich selbst nach diesem Erzählmuster zu richten. In der Tat ist »The Thirty-Nine Steps« das Musterbeispiel eines Thrillers, die zweiteilig angelegte Geschichte zunächst einer atemberaubenden Flucht (einer Menschenjagd aus der Perspektive des gejagten Helden) mit allen für die Abenteuererzählung typischen Situation, dann – nach dem Wendepunkt – einer Verfolgung mit siegreicher, die Katastrophe in letzter Minute verhindernder Tat des Helden. Ebensowenig wie bei Childers ist bei Buchan der Held schon ein ›professional‹, sondern Amateur, ›Gentleman‹ und ›Sportsman‹, dessen Durchhaltevermögen und Kampfgeist nach R. Usborne (1953) dem Erziehungsideal der englischen Public School entsprechen, was zugleich die Popularität und die bezeugte Leitbildfunktion von Buchans Richard Hannay erklären könnte. Der patriotisch gesonnene Privatmann warnt die englische Regierung durch seinen persönlichen Einsatz vor einer Verschwörung deutscher Spione. Das Bild des Gegners knüpft an dasjenige Childers' an und begründet eine lange Tradition, die aus der politischen Interessenlage beider Länder zu erklären ist. Auch die für spätere Autoren, insbesondere für Fleming, typische Begegnung des Helden mit dem ›master criminal‹ als Vorwegnahme der entscheidenden Konfrontation am Schluß ist bei Buchan bereits vorgebildet, ebenso die Dämonisierung des Feindes, der den Helden fasziniert und zeitweilig lähmt.

Zu weiterer Verbreitung verhalfen dem Genre zur Zeit des 1. Weltkriegs Autoren wie William Le Queux und Edward Philipps Oppenheim. Besonders kritische Aufmerksamkeit verdient der unter dem Pseudonym ›Sapper‹ schreibende Herman Cyril McNeile mit seinem in England zum Begriff gewordenen Helden Bulldog Drummond, dem literarischen Vorläufer von Flemings James Bond (vgl. Amis, 1965). Drummond ist zwar noch ›Sportsman‹ und ›Gentleman‹, Ex-Offizier mit besten Beziehungen zur ›high society‹, aber mit dem späteren ›Profi‹ Bond verbindet ihn schon seine emotionale Kälte und seine Bereitschaft zum Töten, die eher größer ist als bei Bond. Drummond kämpft in »Bulldog Drummond« (1920) gemeinsam mit früheren Offizierskameraden gegen eine von einem Carl Peterson geleitete Verschwörung, die mit Unterstützung deutscher und amerikanischer Finanziers Englands Wirtschaft ruinieren will, und rettet sein Land durch gewalttätiges Einschreiten vor drohender Bolschewisierung. Auch solch eine unwahrscheinliche Handlung, noch mehr aber das vermittelte Feindbild, nimmt Flemings Erfindung vorweg. Die Feinde Englands bedienen sich schon bei Sapper grausamster Mittel: von der Giftspinne über elektrisch betätigte Fallen bis zum Gas. Tötet Drummond zunächst noch aus Notwehr, so genügt ihm zur Tötung in späteren Romanen schon, wenn der Gegner Deutscher, Kommunist oder Jude ist. Sapper ist einer der »ausgeprägtesten Propagandisten des Antisemitismus« (B, 103) und vertritt u. a. die Idee des Straflagers für Juden und Anarchisten (»The Black Gang«, 1922). Das Credo der ›Black Gang‹ des Helden heißt »repression of terrorism by terrorism«: »Das ist unverhüllter Faschismus, und es sei nur nebenbei daran erinnert, daß [auch] die ›Schutz-Staffel‹ und die italienischen Faschisten schwarze Uniformen trugen« (B, 103). So wird dem Leser durch den Spionageroman politische Ideologie oktroyiert, die jeden historischen Konflikt zu einer Auseinandersetzung zwischen Gut und Böse denaturiert und den Gegner zum Verbrecher stempelt (vgl. dagegen Watson, 1971, 71, der den politischen Einfluß Sappers bestreitet). Die Romane Sappers werden auch heute gelesen und sind in England fast alle in Neuauflagen erhältlich.

Von Sapper lassen sich unmittelbare Brücken zu Autoren wie Jean Bruce und Ian Fleming schlagen, die nach dem 2. Weltkrieg den Ost-West-Konflikt für ihre Spionageromane ausnutzten. Jean Bruce verhalf der 1950 von Armand de Caro in Paris gegründeten Reihe ›Le Fleuve Noir‹ zum Durchbruch, indem er mit O.S.S. 117 Hubert Bonisseur de la Bath eine Gestalt schuf, die, wie später 007 James Bond, aus Gründen der Staatssicherheit die Erlaubnis zum Töten besitzt. Dem Geheimdienst bedingungslos unterworfen, ist er ermächtigt, »zu foltern, zu massakrieren, ohne an Renommé zu verlieren« (B/N, 176). Dabei wird die Angst all der Leser ausgenutzt, die der Propaganda des Kalten Krieges hilflos ausgeliefert sind. Der Autor erfindet überdimensionale Gefahren, die erst im letzten Augenblick durch den Helden abgewendet werden können. Um das Phantastische glaubhaft werden zu lassen, bemüht er sich um die Treue des Details an der Oberfläche des Lokalkolorits.

Nach diesen Vorläufern, zu denen neben Buchan, Sapper, Bruce auch M. Spillane und P. Cheyney gehören, erscheint schließlich Ian Fleming (der sich selbst auf Hammett, Chandler, Oppenheim und Rohmer beruft) nicht mehr sonderlich originell. (Becker nennt ihn »eher ein Relikt der zwanziger Jahre« [B. 132]). Dennoch übersteigt sein Ruhm, durch die Verfilmung seiner Romane kräftig gefördert, den aller anderen Autoren von Spionageromanen (vgl. hierzu B/B, 108; B, 134; Seeßlen/Kling, 1977, 262). Seine bekanntesten Bücher sind »Casino Royale« (1953), »Live and Let Die« (1954), »Moonraker« (1955). »Diamonds are Forever« (1956), »From Russia, with Love« (1957), »Dr. No« (195 8), »Goldfinger« (1959), »Thunderball« (1961), »On Her Majesty's Secret Service« (1963), »You Only live Twice« (1964). Sie alle sind – wie Eco gezeigt hat (in: V, 250ff.) – aus einigen wenigen feststehenden Erzählelementen aufgebaut, die von Roman zu Roman allenfalls in ihrer Reihenfolge variiert werden. Die den Büchern zugrunde liegende Idee ist stets die gleiche. Bond, Gegenspion wie die meisten Helden des Spionageromans, erhält von M., dem Chef des britischen Geheimdienstes, den Auftrag, einen vom sowjetischen Geheimdienst SMERSH ausgehende oder unterstützte Bedrohung abzuwenden; dafür besitzt er die Legitimation zum Töten. Seine dem kommunistischen Lager angehörenden oder nahestehenden Gegner sind u. a. Asiaten, Juden, deutsche Intellektuelle, psychisch erkrankte Überläufer, Menschen, auf die sich politische wie rassistische Ressentiments richten können. Ihre Unterlegenheit ist eine Frage der Zeit. Die von den Romanen ausgehende Spannung ergibt sich aus der Verzögerung der erwarteten Lösung, aus den zeitweiligen existentiell bedrohlichen Niederlagen des Helden, die ihm von dem ›master criminal‹ beigebracht werden und aus denen er sich durch Tollkühnheit befreien muß. Dies alles, einschließlich der Diskriminierung des politischen Gegners, einschließlich auch der Pervertierung des politischen Konflikts in persönlich ausgetragene Kämpfe zwischen einer die gängigen Wertvorstellungen vertretenden ingroup und einer outgroup von Kriminellen ist reine Konvention und liegt in der schon skizzierten literarischen Tradition des Thrillers. Insofern hat die Meinung Ecos, daß Fleming weder ein ausgeprägter Faschist noch Rassist, sondern ein nonchalanter »Zyniker, Ingenieur des Konsumromans«, »Manichäer einfach nur aus Gründen des Metiers« sei (in: V, 276f.), ein gewisses Maß an Plausibilität, obwohl damit die Wirkung seiner Bücher nicht beachtet wird. Auch die Darstellung des Helden bleibt bei Fleming im Rahmen des längst Erprobten, prägt sich aber deswegen doch nicht minder fatal ins Bewußtsein des Lesers ein. Bond erweist seine Eignung als Identifikationsobjekt, weil er psychologisch glaubwürdig gängige Vorurteile vertritt und weil er zugleich in all solchen Bereichen, die körperliche Tüchtigkeit verlangen, die Wunschträume der Leser auf sich zu lenken vermag. Als Vertreter kleinbürgerlicher Ideologie gewinnt er der Gewaltanwendung so viel Reiz ab, daß sie nicht selten in offenen Sadismus umschlägt (Belege bei Buch, in: V, 241ff.); als Vertreter kleinbürgerlicher Ideologie ist er gänzlich befangen im Konsumdenken und imitiert – obwohl gehorsamer Untertan – das Leben der Mächtigen. Mag er manchen Lesern so als »unfreiwillige Karikatur des Snobs« erscheinen (Seeßlen/Kling, 1977, 262), so wohl den meisten als Symbol dessen, was sich durch Gehorsam und Härte erreichen läßt. Besonders bewunderungswürdig dürfte seine spielerische Behandlung der Technik sein, denn die Macht über sie, besonders wenn sie als eine monströse, rational nicht durchschaubare Apparatur vorgeführt wird, annonciert persönliche Macht. Buch hat von der Sexualisierung der Technik bei Fleming gesprochen und Belege für eine entsprechende Metaphorik angeführt; ihr entspricht die Technisierung der Sexualität. Flemings Maxime »The total stimulation of the reader all the way through« (vgl. in: V, 233) erfordert auch die Darstellung sexueller Abenteuer des Helden, wobei Fleming ihn auch hier als ›Fachmann‹ zeigt, wenn er, Erotik als gymnastische Übung verstehend, seine Partnerinnen kunstfertig ›bearbeitet (vgl. Buch, in: V, 236). Gewalttat, ›good living‹, Sexualität sind die verschiedenen Aspekte ein und desselben auf Verächtlichkeit beruhenden Menschenbildes.

In der ausführlichen und realistischen Beschreibung des Konsumenten Bond und seines Konsumierens auf allen Ebenen liegt der vielgerühmte ›Fleming-Effekt‹. Er bewirkt nicht nur – wie oft hervorgehoben (vgl. z. B. Amis, 1965, 109; Smuda, in: V, 56) –, daß sich der Leser über die Unwahrscheinlichkeit der Handlung hinwegtäuschen, sich phantastische Ereignisse präsentieren läßt, die mit der politischen Realität nur die nicht näher erläuterte Grundstellation des Ost-West-Konflikts gemein haben; er bewirkt vor allem die Bindung des Lesers an die Ästhetik der Warenwelt, die Fleming mit einem hohen Maß an Authentizität und stilistischer Virtuosität, einer minuziös gehandhabten »Technik des Optischen« zu vergegenwärtigen weiß, die an den ›nouveau roman‹ erinnert (vgl. Eco, in: V, 283). Das »Bild vom glücklichen Leben« (Buch, in: V, 239) durch Konsum ist von solcher Eindringlichkeit und Suggestivität, daß die langen Passagen, die ihm gelten, das Interesse des Lesers an den meist gerafft dargestellten abenteuerlichen Ereignissen offenbar nicht beeinträchtigen. Wenn die »dinghafte Erzählweise« (Eco, in: V, 281) auf die Darstellung gräßlicher Aktionen (Folterungen, Gemetzel) übertragen wird, so spiegelt das makabre Resultat den Zynismus einer Perfektion anstrebenden Unterhaltungsindustrie (vgl. dazu auch Eco, in: V, 293).

Sapper, Bruce oder Fleming verkörpern nur die eine Seite des Spionageromans. Schon zu Beginn der dreißiger Jahre setzt in seiner Geschichte eine ›realistische‹ Gegenbewegung ein. Somerset Maugham beschreibt 1928 in seinem autobiographische Züge tragenden Roman »Ashenden, or The British Agent« die Tätigkeiten eines englischen Geheimdienstoffiziers in der Schweiz und in Rußland.

Von der Verherrlichung englischer Tugenden und der Abwertung Deutschlands ist hier nichts zu bemerken; im Gegenteil, eher macht Maugham die Absurdität der Geheimdienste deutlich (vgl. B/B, 111). Auf persönlichen Erfahrungen im englischen Geheimdienst während des 1. Weltkriegs beruht auch Compton Mackenzies »The Three Couriers« (1929). Graham Greene arbeitet mit seinem 1936 erschienenen Roman »A Gun For Sale« die hinter jeder Spionage stehenden Verflechtungen von politischen und wirtschaftlichen Interessen heraus. Während er hier auf den von Buchan, Sapper und Fleming vorgezeichneten Helden verzichtet und das dem Staat drohende Unheil ausgerechnet von einem Verbrecher abwenden läßt, bemüht er sich in ›The Confidental Agent‹ (1939) um die psychologische Charakterstudie eines Agenten. Sein 195 8 erschienenes Buch »Our Man in Havana« ist eine Satire auf den Spionageroman.

Die frühen Romane Eric Amblers (»Uncommon Danger«, 1937; »Cause For Alarm«, 1938) geben Informationen über die politischen Verhältnisse in Deutschland und Italien vor dem 2. Weltkrieg und können, indem sie die Verstrickungen von Einzelschicksalen in politische Intrigen und Spionage schildern, als eine Warnung vor dem Faschismus verstanden werden. Einen originellen Beitrag liefert Ambler, der noch bis in die Gegenwart erzähltechnisch hochstehende politische Thriller und Spionageromane schreibt, mit »The Mask of Dimitrios« (1939) (in USA: »A Coffin For Dimitrios«): Ein Autor von Detektivromanen verfolgt die Spuren eines tot aufgefundenen Spions, um ihn am Ende als noch Lebenden zu entdecken (Graham Greene benutzt den gleichen Einfall in »The Third Man«, 1950). Die hier angedeutete Verbindung zwischen Detektivroman und Spionageroman ist nicht zufällig. Viele Autoren von Detektivromanen haben entweder einzelne Motive des so erfolgreichen Spionageromans in ihre Bücher übernommen (vgl. A. Christie, »Passenger to Frankfurt«), andere haben selbst Spionageromane bzw.-erzählungen zu schreiben versucht. Dies beginnt 1917 mit C. Doyles Erzählung »His Last Bow« und führt zu gelungenen Beispielen bei M. Innes (»The Secret Vanguard«, 1941) und M. Allingham (»Traitor's Purse«, 1941; »The Mind Readers«, 1965), die sich allerdings beide mehr an der Abenteuerwelt Buchans orientieren als am ›realistischen‹ Spionageroman. »Operation Pax«, (1951) (in USA: »The Paper Thunderbolt«) von M. Innes schlägt sogar eine Brücke zum technisch-utopischen Roman.

Der ›realistische‹ Spionageroman wird in Frankreich von Pierre Nord, in England von Len Deighton und John le Carré fortgeführt. Nord enthüllt dem Leser in »Mes camarades sont morts« (1948) die Techniken von Spionage und Spionageabwehr und zeigt, daß Spionage auf Spezialschulen gelernt werden muß wie ein Beruf. Deightons bekannteste, kunstvoll erzählte Romane (»The Ipcress File«, 1962; »Horse Under Water«, 1963; »Funeral in Berlin«, 1964; »Billion Dollar Brain«, 1966) stellen Helden dar, die eine unverständlich komplexe Welt beobachten, sich dem Establishment schnoddrig widersetzen und dabei an die ›tough guys‹ in den Romanen Hammetts und Chandlers (vgl. 3.3.3.) erinnern. John le Carrés Roman »The Spy Who Came In From the Cold« (1963) gilt vielen Kritikern als Höhepunkt des Spionageromans (vgl. dazu B, 154). In geistiger Nachbarschaft zu S. Maugham und G. Greene stehend, veranschaulicht er den Verfall des englischen Geheimdienstes und die Sinnlosigkeit der Agententätigkeit überhaupt. Entsprechend wird die Hauptfigur nicht wie bei Fleming u. a. glorifiziert, sondern gerade in ihrer Schwäche, ihren Zweifeln und Enttäuschungen gezeigt und in dem vergeblichen Versuch, für die eigene Tätigkeit ein adäquates Selbstverständnis zu finden. Mit Carrés bitterer Analyse der Spionage erübrigt sich auch die Diffamierung des Gegners. Gerade der englische Geheimdienst mißbraucht den eigenen Agenten auf zynische Weise. Der ursprüngliche Impetus des Spionageromans, die patriotische Verteidigung des eigenen Landes, ist damit erloschen. In Deutschland gewinnt Peter Schmidt – nicht unbeeinflußt von Le Carré, aber durchaus nicht in seinem Schatten stehend – dem Genre immer noch insofern Reize ab, als er mit ihm versucht, die öffentlich nicht wahrgenommenen Mechanismen politisch motivierter Gewalt aufzudecken, zu zeigen etwa, wie staatliche Erpressung funktioniert (»Augenschein«, 1983), wie Verantwortung für einen politischen Mord so delegiert wird, daß niemand zur Rechenschaft zu ziehen ist (»Der Agentenjäger«, 1986), wie persönliche Machtansprüche und Diskreditierungen anderer unsere Geheimdienste durchsetzen (»Erfindergeist«, 1985) u. a. m. Seine Bücher machen bewußt, auf welche Weise und in welchem Maße destruktive Energien von Menschen in den politischen Alltag eingehen (vgl. zu Schmidt auch 3.4.).

Literatur:

Überblicke über die Geschichte des Spionageromans: *P. Boileau/T. Narcejac* (vgl. B/N). *J. Barzun,* Meditations on the Literatur of Spying, in: American Scholar 34, 1965. *E. Ambler,* To Catch A Spy, London 1964 (Vorwort). *J. Symons,* Bloody Murder, London, 1972. *P. G. Buchloh/J. P. Bekker* (vgl. B/B). *J. P. Becker* (vgl. B.).
Zu *Buchan: R. Usborne,* Clubland Heroes. A nostalgic study of some recurrent characters in the romantic fiction of Donfort Yates, John Buchan and Sapper, London, 1953, ²1974.

Zu *Sapper: R. Usborne* (vgl. unter Buchan). *C. Watson,* Snobbery With Violence, Crime Stories and Their Audience, London, 1971.

Zu *Oppenheim: R. Standish,* The Prince of Storyteller. The Life of E. Phillips Oppenheim, London, 1957.

Zu *Fleming: O. F. Snelling,* Double O Seven, James Bond: A Report, London, 1964. *K. Amis,* The James Bond Dossier, London, 1965. *H. C. Buch,* James Bond oder Der Kleinbürger in Waffen (zuerst 1965), in: V. *O. del Buono/U. Eco,* Der Fall James Bond. 007 – ein Phänomen unserer Zeit, München, 1966. *A. S. Boyd,* The Devil with James Bond, London, 1967. *L. M. Starkey,* James Bond: His World of Values, London, 1967. *B. L. Webb,* James Bond as Literary Descendant of Beowulf, in: South Atlantic Quarterly, 67, 1968. *U. Eco,* Le strutture narrative in Fleming (zuerst 1969) (deutsch: Die Erzählstrukturen bei Ian Fleming), in: V. *M. Smuda,* Variation und Innovation, Modelle literarischer Möglichkeiten der Prosa in der Nachfolge Edgar Allan Poes (zuerst 1970), in: V. *C. Watson* (vgl. unter Sapper). *G. Seeßlen/B. Kling,* Unterhaltung. Lexikon zur populären Literatur, Bd. 1, Reinbek, 1977. *K. Amis,* Geheimakte 007. Die Welt des James Bond, Frankfurt/M-Berlin, 1986.

Zu *Greene: F. Kirnberger,* Elemente der Detektivliteratur in den Werken Graham Greenes, Diss. München, 1952. *B. J. Bedard,* The Thriller Pattern in the Major Novels of Graham Greene, Unpubl. Doct. Diss., University of Michigan, 1959.

Zu *Ambler: G. Hoffmanns* (Hg.), Über Eric Ambler, Zürich 1979. *E. Ambler,* Ambler by Ambler, Zürich, 1986.

Zu *Deighton: B. Lenz,* Game, Set & Match: Konstanten und Varianten in Len Deightons geheimer Welt. In: *H.-J. Diller* u. a. (Hg.), Crime and Treachery. Neuere Kriminal- und Spionageliteratur, Heidelberg, 1989.

Zu *Le Carré: David Monaghan,* The Novels of John le Carré. The Art of Survival, Oxford, New York, 1985. *J. Vogt,* Halb-Engel gegen Halb-Teufel. Der endlose Schattenkrieg des John le Carré, in: dh 154, 1989. *J. P. Becker,* John le Carrés Smiley-Saga: »Nostalgia for a lost paradise«. In: *H.-J. Diller* u. a. (Hg.), Crime and Treachery. Neuere Kriminal- und Spionageliteratur, Heidelberg, 1989.

Zu *Schmidt: D. P. Meier-Lenz* im Gespräch mit Peter Schmidt, in: dh 144, 1986.

3.3.3. Der Kriminalroman der ›hard-boiled school‹

Ebenso wie der Spionageroman ist auch der amerikanische Kriminalroman der zwanziger und dreißiger Jahre mit seinen ›hard-boiled detectives‹ (davon abgeleitet die Bezeichnung ›hard-boiled school‹) von den strukturellen Mustern der kriminalistischen Heftromanliteratur beeinflußt. Die Betonung des aktionistischen Erzählelements und die dadurch erzielten Unterhaltungseffekte sowie die durchgängige und nahezu vollständige Zurückdrängung der für den Detektivroman typischen ›analysis‹-Elemente (vgl. 2.1.1.1.) rechtfertigen seine Behandlung als ›Thriller‹.

Mit der Heftromanliteratur verbindet den Kriminalroman der ›hard-boiled school‹ auch seine Entstehungsgeschichte. 1920 gründeten Henry L. Mencken und George J. Nathan das ›pulp magazine‹ ›Black Mask‹ (zu seiner Geschichte vgl. Durham, in: M), das 1926 von Joseph T. Shaw übernommen wurde. Dieser verstand es, eine Reihe begabter Autoren zu gewinnen, zu denen u. a. Caroll John Daly, Raoul Whitfield, der junge Erle Stanley Gardner, James M. Cain, der junge Horace McCoy, vor allem aber Dashiell Hammett und später Raymond Chandler gehörten. Shaw war daran interessiert, daß in den bei ihm erscheinenden Kriminalgeschichten ein neues Bild des Helden weiterentwickelt wurde, das sich schon kurz nach Begründung des Magazins angedeutet und als publikumswirksam erwiesen hatte. Viele amerikanische Leser der ›Prohibitionszeit‹ lebten in den von Gangsterbanden regierten Städten oder wußten zumindest von den sich in ihnen ereignenden Gewalttaten; sie wußten von der Käuflichkeit der Politiker und Polizisten, wußten, daß von hunderten von Morden nur wenige bestraft wurden (vgl. Karsunke, in: Sch, 115). Dies war die Grundlage für den Wunsch nach moralisch sauberen ›tough guys‹, die sich wirkungsvoll gegen die herrschende Korruption auflehnen würden. Das ›Black Mask‹-Magazin reagierte darauf und schuf genau diesen Typ des Helden, den ›hartgesottenen‹ Privatdetektiv, eine Transformation des Superman (wie ihn in unterschiedlicher Gestalt sowohl der Detektivroman wie der Heftromankrimi kennen) in einen realistisch gezeichneten Kämpfer für Recht und Ordnung.

Grebstein (in: M, 23 ff.) nennt drei Kriterien, die für die Autoren der ›hard-boiled school‹ bei der Gestaltung des Helden maßgeblich wurden: Zunächst die pure physische Kraft und ein eiserner Wille, der auch körperliche Schmerzen ertragen hilft; dann die Kontrolle über die eigenen Gefühle und Affekte, speziell in der Situation der Berufsausübung, wodurch sich die Helden auf humane Weise von ihren Gegenspielern abheben; schließlich die Gelassenheit gegenüber dem Tod und der eigenen existentiellen Krisensituation. Andere amerikanische Autoren dieser Zeit wie Ernest Hemingway, John Steinbeck, William Faulkner, bei denen die Behandlung des ›outlaw‹ durch die Gesellschaft thematisiert wird, zeichneten ihre Helden nach ganz ähnlichen Kriterien, wobei von einem wechselseitigen Einfluß zwischen ihnen und den Autoren der »hard-boiled school‹ auszugehen ist, der etwa den Streit, ob Hammett Hemingway oder dieser jenen beeinflußt habe, überflüssig macht (vgl. die umsichtige Stellungnahme von Blair, in: V, 153).

Unter den Autoren der ›hard-boiled school‹ war zunächst C. J. Daly besonders erfolgreich. Auffällig an seinen Geschichten und Romanen (u. a. »The Snarl of the Beast«, 1927; »The Amateur Murderer«, 1933; »Murder from the East«, 1935) sind ein ausgeprägter amerikanischer Patriotismus, der Asiaten und die meisten Europäer von vornherein als Verbrecher diffamiert, und die Selbstgerechtigkeit des Helden Race Williams, der die Maxime seines Handelns aus dem Instinkt entwickelt (Belege bei Durham, in: M, 56) und ein ums andere Mal Lynchjustiz betreibt. Diese Kehrseite des ›tough guy‹ zeigt zuweilen auch der ›Continental Op‹(erator), der Detektiv in Hammetts frühen Erzählungen (vgl. E. H. Mundell, 1970) und in seinen Romanen »Red Harvest« (1929) und »The Dain Curse« (1929). Diese durchaus nicht einheitlich geschilderte Figur hat nicht selten ein ausgesprochenes Vergnügen an der Gewalt als Selbstzweck (Belege bei Durham, in: M, 62 f.) und wird daher häufig als Inbegriff der ›violence-is-fun technique‹ verstanden, was sicherlich nicht unproblematisch ist. Denn im Gegensatz zu Daly und anderen besitzt Hammett ein ausgeprägtes soziales Gewissen, das auch seinen Helden motiviert. Der Continental-Op greift auch dann durch, wenn sich die Verbrecher als Mitglieder der etablierten Gesellschaft erweisen. Auf diese Weise versucht Hammett die Gesetzesübertretungen seines Helden auf moralischer Ebene aufzufangen. Das selbstgerechte Handeln des Detektivs ist für den Leser um so nachvollziehbarer, je mehr das Verbrechen in einer unauflöslichen Verfilzung mit Politik und Geschäft dargestellt wird.

Während im Detektivroman die Gesellschaft als eine im wesentlichen ›heile Welt‹ erscheint, vor der sich das Verbrechen als Ausnahmefall sensationell abhebt, ist das Verbrechen im Kriminalroman der ›hard-boiled school‹ zumindest der Tendenz nach der Gesellschaft immanent. Damit ändert sich auch das Verhältnis von Mördern und Ermordeten. Sie stehen sich nicht wie im Detektivroman als Schuldige und Unschuldige gegenüber, sondern eher als Sieger und Opfer in einem Konkurrenzkampf, der von der persönlichen Geschicklichkeit bzw. dem Zufall entschieden wird (vgl. dazu S-B, 123 ff.). In der Undurchschaubarkeit der institutionellen Schaltstellen der Gesellschaft, an denen sich das organisierte Verbrechen Einfluß verschafft, liegt der ›mystery‹-Effekt der Kriminalliteratur Hammetts.

Die insgeheime Verklammerung von Gesetz und Verbrechen fordert nicht nur die schon genannten Eigenschaften des ›tough guy‹ heraus, der sich in einem Gestrüpp von Korruption orientieren und behaupten muß, sondern auch eine besondere Weise des Erzählens. Hammetts Helden – und dies gilt nicht nur für den Continental Op, sondern auch für Sam Spade in »The Maltese Falcon« (1930) und Ned Beaumont in »The Glass Key« (1931) (weniger für Nick Charles in »The Thin Man« [1934]) – nehmen nicht die distanzierte Position des *über* einen Fall Reflektierenden ein, sondern die suchend-beteiligte Haltung der *in* den Fall Sich-Hineinbegebenden. (Entsprechend ist ihre soziale Stellung nicht die des isolierten Außenseiters, sondern die eines ›detektivischen Kleinunternehmers‹ [S-B, 126], der ganz in die bürgerliche Gesellschaft integriert ist. Hammett selbst war zeitweilig als Detektiv bei Pinkerton angestellt.) Dadurch daß Hammetts Bücher in der Ich-Form bzw. (wie in »The Glass Key«) konsequent aus der Perspektive des Helden erzählt werden, überschaut der Leser immer nur so viel wie auch der Detektiv; und so wie dieser im Dunkeln tappt, bleibt auch der Leser im Ungewissen. Der Unterhaltungseffekt der Spannung ergibt sich somit aus dem Mitvollzug der Aktionen des Detektivs, der nicht von einem Fixpunkt aus, sondern aus der Bewegung heraus Spuren verfolgt. Die Verdächtigen werden nicht autoritär zum Verhör gerufen, sie sind in Bewegung und verraten sich durch ihre Handlungen. Daß auch sie in ständiger Bewegung sind, ist die Konsequenz der sozialkritischen Intentionen Hammetts. Wer eine korrumpierte Gesellschaft abbilden will, muß Aktionen schildern, in denen Korruption sich äußern kann. Der Detektiv aber ist gezwungen, sich mitzubewegen, wenn er Handelnde erkennen will. Was dem Leser Vergnügen bereitet (der Mitvollzug der Handlungen des Detektivs), ist zugleich die Bedingung für seine Aufklärung (über den moralischen Verfall gesellschaftlicher Gruppen), oder anders: Die Aufklärung des Lesers kann am besten in einer Weise vollzogen werden, die ihm zugleich auch Vergnügen bereitet. Damit gelingt Hammett eine beachtliche Verquickung von Intention und Erzählform, von sozialkritischem Anliegen und unterhaltender Wirkung, wobei sich die Unterhaltungseffekte allerdings nicht selten durch unmotivierte Reizsituationen wie Barbesuche, Schlägereien, Verfolgungsjagden verselbständigen. Zu den Unterhaltungseffekten gehören auch die vielgerühmten, zum Vergleich mit Hemingway führenden, wortkargen und pointierten Dialoge, in denen der Großstadtjargon lebensnah eingefangen wird (vgl. dazu Grebstein, in: M, 30 ff.).

Bei aller Sozialkritik vermag Hammett – angeblich überzeugter Marxist (vgl. Arnold/Schmidt, 1978, 188) – eine Perspektive für die Überwindung der von ihm kritisierten Zustände nicht zu zeigen: seine aggressiven, nicht nur in Notwehr betrügenden, bestechenden, brutal zuschlagenden Detektive bilden kein positives Gegenbild, sondern sind die Gefangenen der chaotischen Gesellschaft, die sie bekämpfen; ihr nobles Gerechtigkeitsgefühl, der ideelle Antrieb ihres Handelns, bleibt unreflektiert und hat in den Romanen nicht die mindeste Chance, sich allgemeinverbindlich durchzusetzen. Den Helden Hammetts bleibt so nur die Resignation – wie auch Hammett selbst, der 1961 starb, schon nach 1934 verstummte.

Hammetts bedeutendster Nachfolger ist Raymond Chandler, der sich in seinem programmatischen Essay »The Simple Art of Murder« (1944) ausdrücklich zu Hammetts Realismus bekannt hat.

Auch für Chandler ist es unmöglich, das einzelne Verbrechen als Inbegriff des Rätselhaften in den Mittelpunkt zu stellen, wo es doch in Wirklichkeit omnipräsent ist. Daher sind auch seine Erzählungen (die seit 1933 in verschiedenen Zeitschriften, u.a. in ›Black Mask‹, erschienen) und seine sieben Romane (»The Big Sleep«, 1939; »Farewell, My Lovely«, 1940; »The High Window«, 1942; »The Lady in the Lake«, 1943; »The Little Sister«, 1949; »The Long Goodbye«, 1953; »Playback«, 1958) immer auch Abbilder einer durchweg korrupten Gesellschaft – Hammetts Büchern hierin ganz vergleichbar. Mehr als bei Hammett werden bei Chandler, der vor 1932 an der Spitze mehrerer kleiner Ölgesellschaften stand (vgl. Karsunke, in: Sch, 114), aber die das Verbrechen begünstigenden Sozialbeziehungen im Kapitalismus transparent. Gewalttätigkeit offenbart sich bei Chandler nicht nur unter verbrecherischen Gruppen, hinter denen Repräsentanten von Politik und Wirtschaft stehen, und in der Auseinandersetzung mit ihnen, sondern durchdringt die Alltäglichkeit des kalifornischen Lebens überhaupt (zur Behandlung des Raums bei Chandler vgl. Durham, 1963, 50 ff.). Der Detektiv »trifft an den Schlüsselstellen seiner Investigationen auf Gangster, welche sich etabliert haben und ihre Macht nun kühl und distanziert verwalten. Wie die Gangster als etablierte Bürger erscheinen, so erscheint auch die Gewalttätigkeit, die Chandlers Kalifornien charakterisiert, als eine gewissermaßen etablierte Gewalttätigkeit. Diffuser und sublimierter als die rohe Gewalt, welche in Hammetts apokalyptischen Städten tobte, ergreift sie als konstante Aggressivität praktisch jede Szene und durchtränkt alle menschlichen Beziehungen...« (S-B, 136). Chandler fängt diese Dehumanisierung schriftstellerisch mit einer Metaphorik ein, die immer wieder Menschen in die Nähe von Sachen rückt, menschliche Beziehungen in die Nähe des Geschäfts (Belege bei S- B, 141 ff.). Wie kaum ein anderer Autor des Genres legt Chandler Wert auf stilistische Details, mit denen er das Bild der von Entfremdung und Verdinglichung bestimmten sozialen Lage zu vergegenwärtigen versucht (vgl. die eingehenden Analysen von Textbeispielen bei Naumann, in: Z, 245 ff., und vor allem bei Dingeldey, 1972 a, 273 f.).

In dem von Chandler gezeichneten gesellschaftlichen Rahmen

sind die Bemühungen des Detektivs letztlich vergeblich. Gegenüber dem organisierten Verbrechen und den von Verbrechern geleiteten staatlichen und kommerziellen Organisationen erscheint er fast wie ein »sozial Deklassierter« (S-B, 127). Die große Wirksamkeit Chandlers gerade bei Intellektuellen beruht wahrscheinlich darauf, daß Philip Marlowe, der einzige Detektiv in allen sieben Romanen, aus seinem Underdog-Status heraus die Mächtigen unerschrocken attackiert, zwar nicht mit körperlicher Gewalt oder Waffen, sondern mit verbalen Aggressivitäten, die ihm Respekt verschaffen und mit denen er die ihm als Fachleute im Gewand des Biedermanns entgegentretenden Gesetzesbrecher wenigstens zeitweilig, indem er ihnen Angst einjagt, bezwingt. Die Romane sind dabei kunstvoll (d. h. hier spannungserregend) so angelegt, daß Marlowe jeweils zu immer gewichtigeren Kontrahenten vordringt. Entsprechend der ständig wiederholten Situation des Rededuells ist die Sprache bei Chandler zur Waffe stilisiert. Hieb und Gegenhieb wechseln einander ab, kurz und pronociert, voll der Idiomatik amerikanischen Slangs.

So mutig Philip Marlowe sich verhält –, Chandlers eigene vielzitierte Worte über ihn in »The Simple Art of Murder« (»But down these mean streets a man must go who is not himself mean, who is neither tarnished nor afraid...«, usw.) enthüllen in ihrer Naivität ein Dilemma, das auch für Hammetts Helden galt: Aus welcher Sozialisation, aus welchen Wertvorstellungen, aus welcher ›Weltanschauung‹ (begnügt man sich nicht mit dem Hinweis auf Chandlers Herkunft aus einer Quäkerfamilie) erwächst die Moral des Helden in einer Gesellschaft, die sich aus allen Traditionen gelöst hat und alle moralischen Normen mißachtet? Dies wird von Chandler zumindest nicht durchsichtig gemacht. Offenbar meint er, daß die persönliche Integrität sich auch da, wo die Korruption bereits Systemcharakter besitzt, bewahren kann. Schulz-Buschhaus hat auf diese und eine weitere Einschränkung des sozialkritischen Gehalts in Chandlers Romanen hingewiesen (S-B, 150 ff.): nur vordergründig – im Zuge der aktionistischen Ermittlungen – stoße der Held auf das historisch spezifische Unwesen der ›gangs‹ und ›rackets‹; die Hintergrundhandlungen, auf deren Ebene die überraschende Lösung des jeweiligen Falles sich abspiele, seien durch die historisch unspezifischen Verbrechen aus Liebe und Eifersucht bestimmt (vgl. etwa »The Big Sleep«, »Farewell, My Lovely«, »The Lady in the Lake«). Damit aber sei das Stimmigkeitsprinzip des realistischen Romans, dem auch die Intention der Sozialkritik unterliege, letztlich »außer Kraft gesetzt«.

Trotz dieser weitreichenden Kritik muß man doch festhalten, daß Chandler allein dadurch, daß er das Verbrechen als »Symptom eines ungeheuren sittlichen Verfalls« (Bien, in: V, 471) wenigstens in Ansätzen erkennen läßt und – dies ist entscheidend – dabei auch die Wurzeln dieses Verfalls bloßgelegt, einen Maßstab setzt für viele der gegenwärtigen Autoren, die mit dem Kriminalroman sozialkritische Intentionen verfolgen.

Die vielen von Hammett und Chandler beeinflußten Schriftsteller lassen sich recht deutlich gruppieren: Die einen greifen auf die ›violence-is-fun technique‹ zurück und nähern sich, indem sie diese verselbständigen, dem Typ des auf grobe Effekte abzielenden Heftromankrimis; die anderen knüpfen an den gesellschaftskritischen Intentionen ihrer Vorbilder an und versuchen wie sie, Unterhaltungseffekte, die auf den verbalen oder handgreiflichen Aktionen des Helden beruhen, mit der Demaskierung gesellschaftlichen Scheins zu verbinden.

Zu den prominentesten Autoren der ersten Gruppe gehören in Amerika u. a. Mickey Spillane, Carter Brown, James Hadley Chase. Sie alle dürften nicht nur von der ›hard-boiled school‹ geprägt sein, sondern zugleich vom sogenannten ›Gangsterroman‹ (zum Begriff vgl. Grella, in: M. – Beispiele: Donald Henderson, »Louis Beretti«, 1929; W. R. Burnett, »Little Caesar«, 1929), vor allem aber von dem in den dreißiger Jahren so populären, neue Anregungen für Spannungseffekte gebenden Gangsterfilm (vgl. Becker, 1975, 94 ff.; E. Patalas, 1967).

Im Mittelpunkt des Gangsterromans und-films steht der Verbrecher, der ähnliche Qualitäten wie der ›tough guy‹ besitzt (Grella, in: M, hat auf die Nähe der archetypischen amerikanischen Helden Gangster und Cowboy hingewiesen) und nur andere Konsequenzen als dieser aus seinen Erfahrungen zieht: statt einzelgängerisch Rettungsversuche einzuleiten, setzt er seine besonderen Fähigkeiten zur Ausbeutung der in seinen Augen ohnehin verlorenen Gesellschaft ein. Auf die Dauer kann sich eine solch »nihilistische Konstruktion« (Becker, 1975, 101) beim Publikum allerdings nicht durchsetzen, so daß Gangsterfilm und-roman bald an Bedeutung verlieren. Was insbesondere der Gangsterfilm jedoch an Techniken entwickelt hat – die mit raffinierten Kameraeinstellungen eingefangenen Autojagden, Schlägereien, Massenmorde durch Maschinengewehrsalven usw. – wird im Thriller allgemein imitiert.

Mickey Spillanes Bücher (u. a. »I, The Jury«, 1947; »Kiss me Deadly«, 1953) sind durch die massierte Anwendung gröbster Effekte gekennzeichnet. Sein Detektiv, Mike Hammer, geleitet vom ungehemmten Willen zur Vernichtung seiner oft der Mafia angehörenden Gegner, geht bei seinen Ermittlungen so brutal vor, daß die Grenze zum puren Sadismus immer wieder überschritten wird. Der bloßen Reizhäufung dienen dazu die sexuellen Abenteuer des Helden. Sex und Sadismus prägen zum Beispiel auch den berüchtigten Roman »No Orchids for Miss Blandish« (1939) von J. H. Chase. Der Einfluß des Gangsterromans ist hier besonders deutlich. Die längsten Partien des Romans sind der Darstellung eines perversen Verbrechens gewidmet, bevor die gewalttätigen Nachforschungen des Detektivs beginnen. (G. Orwell hat in einem Essay am Beispiel dieses Romans die Beziehungen zwischen der Verherrlichung brutaler Gewalt und dem Faschismus untersucht.) Ähnlich wie Spillane und Chase schreiben in England Sidney Horler und Peter Cheyney. Sie sind allerdings stärker vom englischen Spionageroman beeinflußt (Horler insbesondere von Sapper [vgl. Watson, 1971, 86]), der viel stärker als die ›hard-boiled school‹ generalisierende nationale und rassische Feindbilder aufbaut.

Schwer in einen historischen Längsschnitt einzuordnen ist einer der populärsten Schriftsteller des 20. Jh.s, Edgar Wallace. Dies liegt nicht nur daran, daß Wallace enger mit der englischen Tradition des kriminalistischen Spionageromans verbunden ist als mit der amerikanischen ›hard-boiled school‹, sondern auch daran, daß er nicht nur Thriller, sondern auch Detektiverzählungen (vgl. z. B. »The Mind of Mr. J. G. Reeder«, 1925) und-romane (z. B. »Room Thirteen«, 1924) geschrieben hat und daß viele seiner Thriller Elemente des Detektivromans enthalten – etwa die Kompliziertheit des Verbrechens und Ansätze analytischer Gedankenarbeit, obwohl diese dann doch meist durch den Eingriff des Zufalls ersetzt wird. Die absolute Konfusion, die Wallace in den meisten seiner Bücher herstellt, wird durch den Aktionismus seiner Helden noch verstärkt. Sie sind in dauernder Bewegung und werden in allerlei, oft deutliche Schauereffekte provozierende ›minor mysteries‹ verstrickt (vgl. dazu Becker, 1975, 25). Durch diesen Aktionismus sind die Romane von Wallace strukturell denen der ›hard-boiled school‹ ähnlich; andererseits wenden die Detektive bei ihm keine brutale Gewalt an, hierin von den ›tough guys‹ deutlich unterschieden. Sie sind eher Gentlemen – meist halboffiziell der Polizei verbunden –, die häufig unschuldig (auch sexuell) bedrohte Mädchen schützen und sich dabei in sie verlieben (vgl. »The Fellowship of the Frog«, 1952). Becker nennt die Romane von Wallace deswegen ›melodramatische Thriller‹ und sieht in der Verbindung von kriminalistischer Handlung und Liebeshandlung das Geheimnis ihres Erfolges (1975, 18 u. 21). Nach seiner Ansicht sind die 173 Bücher von Wallace eine noch nicht erschlossene Fundgrube für die kritische Erforschung der ›popular culture‹ (1975, 26). Von Wallace (vielleicht auch von Chase) führt eine direkte Linie zu etlichen Psycho-Thrillern (Psycho-Shockern), die ihre Unterhaltungseffekte vornehmlich aus der Angst der Bedrohten ziehen.

Den anderen Strang in der Nachfolge Hammetts und Chandlers

bezeichnen Autoren wie Ross MacDonald (= Kenneth Millar), Ed McBain (= Evan Hunter und Robert L. Fish, der auch als Robert L. Pike publiziert) und Chester Himes. Unter ihnen lehnt sich MacDonald (u. a. »The Ivory Grin«, 1952) am engsten an seine Vorbilder, insbesondere an Chandler an, dessen Konstruktionsschema und Schauplätze er wählt, um dessen sprachliches Niveau er sich bemüht und nach dem Urteil von Symons (1972, 194) manchmal auch erreicht. Er verlängert gleichsam Chandler in die siebziger Jahre hinein.

McBain vertauscht den Privatdetektiv nicht nur mit einem Polizisten, sondern gleich mit einem ganzen Polizeiteam, der Mannschaft eines Reviers, die dem Leser durch eine ganze Serie von Romanen vertraut wird (»Cop Hater«, 1956; »Con Man«, 195 7; »Killer's Choice«, 195 8, u. v. a.). Auch der Schauplatz wird gewechselt, Kalifornien durch New York City ersetzt. Die Thematik bleibt die der ›hard-boiled school‹: Korruption durchdringt die gesamte Gesellschaft; bleiben auch Polizisten relativ unangetastet, sind doch schon Richter und Anwälte von ihr nicht ausgenommen. Der dargestellte Polizeialltag zeigt die gleichzeitige Arbeit an verschiedenen Fällen und Vorkommnissen, was durchaus mit den Gewohnheiten der Leser von Kriminalliteratur bricht und ihr Interesse auf die Probe stellt. Der die Leser befriedigende Effekt der Bücher McBains geht vermutlich von der Kameradschaftlichkeit und Solidarität übenden Kleingruppe aus (vgl. auch die Ausführungen zu Sjöwall/Wahlöö in 3.4.), die sich unermüdlich für die Gesellschaftsordnung einsetzt, die gerade immer wieder von ihren mächtigsten Repräsentanten verletzt wird.

Die außergewöhnlichste Erscheinung unter den Nachfolgern Hammetts und Chandlers ist Chester Himes. Er schreibt zunächst gesellschaftskritische Romane zum Rassenkonflikt aus der Sicht des Schwarzen (vgl. dazu Becker, 1975, 1 1 1ff.), dann seit Ende der fünziger Jahre (nach seiner Emigration nach Frankreich) in schneller Folge Kriminalromane (u. a. »The Big Gold Dream«, 1960; »Cotton Comes to Harlem«, 1964; »A Rage in Harlem«, 1965), mit denen er besonders in Europa großen Erfolg erzielt. Seine Helden (Grave Digger und Coffin Ed), die bis auf eine Ausnahme (»Run, Man, Run«, 1966) in allen seinen Kriminalromanen agieren, sind zwei schwarze Harlemer Revierpolizisten, die sich durch robustes Eingreifen den furchtsamen Respekt ihrer Umgebung verschaffen. Sowohl die Helden und ihr Vorgehen als auch die Struktur der Romane und die wichtige Rolle, die dem Milieu für die Entwicklung und Erklärung des Verbrechens zukommt, bleiben den Mustern der ›hard-boiled school‹ verpflichtet. Das Besondere dieser Romane

liegt in zwei Varianten: Einmal erfindet Himes ständig Konfliktsi-
tuationen zwischen Schwarzen und Weißen, wobei Gut und Böse
sehr differenziert auf die Angehörigen beider Rassen verteilt werden, zeigt Spannungen gerade auch unter den Schwarzen, aber auch
Anlässe und Möglichkeiten ihrer Solidarisierung; zum anderen stellt
er Situationen und Folgen der Gewalt in einer Weise dar, die sich
häufig dem Grotesken nähert. (Da taumelt ein Mann mit einem
Messer in der Schläfe erblindet durch die Straßen, ein Motorradfah-
rer rast mit abgetrenntem Kopf noch hunderte von Metern weiter,
ein gestohlener Autoreifen verselbständigt sich und rollt, Polizisten
umreißend, eine abschüssige Straße hinunter, usw.). Es ergeben sich
chaotische Bilder (von Nelson, 1972, etwas übertrieben mit den
Visionen Boschs verglichen), die jedoch nicht als Verherrlichung der
Gewalt mißzuverstehen sind, sondern im Gegenteil als Versuch
gesehen werden müssen, die Selbstverständlichkeit der Gewalt zu
verfremden, um den Leser darauf zu stoßen, in welch einer Welt er
lebt. Bei diesem Versuch geht das detektorische Element schließlich
verloren. In »Blind Man With a Pistol« (1969) wird am Ende nichts
mehr aufgeklärt, bleibt auch die Arbeit der Detektive vergeblich.

Sind schon die Polizeibeamten von Chester Himes bei der Aus-
übung ihres Berufs in gewalttätige Handlungen verstrickt, so ver-
schärft sich diese Tendenz in den Kriminalromanen von Joseph
Wambough (»The Golden Orange«, 1990), Jerry Oster (»Nowhere
Man«, 1988), Thomas Boyle (»Only the Dead know Brooklyn«,
1986) oder Teri White (»Tightrope«, 1986), deren Polizeicorps die
inneren Widersprüche der Gesellschaft spiegeln. Vollends aufgegeben erscheint die Hoffnung, Polizisten könnten etwas gegen den
Kreislauf von Gewalt und Gegengewalt ausrichten, schließlich in
den Romanen Robert W. Campbells (»Sweet La-La Land«, 1990).

Die jüngste Entwicklung des amerikanischen Kriminalromans
läßt zugleich auch eine Wiederbelebung des Privatdetektivromans
erkennen. Dabei wird neben Los Angeles zunehmend New York als
geeigneter Ort für ethnographische und soziale Studien entdeckt.
Vor allem aber treten neue Schwerpunkte der Kriminalität in den
Mittelpunkt. Drogenmißbrauch und Unzucht mit Kindern stehen
dabei an herausgehobener Stelle. Die Romane von Andrew Vachss
(»Kata«, 1985), Robert Crais (»Stalking the Angel«, 1989) und Reed
Stephens (»The Man Who Risked His Partner«, 1984) zeigen das
Bild einer Gesellschaft, die ihre eigenen Kinder zerstört. Die Detektive und Anwälte, die dagegen engagiert, wenn auch insgesamt vergeblich vorgehen, sind zumeist Vietnamveteranen. Fast wirkt es so,
daß sie sich von dem Vorwurf reinigen möchten, selbst Babykiller
gewesen zu sein (vgl. dazu Dietze, 1991). Mit dem Vietnamtrauma

lassen sich möglicherweise auch die Kriminalromane von Frauen in Beziehungen setzen (dazu ebenfalls Dietze, 1991), die in den achtziger Jahren besonders populär geworden sind. Dabei ist nicht etwa an Ruth Rendell, P. D. James oder gar Margaret Millar zu denken, die sich im Gefolge von Patricia Highsmith um psychologische Feinarbeit bemühen, sondern an eine harte Schule von Feministinnen, die sich als »Sisters of Crime« organisiert haben. Die Heldinnen von Sara Paretsky (»Blood Shot«, 1988), Sue Grafton (»A is for Alibi«, 1987), Melody J. Howe (»The Mother Shadow«, 1989) u. a. haben gegen die gedemütigten Kriegsheimkehrer den »Krieg der Geschlechter« begonnen und wehren sich mit denselben Mitteln, deren Wirksamkeit sie selbst bzw. ihre unterdrückten Geschlechtsgenossinnen zuvor am eigenen Leib gespürt haben oder die sie sich vom ›private eye‹ der ›hard-boiled school‹ abgesehen haben: Sie reden abgebrüht und verächtlich, schlagen brutal zu, notfalls unter die Gürtellinie, und erproben das sexuelle Freibeutertum – obwohl sie den Anachromismus und die Verächtlichkeit männlicher Rituale – wenigstens zum Teil – durchaus wahrnehmen.

Literatur:

Zur ›hard-boiled school‹ *allgemein: W. M. Frohock,* The Novel of Violence in America, 1920–1950, Dallas, [2]1957. *M. Gilbert,* The Moment of Violence, in: M. Gilbert (vgl. G.) *R. Goulart* (Hg.), The Hardboiled Dicks: An Anthology and Study of Pulp Detective Fiction, Los Angeles, 1965. *David Madden* (vgl. M) (daraus insbesondere: *Ph. Durham,* The ›Black Mask‹ School; *S. N. Grebstein,* The Tough Hemingway and His Hard-Boiled Children). *G. Grella,* Murder and the Mean Streets. The Hard-Boiled Detective Novel, in: Contempora 1, 1970. *D. Porter,* The Pursuit of Crime. Art and Ideology of Detective Fiction, New Haven, 1981. *E. Margolies,* Which Way Did He Go? The Private Eye in Dashiell Hammett, Raymond Chandler, Chester Himes and Ross MacDonald, New York, 1982. *W. Ruehlman,* Saint With a Gun. The Unlawful American Private Eye, New York, 1984. *D. Geherin,* The American Private Eye. The Image in Fiction, New York, 1985. *H. Kuzmics,* Der Schriftsteller als Soziologe. R. Chandlers und D. Hammetts ›hartgesottener Privatdetektiv‹ als Sozialcharakter, in: dh 148, 1987. *S. R. Christiansen,* Tough Talk and Wisecracks. Language Power in American Detective Fiction, in: Journal of Popular Cultur, Vo. 23, 1989.
Zum *Gangsterroman* und-*film: T. Narcejac,* La Fin d'un bluff. Essai sur le roman policier noir américain, Paris. 1949. *R. Borde/E. Chaumeton,* Panorama du Film Noir Américain 1941–1953, Paris, 1955. *E. Patalas,* Stars-Geschichte der Filmidole, Frankfurt, 1967. *G. Grella,* The Gangster Novel: The Urban Pastoral, in: M. S. L. Karpf, The Gangster Film. Emergence, Variation and Decay of a Genre, 1930–1940. Unpubl. Doct. Diss., Northwestern University, Dissertation Abstracts International 30, 1970. *J. P. Becker,* Sherlock Holmes & Co. Essays zur englischen und amerikanischen Detektivlite-

ratur, München, 1975. *G. Seeßlen,* Mord im Kino. Geschichte und Mytholo-
gie des Detektivfilms, Hamburg, 1981. *W.D. Lützen,* Der Krimi ist kein
deutsches Genre. Momente und Stationen zur Genregeschichte der Krimiunterhaltung, in: E/G. *R. Albrecht,* Profi(t)gangster Parker: eine Karriere. Eine
US-amerikanische Krimiserie im bundesdeutschen Markt, in: dh 154, 1989.

Zu *Gardner: A. Johnston,* The Case of Erle Stanley Gardner, New York, 1947.
E. H. Mundell, Erle Stanley Gardner. A Checklist, Kent State Univ. Press,
1968.

Zu *Hammett:* W. *P. Kenny,* The Dashiell Hammett Tradition and The
Modern Detectice Novel. Unpubl. Doct. Diss. Univ. of Michigan, 1964.
W. Blair, Dashiell Hammett. Themes and Techniques (zuerst 1967) (deutsch:
D.H. Motive und Erzählstrukturen, in: V). *E. H. Mundell,* A List of the
Original Appearances of Dashiell Hammett's Magazine Work, Kent, 1970. *P.
Nusser,* Aufklärung durch den Kriminalroman, in: NDH 131, 1971.
U. Schulz-Buschhaus (vgl. S-B). A. Arnold/J. Schmidt, Reclams Kriminalro-
manführer, Stuttgart, 1978. *P. Wolfe,* Beams Falling: The Art of Dashiell
Hammet, Bowling Green (Ohio), 1980. *U. Suerbaum,* 1984 (vgl. S). *D. John-
son,* Dashiell Hammett. Eine Biographie, Zürich, 1985. *W. Nolan,* Dashiell
Hammett. Eine Biographie, Frankfurt/M-Berlin, 1985.

Zu *Chandler: P. Durham,* Down These Mean Streets a Man Must Go.
Raymond Chandler's Knight, Chapel Hill, 1963. *G. Bien,* Abenteuer und
verborgene Wahrheit. Gibt es den literarischen Detektivroman? (zuerst 1965),
in: V. *D. Naumann,* Zur Typologie des Kriminalromans (zuerst 1968), in: Z.
M. Bruccoli, Raymond Chandler. A Checklist, Kent, 1968. *F. Jameson,* On
Raymond Chandler, in: Southern Review VI, 3, 1970. *E. Dingeldey,* Erkennt-
nis über Vergnügen? Vorwiegend didaktische Überlegungen zum Kriminal-
roman im Unterricht, in: DD 9, 1972 (a). *J.-P. Becker,* Murder Considered as
One of the Fine Arts. Raymond Chandlers Erzählung ›I'll Be Waiting‹, in:
Literatur in Wissenschaft und Unterricht 6, 1973, H. 1. *U. Schulz-Buschhaus*
(vgl. S-B). *J.-P. Becker,* The Mean Streets of Europe. The Influence of the
American ›hardboiled school‹ on European detective fiction, in: C. W.E-
.Bigsby (Hg.), Superculture, London, 1975 (b). *Y. Karsunke,* Ein Yankee an
Sherlock Holmes' Hof. Der Kriminalromancier Raymond Chandler, in: Sch.
J. Speir, Raymond Chandler, New York, 1981. *U. Suerbaum,* 1984 (vgl. S).
P. Wolfe, Something More Than A Knight: The Case of Raymond Chandler,
Bowling Green, 1985. *K. Lutze,* Mein Freund Marlowe. Das einsame Leben
des Raymond Chandler, Hamburg, 1988.

Zu *Spillane: J. G. Cawelti,* The Spillane Phenomenon, in: Journal of Popular
Culture III, 1969. *M.A. Collins/J. L. Traylor,* One Lonely Knight. Mickey
Spillane's Mike Hammer, Bowling Green (Ohio), 1984.

Zu *Wallace: M. Lane,* Edgar Wallace, London, 1938, [2]1964. *H. Tötsch,* Edgar
Wallace und die Detektivgeschichte, Diss. Innsbruck 1953. *W. Lofts/D. Ad-
ler,* The British Bibliography of Edgar Wallace, London, 1969. *C. Watson,*
Snobbery With Violence. Crime Stories and Their Audience, London, 1971.
J.-P. Becker (s. u. Gangsterroman). Zu *Chase: G. Orwell,* Raffles and Miss
Blandish, in: Horizon, 1944, und in: The Collected Essays, Journalism and
Letters of George Orwell, Vol. III, Harmondsworth, 1970.

Zu *McDonald: R. A. Sokolov,* The Art of Murder, in: Newsweek, March 22, 1971. *J. Symons,* Bloody Murder, From the Detective Story to the Crime Novel. A History. London, 1972. *M. Byrd,* The detective detected. From Sophokles to Ross McDonald, in: The Yale review 64, 1974, H. 1. *M. Byrd,* Chasing the detective, in: The Yale review 66, 1977, H. 3.

Zu *Himes: P. Oakes,* The Man Who Goes Too Fast, in: Sunday Times Magazin, Nov. 9, 1969. *E. Margolies,* The Thrillers of Chester Himes, in: Studies in Black Literature I, 2, 1970. *R. Nelson,* Domestic Harlem. The Detective Fiction of Chester Himes, in: Virginia Quarterly Review 48, 1972. *C. Himes,* The Quality of Hurt. The Autobiography of Chester Himes. Vol. I, New York, 1972. *J.-P. Becker* (s. u. Gangsterroman). *J. Lundquist,* Chester Himes, New York, 1976. *S. F. Milliker,* Chester Himes. A Critical Appraisal, 1981.

Zum amerikanischen Kriminalroman der achtziger Jahre: K. G. Klein, Gender and Genre, Carbondale, 1988. *M. T. Reddy,* Sisters in Crime, New York, 1988. *G. Dietze,* Zum amerikanischen Privatdetektivroman der achtziger Jahre, in: Underground, Mai 1991.

3.4. Neuansätze des Kriminalromans in der Gegenwart

Die allmähliche Erstarrung des Kriminalromans in den historisch entstandenen, mehr oder weniger fest ausgebildeten Mustern führt seit ungefähr 1960 zu verschiedenen Versuchen, die Unterhaltung-qualitäten der Gattung mit gesellschaftskritischen und emanzipato-rischen Anliegen, sofern sie sich auf den Bereich Verbrechen und Verbrechensaufklärung beziehen lassen, zu verbinden. Gerade die bedeutendsten Vertreter der gegenwärtigen Kriminalliteratur widmen sich diesem Versuch. Dabei geht es künstlerisch vor allem um die (nicht immer zu befriedigenden Ergebnissen führende) Bemü-hung, Gesellschaftskritik nicht durch partielle Zusätze der unterhal-tenden Handlung gleichsam nur aufzupfropfen, sondern sie in die Bedingungen der Unterhaltung zu integrieren. Hier sind bisher alle die Möglichkeiten ergriffen worden, die in den die Gattung konsti-tuierenden Handlungsträgern angelegt sind: Aufklärerische Inten-tionen haben sich mit der Darstellung der einen Fall ›Aufklärenden‹ (mit Detektiv oder Polizei), mit der Darstellung des Opfers, mit der Darstellung des Täters und der ihn umgebenden Gesellschaft ver-bunden. Dabei läßt sich bemerken, daß viele Autoren mit den Mu-stern der Strukturierung unkonventionell verfahren, analytisches und ›mitreißendes‹ (chronologisches) Erzählen verbinden, auch die einheitliche Erzählperspektive durch Multiperspektivität ersetzen. Es erscheint daher angemessen, wenn im folgenden systematisch nach den Aufklärungsabsichten und nicht nach den herkömmlichen Erzählschemata gruppiert wird, wobei allerdings nach Möglichkeit angedeutet werden soll, inwiefern sich bestimmte unterhaltende Erzählformen bestimmten Aufklärungsabsichten als besonders adäquat erweisen. Eine Schwierigkeit ergibt sich daraus, daß manche Autoren ihre aufklärerischen Intentionen an mehrere Handlungsträger knüpfen, so daß ihre Zuordnung nicht immer ganz plausibel erscheinen mag. Notgedrungen konkurriert in diesem Abschnitt der systematische Charakter der Darstellung mit dem historischen. Im übrigen kann angesichts des Umfangs experimentierender Kriminalliteratur in der Gegenwart nur exemplarisch verfahren werden.

A. Die Darstellung der Ermittelnden als Ansatzpunkt der Aufklärungsabsicht

Die Schweden Maj Sjöwall und Per Wahlöö haben – beeinflußt von den Büchern McBains, die zum Teil von ihnen ins Schwedische übersetzt wurden (vgl. Butt, 1978, 360) – zwischen 1964 und 1975 zehn von vornherein als Zyklus konzipierte Kriminalromane verfaßt (vgl. dazu P. Wahlöö, 1967), in denen die Ermittlungstätigkeit eines Stockholmer Polizistenteams geschildert wird. Ihre offen bekundete Absicht liegt darin, den Leser durch traditionelle Unterhaltungseffekte der Gattung an sich zu binden, ihn dabei gleichzeitig aber zunehmend durch Gesellschaftskritik zu verunsichern und nachdenklich zu machen. Zu diesem Zweck thematisieren sie einerseits die gesellschaftlichen Bedingungen, die jemand zum Täter oder Opfer werden lassen, andererseits und vor allem aber den Bewußtseinsstand der Polizei, die das Verbrechen bekämpft. Um die polizeilichen Tätigkeiten in ihrer Breite zeigen zu können, sind die Romane so strukturiert, daß der Rätselcharakter des Verbrechens prinzipiell aufrechterhalten und die Spannung des Lesers durch eine überlegte Dosierung der Indizien erzielt wird. Dennoch lernt der Leser gleichzeitig etwas über die Psyche des Täters, weil die Autoren mit Hilfe des perspektivischen Wechsels Charakterstudien Verdächtiger aufbauen, sich dabei aber bemühen, die Identität des Täters möglichst nicht frühzeitig preiszugeben. Der Unterhaltungseffekt wird vor allem durch die Darstellung der funktionierenden ›teamwork‹ der Polizei gewährleistet, an der alle Beteiligten einen wichtigen und unverwechselbaren Anteil haben. In diesem Team finden sich die meisten der Eigenschaften wieder, die in der Geschichte des Kriminalromans oft auf eine einzige Figur vereinigt worden sind. Der detektivische ›Superman‹ erscheint bei Sjöwall/Wahlöö gleichsam zerlegt und auf verschiedene Figuren verteilt, die jeweils für sich mit vielen Schwächen erscheinen können, wodurch der Schein einer realistischen Darstellung entsteht. (Nur die überlegenen logischen Fähigkeiten des Detektivs werden von den Autoren durch ein eher kreatives, gegen die Konvention gerichtetes Denken ersetzt, das den primus inter pares, Martin Beck, auszeichnet.) Die sehr menschliche kleine Gesellschaft der Polizisten erscheint dem Leser um so anziehender, als ihre wichtigsten Mitglieder auch in ihrem Privatleben gezeigt werden, das in bezeichnenden Wechselwirkungen zum Berufsleben steht.

Die aufklärerische Intention der Autoren fließt direkt in die Ermittlungsarbeit der Polizeidetektive ein. Was Martin Beck und seinen Kollegen als Verbrechen begegnet, erscheint ihnen als Folge der durch kapitalistische Interessen regierten schwedischen Gesellschaft. Die Verbrecher sind ganz gewöhnliche Menschen, Alleingelassene, Zukurzgekommene, in Verzweiflung Getriebene, die mit dem auf sie ausgeübten Druck nicht fertig werden und Kurzschlußhandlungen begehen. Umgekehrt erscheinen die ›Normalbürger‹, da wo sie sich in die Verbrechensbekämpfung einschalten, als vorurteils- und aggressionsgeladene Fanatiker, die den Weg der Lynchjustiz bejahen. So fließen in den Augen der Ermittelnden, in deren Perspektive der Leser hingezogen wird, die Grenzen von Verbrechern und Nichtverbrechern ineinander. Dieser Eindruck wird noch verstärkt, wenn das Opfer (vgl. »Polis, polis, potatismos!«, 1970; deutsch: »Und die Großen läßt man laufen«) die Reaktion des Täters provoziert hat und dieser als das eigentliche Opfer der durch den Ermordeten mitverantworteten menschenfeindlichen gesellschaftlichen Verhältnisse erscheint. Machtlos und resigniert sehen die aufgeklärten und aufklärenden Polizisten Sjöwalls und Wahlöös zu, wie die eigentlich Schuldigen straflos bleiben.

Um jedoch kein unrealistisch verklärendes Bild der Polizei zu geben, richten die Autoren ihr kritisches Augenmerk auch auf die Mängel dieser Institution. Sie zeigen inkompetente, aber Spitzenpositionen einnehmende Beamte; gewalttätige Provokationen durch Streifenpolizisten (während Beck und seine Freunde auf Gewalt zunehmend empfindlicher reagieren); die gesellschaftliche Isolierung des Polizeiapparates zum politisch manipulierbaren Staat im Staate, was seiner Bestimmung, dem Schutz der Bevölkerung zu dienen, widerspricht; schließlich die Entdemokratisierung im Innern. So verdichten sich im Polizeiapparat die inhumanen Züge des kapitalistischen Wohlfahrtsstaates: Egoismus, Skrupellosigkeit und Aggressivität. Nur in der kleinen Gruppe wie dem Beckschen Team lassen sich, trotz aller psychischen Rückschläge, humanere Verhal-

tensweisen aufbauen –, hierin liegt wohl die emanzipatorische Bot-
schaft der Autoren. Ihre Gesellschaftskritik ist in den letzten Bänden
des Zyklus' nicht mehr so nahtlos in die Handlung integriert wie in
den mittleren. Reflexionen zu allen möglichen Mißständen (vgl.
Hengst, in Sch, 175) überwuchern das detektorische Geschehen und
zeigen die Grenzen der Belastbarkeit eines Genres, das in erster
Linie spannend unterhalten will.

Ähnliche Intentionen wie Sjöwall/Wahlöö verfolgt in Deutschland Richard Hey (»Mord am Lietzensee«, 1973; »Engelmacher &
Co.«, 1975; »Ohne Geld singt der Blinde nicht.«, 1980). Auch er hält
an der Verrätselung des Verbrechens fest und läßt die Polizei vorwiegend aktionistisch ermitteln, wodurch der ›mitgehende‹ Leser
mit den verschiedensten kritikwürdigen, durch detailreiche Milieustudien veranschaulichten, gesellschaftlichen Bereichen konfrontiert werden kann. Das Verbrechen erscheint bei Hey entweder aus
Profitsucht motiviert oder aus der verzweifelten Lage von Angehörigen gesellschaftlicher Randgruppen, die sich aus dem ihnen zuge-
wiesenen Dasein gewalttätig befreien oder an der Schwelle zum
Verbrechen stehen. Für ihre Problematik gewinnt der Leser Verständnis mit Hilfe der Identifikationsfigur, der Polizeikommissarin
Katharina Ledermacher, deren Sensibilität für die Notlage anderer
aus eigenen deprimierenden Sozialisationserfahrungen resultiert.
Unter ihren Kollegen, die von Hey dazu benutzt werden, kontroverse Auffassungen von der Aufgabe der Polizei zu vermitteln,
erscheint Katharina Ledermacher als ›teilnehmende‹ Beobachterin,
die über den Kontakt zu den Verdächtigen und Verbrechern deren
Motivation zu verstehen sucht. Entsprechend will sie Polizeiarbeit
als Sozialarbeit verstanden wissen, der die Verhinderung von Verbrechen wichtiger sein muß als die Verfolgung von Gesetzesbre-
chern. Mit dieser Auffassung und dem Versuch, daraus Konsequenzen zu ziehen, ist sie ein Gegenbild zu den tatsächlichen Polizeiprak-
tiken, die – von Hey in exemplarischen Situationen eingefangen –
vom Erfolgszwang aus Furcht vor der durch die Massenpresse ge-
steuerten Öffentlichkeit über brutale, die Kriminalität von Außen-
seitern geradezu provozierende Einsätze bis zum Abschieben jeder
Verantwortung auf nicht greifbare Instanzen reichen oder bis zur
schuljungenhaften Begeisterung für die tendenziell auf den totalen
Überwachungsapparat hinsteuernden technischen Möglichkeiten
der Fahndung. Durch die Tatsache, daß die Heldin und ihre Tochter
mehrmals selbst zu Opfern polizeilicher Willkür werden, wirkt
Heys Polizeikritik besonders eindringlich. Ihre letzte Zuspitzung
erfährt sie in dem 1980 erschienenen Roman »Ohne Geld singt der
Blinde nicht«, der dem überraschten Leser vor Augen führt, daß der

deutsche Verfassungsschutz an den illegalen Geschäften eines Rauschgifthändlerrings beteiligt ist, um Heroin in die Zentren linker Aufsässigkeit lenken und mögliche Terroristen so von vornherein handlungsunfähig machen zu können. Der Staat spare damit die Kosten für Prozesse und Gefängnishaft, sagt einer der Kollegen Katharina Ledermachers. Angesichts dieses Zynismus qittiert sie den Dienst. – Insgesamt erscheint die Kritik Richard Heys ähnlich weitreichend wie diejenige Sjöwalls und Wahlöös (vgl. dazu Nusser, 1981, 319f.). Die Unterschiede zwischen diesen Autoren liegen in ihren Entwürfen ›emanzipatorischer Gegenbilder‹, die bei den Schweden erzählerisch dichter, bei Hey möglicherweise resignativ wirken.

Eine ganz andere Form der ›Aufklärung‹ als Sjöwall/Wahlöö und Hey wählt Harry Kemelman (»Friday the Rabbi Slept Late«, 1964; »Saturday the Rabbi Went Hungry«, 1966; »Sunday the Rabbi Stayed Home«, 1969; usw.). Sein Detektiv ist ein junger amerikanischer Rabbi, der sich in Fälle einschaltet, die sich in seiner Gemeinde abspielen, und der als Privatmann seine analytischen Fähigkeiten aus Sorge um seine Gemeindemitglieder einsetzt. Kemelman ist nicht der ›hard-boiled school‹, sondern ganz dem Muster des klassischen Detektivromans verpflichtet, das er perfekt beherrscht (vgl. dazu seine Beispielerzählungen in »The Nine Mile Walk«, 1967), jedoch nur als Mittel zum Zweck benutzt. Denn die Aufklärungsabsicht seines privaten, im Streitgespräch über die Auslegung des Talmud geschulten Detektivs gilt nur vordergründig der Ergreifung des Mörders, so glänzend er auch seine Beweisketten einem erstaunten Polizeichef und Leser vorführt. Sie zielt im Grunde auf die Selbsterkenntnis derer, die auf den Mord emotional reagieren und in der Folge der Tat als Verdächtige oder Außenstehende ihrer Vorurteilsbeladenheit, ihrem aggressiven Konformismus, ihrem Prestigedenken und Egoismus freien Lauf lassen und sich, obwohl sie eine Gemeinde zu sein vorgeben, gegenseitig ausspielen. Als leidenschaftlicher Verfechter der Vernunft versucht der Rabbi in Gesprächen das häßlich verzerrte Gesicht seiner Gemeinde zu entspannen. Er ist nicht Fanatiker des Denkens, sondern der Wahrheit, dessen Gedanken immer auf die Lösung praktischer Probleme des Zusammenlebens bezogen sind. Seine in einem sehr unschwärmerischen Glauben verankerte Persönlichkeit erträgt unbeschädigt auch die eigene Verunglimpfung und Isolation in der Gruppe, gibt ihm auch den Mut, den Mordverdacht auf sich zu lenken, wenn er andere, die er für unschuldig hält, damit entlasten kann. So weist der ›weltfremde‹ Repräsentant einer religiösen Tradition bei Kemelman die Richtung in die Zukunft. Von dem aus seiner Geschichte lebenden Juden geht die Kraft gesellschaftlicher Erneuerung aus, indem er durch sein Handeln das Modell einer ihre Konflikte vernünftig austragenden Gesellschaft entwirft.

B. Die Darstellung des Täters als Ansatzpunkt der Aufklärungsabsicht

Die ausführliche und intensive Gestaltung des Täters (und der ihn beeinflussenden Umweltfaktoren) hat in letzter Zeit zu mehreren unterschiedlichen Formen der Gattung geführt.

Ähnlich wie Boileau/Narcejac wählt die Amerikanerin Patricia Highsmith (u.a. »Strangers on a Train«, 1950; »The Talented Mr. Ripley«, 1955; »The Tremor of Forgery«, 1969; »Ripley Under Ground«, 1970; »Ripley's Game«, 1974; »The Boy Who Followed Ripley«, 1980; »Found in the Street«, 1984) den Standort des Erzählers vor dem Verbrechen. Sie ist den Franzosen auch insofern verbunden, als sie den Verbrecher, dem ihr Interesse gilt, eigentlich als Opfer erscheinen läßt und zugleich seinen Fall eher im individualpsychologischen als gesellschaftlichen Rahmen behandelt. Sie beschäftigt sich mit den »unerwarteten Möglichkeiten ...«, die in scheinbar harmlosen Menschen verborgen sind« (W, 87), stellt Verwandlungsprozesse dar, die bei Schwächen, Wünschen, Belastungen und Ängsten einer Person beginnen (vgl. ebd.) und in der Gewalttätigkeit als dem Ausleben einer langen Enttäuschung enden (vgl. Handke, in: Sch, 127). Da sie jedoch auf die detektivische Ermittlung verzichtet, gehören ihre Bücher letztlich nicht der Gattung des Kriminalromans, sondern der Verbrechensliteratur an (vgl. 1.1.1.), zu der seit jeher besondere literarische Leistungen zählen. In der Nähe der Texte von Patricia Highsmith stehen einige der späteren Romane von Margaret Millar (»Beyond This Point Are Murders«, 1970; »Ask For Me Tomorrow«, 1976; »The Murder of Miranda«, 1979).

Wie fließend die Grenze zwischen diesen Verbrechens- und Kriminalliteratur sein kann, zeigt John Binghams bekannter Roman »Murder Plan Six« (1958), der neben der im Mittelpunkt stehenden Genese des Verbrechens (die der Täter selbst auf Tonband darstellt) die Kategorie der Detektion durch vorgeschobene ›Ermittelnde‹ (eigentlich Verstehende) nur notdürftig aufrechterhält, um als Pointe dann auch einen dieser ›Ermittelnden‹ in die Rolle eines Täters zu bringen. Im Grunde handelt es sich auch hier eher um Verbrechensliteratur. Der aufklärerische Effekt des Buches, der hinter seinen unterhaltenden Qualitäten zurücktritt, liegt in der Darstellung der psychischen Unwägbarkeiten unmittelbar vor und während der begangenen und nicht begangenen Tötungen, wodurch die Problematik der moralischen Bewertung des Verbrechens angeschnitten und der Leser zur Zurückhaltung und Differenzierung seines Urteils aufgefordert wird.

Einen Schritt weiter als Bingham geht Michael Molsner in seinen frühen Romanen. Auch er erzählt wie Bingham über weite Strecken aus der Perspektive des Täters, in »Und dann hab ich geschossen« (1968) aus der eines psychisch erkrankten wirklichen Mörders, in »Harakiri einer Führungskraft« (1969) aus der eines potentiellen Mörders, der seine Tat in Gedanken durchspielt. Auch Molsner ist an der Detektion im kriminaltechnischen Sinn nur insoweit interessiert, als durch sie der Anspruch der Gattung Kriminalroman gerade erfüllt wird. Die Verbindung von Täterperspektive und Detektion führt erzähltechnisch zu Problemen, die nur mit diffizilen Arrangements (Tagebuchaufzeichnungen, Parallelhandlungen, zeitlichen Versetzungen usw.) gelöst werden können. Dies beeinträchtigt zweifellos die Spannung im üblichen Sinn, vermag aber dennoch zu interessieren. Molsners eigentliches Anliegen ist die Erklärung der Tatmotive, deren Vielschichtigkeit und gesellschaftliche Bedingtheit er verdeutlichen will. Die psychische Erkrankung des Täters ist Folge seiner Sozialisation, das Psychogramm des Täters ist gleichzeitig ein Soziogramm der Gesellschaft. In seinem bisher wichtigsten Roman, »Rote Messe« (1973), verlagert sich die Fragestellung auf die Ursachen eines Kollektivmords. Sehr geschickt veranschaulicht Molsner durch verschiedene Szenen zumindest Teilaspekte der Brutalisierung einer kleinstädtischen Bevölkerung. Kriminalität wird damit nicht als technisches Problem behandelt, auch nicht als juristisches, sondern als politisches: sie wird interpretiert als eine Folgeerscheinung sozialer Abhängigkeiten, der Angsterzeugung durch die Massenmedien, der Intoleranz gegenüber politisch Andersdenkenden. Die Ermittelnden sind bei Molsner, sofern sie feste berufliche Positionen innehaben, mittelbar in das System latenter Kriminalität verstrickt; nur einige (intellektuelle) Zeugen, die mit ihren Beobachtungen die eigentliche ›Aufklärungsarbeit‹ leisten, behalten die Freiheit, für sich selbst Konsequenzen aus dem Miterlebten zu ziehen.

Den Ansatz, den Leser mit der Darstellung des Täters über Ursachen des Verbrechens aufzuklären, verfolgt in der Regel auch die sozialistisch geprägte Kriminalliteratur, für die hier exemplarisch Kriminalliteratur aus der ehemaligen DDR angeführt werden soll (was nicht ausschließt, daß dort auch ›nicht-sozialistische‹ Kriminalromane geschrieben wurden). Ob es sich um die auf Gerichtsakten basierenden Kriminalreportagen von Rudolf Hirsch oder Friedrich Karl Kaul handelt, die nach dem Vorbild von Egon Erwin Kischs »Prager Pitaval« (1931) gearbeitet sind (vgl. Pfeiffer, 1960, 275 ff.), oder um Kriminalromane von Wolfgang Schreyer, A. G. Petermann, Günter Prodöhl, Fritz Erpenbeck u.a. (vgl. Jäger, in: Sch) oder schließlich um die Heftromane etwa der ›Blaulicht‹- Reihe (vgl. die Analyse eines ›Blaulicht‹-Krimis bei Nusser, 1971, 80 ff.), – ihnen allen sind entscheidende Grundvorstellungen gemeinsam: Im Sozialismus ist nach marxistischer Lehre mit der Beseitigung der kapitalistischen Eigentumsverhältnisse auch das Verbrechen nicht mehr motiviert. Sozialistische Moral beruht auf kollektiver Zusammenarbeit, friedlichem Wettbewerb, freundschaftlicher Hilfe und macht das Verbrechen überflüssig. Wenn es dennoch begangen wird, so muß es auf gesellschaftliche Schwierigkeiten und Widersprüche zurückzuführen sein, die durch Reste kapitalistischer Umgebung und Vergangenheit verursacht sind. Daraus ergibt sich für den Kriminalroman: Er muß zunächst jedes Verbrechen gesellschaftlich begründen; er muß zweitens den Klassencharakter des Verbrechens zeigen und es als Angriff auf die sozialistischen Beziehungen der Menschen werten; er muß drittens Wege zur Überwindung des Verbrechens und zur Eingliederung des Verbrechers in die sozialistische Gesellschaft aufweisen. Nur wenn diese Voraussetzungen erfüllt werden, hat Kriminalliteratur im sozialistischen Staat überhaupt eine Daseinsberechtigung. Was Aufklärung heißen kann, ist damit freilich schon eingegrenzt. Sie kann gewisse ideologische Grenzen nicht überschreiten und verkehrt sich damit nicht selten in ihr Gegenbild, die Indoktrination.

Die Täter, deren Sozialisation meist ausführlich verfolgt wird, sind fehlgeleitet, aber entwicklungsfähig (deswegen zögerte man auch, Mörder darzustellen, und bevorzugte dafür kleine Ganoven); sie sind immer beeinflußt von den Bewußtseinsrelikten bürgerlich-kapitalistischer Gesellschaftsformen oder ›westlich konterrevolutionärer Elemente‹. Die Detektive sind Angehörige von Polizeikollektiven, deren Rollenverständnis in der Überzeugung liegt, daß Entgleisten wieder aufgeholfen werden kann und muß, – eben durch sozialistische Bekehrung. Damit blieb Aufklärung in einem fixierten Gesellschaftsbild befangen, das grundsätzlich in Frage zu stellen nicht gewagt wurde. Inwieweit sich in den achtziger Jahren bei Autoren wie Klaus Möckel, Steffen Mohr, Gert Prokop u.a. bereits neue Entwicklungen andeuteten – z.B. bei der Wahl der Verbrechen (man vgl. z.B. Prokops Roman über Computerkriminalität: »Das todsichere Ding«) – ist noch nicht untersucht worden.

Der traditionelle sozialistische Kriminalroman, der den Täter und den parteilichen Polizeidetektiv gleicherweise in den Mittelpunkt stellt, gerät, was seine Unterhaltsamkeit angeht, in ein unausweichliches Dilemma. Vielleicht beeinträchtigt nicht einmal so sehr der durch die stereotypen Explikationen von Inspektor- Detektiven in die Erzählungen geworfene theoretische Ballast das Interesse des Lesers; jedoch die Tatsache, daß der Leser meist den Täter, die Tatmotive, den Hergang der Tat schon kennt, bevor der Detektiv überhaupt in Aktion tritt, wirkt ausgesprochen lähmend. Daß der Leser in den meisten Fällen mehr über den Täter weiß als der Detektiv, ist ganz folgerichtig, wenn ihm die gesellschaftlichen Bedingungen des Verbrechens durchschaubar gemacht werden sollen. Die Situation des Täters kann dann nicht erst rückblickend am Ende des Buches aufgerollt werden, sondern muß von Anfang an ausführlich entwickelt werden. Aus diesem Grund erzählt der sozialistische Kriminalroman vorzugsweise im perspektivischen Wechsel. Abwechselnd werden das Vorgehen des Täters und die Ermittlung der Polizei geschildert. Dem bereits informierten Leser bleibt meist nichts anderes übrig, als abzuwarten, wie geschickt oder ungeschickt sich die Ermittelnden bei ihrer Arbeit anstellen. Daraus resultiert nicht nur Langeweile, zumal aus pädagogischen Gründen auf die reißerischen Mittel (brutale Schlägereien, Verfolgungsjagden etc.) des westlichen Thrillers, der das gleiche Erzählmuster verwendet, verzichtet wird; daraus resultiert auch ein gravierender Widerspruch: Indem der sozialistische Kriminalroman da, wo er die Arbeit der Polizeidetektive zeigt, dem Leser das Gefühl der Überlegenheit suggeriert, unterläuft er die intendierte Bedeutung dieser Figur, die durch ihre gesellschaftsbewußte Einstellung als überlegen und vorbildlich erscheinen soll.

Die Spannungslosigkeit und die inneren Widersprüche des sozialistischen Kriminalromans sind eine Folge davon, daß seine Autoren seine Unterhaltungsfunktionen nicht ernst nahmen oder nicht genügend reflektierten. Unterhaltung aus dem Verbrechen und der Aufdeckung seines Hergangs zu ziehen, erschien ihnen schwer möglich, wo es doch um einen Beitrag zur Aufhellung und Überwindung von Verbrechen überhaupt gehen sollte. Formkritische Urteile über ihre Kriminalromane konnten die Autoren daher wenig berühren. Wahrscheinlich galt auch das Unterhaltungsbedürfnis des Publikums in ihren Augen als anachronistisch und überwindenswert. Jedoch hätte auch vom Standpunkt marxistischer Literaturkritik ernsthaft die Frage bedacht werden müssen, ob das Anliegen des sozialistischen Kriminalromans überhaupt effektiv werden konnte, wenn er sich mit diskursiven Erklärungen und die Zukunft beschwörenden Propagandasprüchen begnügte, statt Modelle aufgeklärten Zusammenlebens in der Handlung zu gestalten.

Akzentuieren die bisher unter B dargestellten Neuansätze des Kriminalromans das Interesse am einzelnen Täter, indem sie psychologische oder gesellschaftliche Voraussetzungen seiner Tat freilegen (Molsners »Rote Messe« bildet in dieser Reihe die Ausnahme), so richten die Kriminalromane des unter dem Pseudonym -ky schreibenden Horst Bosetzky und des Italieners Sciascia ihre Aufmerksamkeit stärker auf die einem gesellschaftlichen System immanente Kriminalität.

-ky wählt z. B. in »Stör die feinen Leute nicht« (1973) und »Es reicht doch, wenn nur einer stirbt« (1975) eine fiktive deutsche Kleinstadt als Schauplatz, die er als ein überschaubares geschlossenes soziales, von kapitalistischen Interessen bestimmtes System darstellt. Repräsentanten der wichtigsten wirtschaftlichen, politischen, gesellschaftlichen Gruppen – von -ky scharfsichtig durchschaut und deutlich beim Namen genannt – treten durch das Verbrechen untereinander in Beziehungen und machen Macht-, Unterdrückungs- und Abhängigkeitsmechanismen deutlich, in denen das Verbrechen da zum notwendigen Instrument wird, wo die eigentlichen Nutznießer des Regelkreises ihre Interessen gefährdet sehen. -ky behält grundsätzlich das Schema des alten Detektivromans bei und durchsetzt es mit ›action‹-Elementen. Ermittlungen werden von einem entmythologisierten Kommissar geleitet, dessen Spielraum eingeengt ist, der weder das ihn umgebende Gesellschaftssystem durchschaut noch seinen Platz darin und der den das Verbrechen eigentlich steuernden (durchaus sympathisch dargestellten) wirtschaftlich Mächtigsten auch nicht überführen kann (vgl. Schmitz/Töteberg, 1978, 187). So werden rätselhafte Fälle zwar ›gelöst‹, jedoch nur vordergründig. Die Welt kommt nicht mehr in Ordnung, wie im klassischen Detektivroman; die Aufklärung über die inhumane Gesellschaftsstruktur, in der er lebt, bleibt für den Leser ein beunruhigendes Moment – zumal die Alternative eines humanen Sozialismus von -ky nicht formuliert wird, sondern höchstens aus der ironischen Gestaltung der das Gesellschaftssystem kritisch reflektierenden Figur eines ›linken‹ Journalisten erschlossen werden kann. In anderen, teilweise im gleichen Zeitraum, teilweise später entstandenen Romanen hält -ky zwar an seinem prinzipiellen Interesse für die Auswirkungen krimineller Handlungen fest, bemüht sich zugleich aber auch stärker um die Motivierung des Verbrechens, das er sowohl psychologisch verständlich erscheinen läßt als auch als Ausfluß einer kranken Gesellschaft deutet. Indem er aber die Verbrechensmotivation stärker in den Vordergrund rückt, gerät die in den Bramme-

Romanen vermittelte Einsicht, daß die kapitalisische Gesellschaft als solche aufgrund ihrer Macht- und Eigentumsverhältnisse Kriminalität gleichsam programmiere, mehr in den Hintergrund (vgl. Nusser, 1981, 330).

Von Interesse ist -kys 1982 erschienener Roman »Feuer für den Großen Drachen«, mit dem er eine Thematik aufgriff, mit der sich in den achtziger Jahren auch andere Krimi-Autoren befaßt haben – das Gastarbeiterproblem (vgl. dazu Nusser, 1986). In -kys Roman erscheint der Gastarbeiter als Opfer von Ausländerhaß und zielt die Kritik vornehmlich auf die Weigerung der deutschen Gesellschaft, Fremde menschenwürdig aufzunehmen. Bei anderen Autoren (vgl. R. Heys Erzählung »Die Türkin vom Ölberg«, 1982, und M. Molsners Roman »Der ermordete Engel«, 1986) wird zu zeigen versucht, inwieweit auch die Ausländer durch die kulturellen Voraussetzungen, die sie mitbringen, und durch ihr Verhalten an Verbrechen mitschuldig sind oder sie sogar begehen. Besonders differenziert wird das Gastarbeiterproblem in Helga Riedels erzähltechnisch nicht ganz überzeugendem Roman »Einer muß tot« (1983) behandelt. Sie verzichtet auf Schuldzuweisungen in die eine oder andere Richtung und wagt das Experiment, die Beziehung zwischen einer Deutschen und einem Türken so zu schildern, daß deren in kriminellen Handlungen endende Problematik sich erst allmählich, im Alltag, entfaltet. Damit weist sie auch dem Leser eine neue Rolle zu: Indem er eine Entwicklung mitverfolgt, wird er zu neuen Wahrnehmungen gezwungen, kann sich also nicht mehr nur damit begnügen, sich in der einen oder anderen Weise bestätigt zu fühlen.

Erstaunliche Parallelen zu den früheren Romanen -kys bieten die Kriminalromane Leonardo Sciascias (u.a. »Il Giorno della civetta«, 1961; »A ciascuno il suo«, 1966; »Il contesto«, 1971; »Todo modo«, 1974). Auch hier interessiert nicht mehr die Einzelfigur des Verbrechers; herausgestellt wird der Zusammenhang eines verbrecherischen Systems, die Kette illegaler Verbindungen, »die tendenzielle Konvergenz von Mafia und Staat« (S-B, 200). Das kriminelle System, in dem die Teile, d.h. die Individuen so wenig Bedeutung besitzen, daß sie teilweise namenlos bleiben, übernimmt dabei nicht die Funktion des Geheimnisses, sondern liegt relativ offen zutage (wenn es oft auch nicht recht durchschaubar wird), so daß auch die Rolle des Detektivs sich verändert. Er hat weniger das Verborgene ans Licht zu ziehen als den Part dessen zu spielen, der Widerstand leistet. Hierbei ist seine Niederlage freilich programmiert. Sie liegt in seiner aussichtslosen Vereinzelung und damit Machtlosigkeit begründet, im Fehlen der Identität von gesellschaftlichem und detektivischem Interesse. Viel schärfer noch als bei Chandler kollidieren

Sciascias Detektive mit einem Staat, der selbst durch organisiertes Verbrechen gekennzeichnet ist (vgl. dazu S-B, 202). Das totale Scheitern ihrer Bemühungen veranschaulicht Sciascia in einigen Romanen konsequenterweise mit ihrer Ermordung, damit sowohl über Chandler als auch über-ky hinausgehend, obwohl bei diesem die Gattungsbeschränkung des happy-end trotz einer angebotenen ›Lösung‹ freilich auch – nur weniger radikal – durchbrochen wird (während Chandler an ihr festgehalten hat). Auch bei Sciascia wird der Leser beunruhigt entlassen, wird ihm die Wirklichkeit am Ende des Romans nicht als Ordnung, sondern als »Skandalon von Unordnung« (S-B, 203) präsentiert. Die Emanzipation des Kriminalromans aus den ›Fesseln der Gattung‹ erscheint bei Sciascia am weitesten fortgeschritten, wird aber zweifellos mit dem für die breite Leserschaft gültigen und eben durch die Formen der Gattung garantierten Unterhaltungswert erkauft.

C. Die Darstellung des Opfers als Ansatzpunkt der Aufklärungsabsicht

Dieser Neuansatz des Kriminalromans ist mit den Namen der Franzosen Pierre Boileau und Thomas Narcejac verbunden, die auch als Theoretiker des Kriminalromans hervorgetreten sind. Beschreibungen des sich ankündigenden und vollziehenden Verbrechens aus der Perspektive des Opfers hat es im Kriminalroman schon vor ihnen gegeben (vgl. Anthony B. Cox als Francis Iles, »Before the Fact«, 1932), aber erst sie schöpfen mit der Wahl dieser Perspektive, die auch die Aufschiebung des Mordes und die Häufung schockierender Situationen zur Folge hat, nicht nur die unterhaltenden, sondern auch weiterführende Möglichkeiten voll aus. Dabei geht es ihnen weniger um Einblicke in gesellschaftliche Mißstände als um Einblicke in die menschliche Psyche. Sie intendieren die Identifikation des Lesers mit dem oder den sich fürchtenden (also noch nicht getöteten) Opfer(n), um dem Leser selbst Furcht einzujagen. Furcht – so haben sie in ihrem Buch »Le roman policier« (vgl. B/N, 156 ff.) dargelegt – entsteht durch den Verlust unseres Identitätsgefühls, durch die Verwicklung in Ereignisse, deren definitive Bedeutung für die eigene Person man nicht restlos abschätzen kann, die ahnen lassen, daß man plötzlich ein ganz anderer werden könnte. Tatsächlich gewährleistet die Erregung von Furcht nicht nur Unterhaltung – im Sinne eines echten Gespanntseins, das durch das Gegeneinander der Emotionen hervorgerufen wird, – die Verunsicherung des Gefühlshaushalts gibt dem Leser auch Gelegenheit zu Selbsterfahrungen, die jene des Alltags überschreiten. Der Reiz, sich in die phantastischen Erlebnisse und in die Furcht des Opfers zu versetzen, vermischt sich in Büchern wie »Celle qui n'était plus« (1952) (vgl. W, 90 ff.) mit der Erkenntnis über Abgründigkeiten menschlichen Handelns. Daß die in den Romanen dargestellten mysteriösen Situationen am Ende rational erklärt werden, entspricht der Tradition der Gattung und dem Sicherheitsbedürfnis der Rezipienten. In ihrem vielleicht originellsten Roman (»... Et mon tout est un homme«, 1965) (vgl. dazu Nusser, 1971, 76 ff.) veranschaulichen Boileau/Narcejac die Frage nach der Identität des Menschen durch einen grotesken Einfall: Die auf verschiedene Schwerverletzte transplantierten Körperteile eines verurteilten Mörders, der durch eine verbrecherische Rücktransplantation wieder ›zusammengesetzt‹ werden soll, rufen bei den Betroffenen ein derartiges emotionales Chaos hervor, daß der irritierte Leser ständig versucht ist, durch rationale Anstrengungen zu klären, was ihn verwirrt (der verbrecherische Plan oder die Folgen der Transplantation bei den ›Opfern‹), sich durch einen Denkakt, für den ihm die Autoren genügend Hilfestellungen geben, von den Vorurteilen und Ängsten, die ihn in diesem Zusammenhang selbst bedrängen, zu befreien. Indem Boileau/Narcejac ungewohnte affektive und gedankliche Bewegungen beim Leser in Gang setzen, leisten auch sie einen Beitrag zu seiner Aufklärung.

Ähnliche Intentionen verfolgt ihr Landsmann Sebastien Japrisot, besonders in seinem Roman »Piège pour Cendrillon« (1962), in dem die Hauptperson zugleich Detektiv, Zeuge, Täter und Opfer ist (vgl. dazu W, 97). Im deutschen Kriminalroman der Gegenwart ist der Ansatz Boileaus und Narcejacs bisher ohne nennenswerten Einfluß geblieben. Für die meisten Autoren gilt nach wie vor, daß sie allenfalls andere Figuren, Täter oder Ermittler, Züge von Opfern tragen lassen oder aber die Opferperspektive als eine unter anderen wählen, um zusätzliche Spannungseffekte zu erzielen. Auch ein Roman wie »Figurenopfer« (1980) von Dieter Hasselblatt, der konsequent aus der Perspektive eines von einer Terroristenbande Gejagten erzählt, läßt sich auf die von den Franzosen aufgeworfene Identitätsproblematik nicht ein. Diese Problematik wird lediglich in einem Versuch -kys berührt, der in seinem zusammen mit einem Psychologen verfaßten Roman »Die Klette« (1983) das Psychogramm eines in beruflicher wie familiärer Sicherheit lebenden Mannes entwickelt, der unversehens durch eine ihm aus ›Dankbarkeit‹ nachstellende junge Frau aus dem Gleichgewicht gerät. Hier können sich durchaus auch Irritationen auf den Leser übertragen, zumal -ky & Co auch die gesellschaftlichen Auswirkungen der ›Tat‹, der zwanghaften Nach-

stellungen der ›Klette‹, ausarbeiten. Doch scheitert dieses Experiment, dem Kriminalroman durch die ungewohnte Perspektive und
die dem Genre eher fremde Erzähltechnik des Briefromans innovative Anstöße zu geben, schließlich an seinem mißglückten Schluß. In
eine andere Richtung zielen einige von der Opferperspektive Gebrauch machende Spionagethriller Peter Schmidts (»Der EMP-Ef-
fekt«, 1986; »Das Veteranentreffen«, 1990) (vgl. zu Schmidt auch
3.3.2.). Die Protagonisten dieser Romane, die sich plötzlich als
Verfolgte verschiedener von ihnen nicht durchschauter geheim-
dienstlicher Machenschaften erkennen, reagieren mit Versuchen der
Gegenwehr, die nicht nur Spannung, sondern auch einige – freilich
relativ ungenau bleibende – Einsichten in die verbrecherische politische Instrumentalisierung von Staatssicherheitsapparaten vermitteln.

Erzähltechnisch böte die Opferperspektive eine interessante
Möglichkeit, den Leser in die Auseinandersetzung mit Makrokriminalität zu verwickeln, wobei Makrokriminalität in der kriminologischen Fachsprache seit den Arbeiten von Herbert Jäger (1989) all die
Varianten kollektiver Gewalt (z.B. nukleare Massenvernichtung,
technisierte Vernichtungsmethoden, Mord aus Staatsraison, Mino-
ritätenverfolgungen, Meinungsmanipulation) bezeichnet, an denen
viele beteiligt sind, ohne daß sie durch abweichendes Verhalten
auffällig würden. Daß makrokriminelle Tatsachen bisher im öffentlichen Bewußtsein nicht angemessen bewertet werden, setzt Denk-
gewohnheiten voraus, die mit unserer ›Nahraum-Moral‹ zusammenhängen, zu deren Überwindung auch der Kriminalroman beitragen könnte. Die durch makrokriminelle Planungen oder Handlungen bedrohte Figur in den Mittelpunkt zu stellen, könnte nicht
nur zu Versuchen führen, sie die Determinanten ihres Leidens durch
Maßnahmen der Gegenwehr unterlaufen zu lassen, sondern auch
neue Mittel der Unterhaltung zu erproben (vgl. Nusser, 1992).

Überblickt man die Neuansätze des Kriminalromans, so gilt für
die meisten, daß die kriminelle Handlung hinterfragt, daß Kriminalität als psychische, soziale und politische Problematik verstanden
wird und daß damit zugleich auch die Normativität des Gesetzes
sowie die Praktiken der Rechtsverwirklichung in den Blickpunkt
der Kritik gelangen. Die eigentliche Schwierigkeit, durch die aber
auch die originellen schriftstellerischen Einfälle provoziert werden,
liegt in der Aufgabe, die aufklärerische Intention mit den für den
Leser wichtigen, durch die Tradition der Gattung weitgehend vorgezeichneten Spannungseffekten zu verbinden. Die Qualität eines
Kriminalromans wird nicht zuletzt immer auch an der Bewältigung
dieser Schwierigkeit gemessen werden.

Literatur:

Zu den Neuansätzen der Kriminalliteratur und zum neuen deutschen Kriminalroman *allgemein: P. Nusser,* Aufklärung durch den Kriminalroman, in: NDH 131, 1971. *G. Hinzmann,* Gibt es den deutschen Kriminalroman? Bericht mit Anmerkungen von einem ›Werkstattgespräch‹, in: StZA 44, 1972. *P. Nusser,* Kriminalromane zur Überwindung von Literaturbarrieren, in: DU, 1975, H. 1. *M. Molsner,* Die Obszönität der Fakten. Möglichkeiten des deutschen Kriminalromans, in: Kürbiskern 4, 1978. *P. Nusser,* Neuansätze des Kriminalromans der Gegenwart, in: WW 1981, H. 5. *U. Suerbaum,* 1984 (vgl. S). *R. Albrecht,* krimi – made in Germany, in: Frankfurter Hefte 3, 1984. *K. Ermert/W. Gast,* 1985 (vgl. E/G). *U. Schulz-Buschhaus,* Die Ohnmacht des Detektivs – Literarhistorische Bemerkungen zum neuen deutschen Kriminalroman, in: E/G. *P. Nusser,* Kritik des neuen deutschen Kriminalromans, in: E/G. *F.-M. Kümmel,* Beruhigung und Irritation – Gedanken zu Ideologie und Ideologiekritik im neuen deutschen Kriminalroman, in E/G. *R. Hey,* Byron, Bogart & Gebrodel. Zum Irrationalen im Kriminalroman, in: E/G. *I. Bayer,* Juristen und Kriminalbeamte als Autoren des neuen deutschen Kriminalromans: Berufserfahrungen ohne Folgen? Ein Vergleich der Kriminalromane des Juristen Fred Breinersdorfer, des Juristen Stefan Murr und des Kriminalbeamten Dieter Schenk mit den Kriminalromanen der Autoren Richard Hey, Felix Huby, -ky und Friedhelm Werremeier, Frankfurt/M-Bern-New York-Paris, 1989. *J. Schmidt,* Gangster, Opfer, Detektive. Eine Typengeschichte des Kriminalromans, Frankfurt/M und Berlin, 1989. *E. Ingwers,* Nationalsozialistische Vergangenheit als Thema des deutschen Kriminalromans der Gegenwart, Berlin, 1989 (ungedruckte Magisterarbeit).

Literatur zu A:

Zu *Sjöwall/Wahlöö: P. Wahlöö,* Grisen är att gåtfullt djur, in: Tryckpunkter, Stockholm, 1967. *H. Hengst,* Von der Krimiwirklichkeit der Kriminalität zur Wirklichkeit der Kriminalität. Maj Sjöwall und Per Wahlöö zum Beispiel, in: Sch. *W. Butt,* Vom Polizeiroman zum Anti-Polizei-Roman. Zu den Kriminalromanen von Maj Sjöwall und Per Wahlöö, in: Akzente, 1978. *E.-U. Pinkert,* Der Krimi als Mittel zum Zweck. Die politischen Kriminalromane von Maj Sjöwall & Per Wahlöö – Anspruch und Verwirklichung, in: Serie om fremmedsprog 5, 1979.

Zu *Hey: H. Schmiedt,* Gesellschaftskritische Mordfälle. Themen und Techniken des Neuen deutschen Kriminalromans am Beispiel -kys und Richard Heys, in: dh 144, 1986.

Zu *Kemelman: P. Nusser,* Aufklärung durch den Kriminalroman, in: NDH, 131, 1971. *V. Neuhaus,* Father Brown und Rabbi Small, in: Teilnahme und Spiegelung. Festschrift für H. Rüdiger, Berlin, 1975.

Literatur zu B:

Zu *Highsmith: P. Boileau/T. Narcejac* (vgl. B/N). *P. Highsmith,* Plotting and Writing Suspense Fiction, London, 1966. *D. Wellershoff* (vgl. W). *P. Handke,* Die privaten Weltkriege der Patricia Highsmith, in: Sch. *F. Cavigelli/F. Senn* (Hg.), Über Patricia Highsmith, Zürich (2. Aufl.), 1980. *R. Borgmeier,* Patricia Highsmith – Giving Crime Writing a Good Name. In:

H.-J. Diller u. a. (Hg.), Crime and Treachery. Neuere Kriminal- und Spionageliteratur, Heidelberg, 1989.

Zum Kriminalroman der *DDR: H. Pfeiffer,* Die Mumie im Glassarg, Bemerkungen zur Kriminalliteratur, Rudolfstadt, 1960. *W. Schreyer,* Plädoyer für den Spannungsroman, in: Neue Deutsche Literatur XIV, Heft 8, 1966. *H. Mager,* Krimi und crimen. Zur Moral der Unmoral, Halle, 1969. *P. Nusser* (s. unter Kemelman). *A. Dworak,* Der Kriminalroman der DDR, Marburg, 1974. *M. Jäger,* Zeitlassen beim Absterben. Die Metamorphosen des DDR-Krimi, in: Sch. *G. Ebert,* Männer, die im Keller husten. Was kann, was will Kriminalliteratur, in: Neue Deutsche Literatur 30, H. 4, 1982. *D. Gelbhaar,* Der Beitrag der Kriminalliteratur der DDR., Diss. Berlin (DDR), 1984. *H. Pfeiffer,* Phantasiemorde. Ein Streifzug durch den DDR-Kriminalroman, Berlin (DDR), 1985. *D. Gelbhaar,* Warum Kriminalliteratur erforschen? Versuch über Spezifik und Wirkungsmöglichkeiten unserer Kriminalliteratur, in: Weimarer Beiträge 32, 1986. *R. Hillich,* Beobachtungen an einigen neueren DDR-Krimis, in: Weimarer Beiträge 32, 1986. *W. T. Rix,* Krimis in der DDR: Sozialistischer Seiltanz, in: dh 144, 1986. *R. Hillich* (Hg.), Tatbestand. Ansichten zur Kriminalliteratur der DDR 1974–1986, Berlin (DDR), 1989. *M. Ebersbach,* Krimi in der DDR, in: Deutsch als Fremdsprache (Leipzig) 27 (Sonderheft), 1990.

Zu *-ky: K. Hickethier, W. D. Lützen,* Der Kriminalroman. Entstehung und Entwicklung eines Genres in den literarischen Medien, in: R/Z. *M. Schmitz/ M. Töteberg,* Mord in der Lüneburger Heide. Über-ky und andere Autoren des neuen deutschen Kriminalromans, in: Basis Jahrbuch für deutsche Gegenwartsliteratur, Bd. 8, hg. von R. Grimm und J. Hermand, Frankfurt, 1978. *H. Schmiedt* (s. u. Hey).

Zum Gastarbeiterproblem: P. Nusser, Das Gastarbeiterproblem im deutschen Kriminalroman der Gegenwart, in: dh 144, 1986.

Zu *Sciascia: U. Schulz-Buschhaus* (vgl. S-B). *U. Schulz-Buschhaus,* Leonardo Sciascia oder die Beunruhigung des Kriminallesers, in: Sch. *U. Schulz-Buschhaus,* Kriminalromane jenseits des Krimi. Von Dorothy Sayers bis Leonardo Sciascia, in: dh 148, 1987.

Literatur zu C:

Zu *Boileau/Narcejac: P. Boileau/T. Narcejac* (vgl. B/N). *P. Nusser* (s. u. Kemelman). *D. Wellershoff* (vgl. W). *T. Narcejac,* Une Machine à lire. Le roman policier, Paris, 1975.

Zum Problem der Makrokriminalität: H. Jäger, Makrokriminalität. Studien zur Kriminologie kollektiver Gewalt, Frankfurt/M, 1989. *P. Nusser,* Plädoyer für einen politischen Kriminalroman, in: dh 1992.

4. Sozialpsychologische Erklärungsversuche der Wirkung des Kriminalromans

Das folgende Kapitel gilt den Erklärungsversuchen der Wirkung des Kriminalromans. Andere literatursoziologische Fragestellungen wie die nach den materiellen und ideellen Entstehungsbedingungen der Gattung oder die nach der Darstellung von Realität und Gesellschaft in ihr sind in Kapitel 3. 1. bzw. durchgängig behandelt worden. Durchgängig wurde bei der Darstellung der Strukturen und Geschichte des Kriminalromans im übrigen immer auch den Funktionen des festgestellten Faktischen für die Unterhaltung und Aufklärung des Lesers nachgegangen. Deshalb können nun gezielt all diejenigen mehr oder weniger verstreuten Erwägungen überblickt werden, die sich auf die Gründe für die Popularität des Kriminalromans und seine mögliche Wirkung auf den einzelnen Leser beziehen.

Von der empirischen Wirkungsforschung liegen erhellende Untersuchungen zum Kriminalroman nicht vor. Die Frage nach den Ursachen der Massenwirksamkeit des Genres ist offenbar nur auf hermeneutischem Weg zu beantworten; dabei bleibt die Antwort den Beweis schuldig und muß sich damit begnügen, Zusammenhänge evident, d. h. durch Erklärungen allgemein nachvollziehbar zu machen. Für diese Aufgabe gilt in der Massenkommunikationsforschung der Satz: je größer die ›Adäquanz‹ von inhaltlichen, strukturellen und sprachlichen Merkmalen des Textes mit den kommunikativen Dispositionen beim Rezipienten ist, desto größer ist auch die Konsumierbarkeit und Wirksamkeit des Textes (vgl. dazu u. a. Prakke, 1968, 92f.). Diese Adäquanz festzustellen, ist jedoch deswegen so schwierig, weil sich über die Leserdispositionen kaum bzw. nur annähernd Gesichertes ermitteln läßt. Wohl kann man etwas über die historischen und ideologischen Bindungen des Lesers aussagen (vgl. zum Detektivroman etwa S-B, passim), auch über die Sozialisationsbedingungen bestimmter Lesergruppen oder-schichten (vgl. zum Heftroman etwa N, passim), kaum aber etwas über die situativen und psychologischen Aspekte der individuellen Rezeption (vgl. zu dieser Problematik Nusser, 1976a, bes. 66f.). Unter diesem Mangel leiden auch alle sich mit der Wirkung der Kriminalliteratur beschäftigenden Erklärungsversuche. Daß überhaupt und zum Teil schon lange vor der Kenntnis von Ergebnissen und Methoden der

Massenkommunikationsforschung nach Korrespondenzen zwischen Texten und Lesern zum Verständnis der Popularität von Kriminalromanen gesucht wurde, hat zwar zu relativ plausiblen Argumentationen geführt, doch erscheint ›der Leser‹ in ihnen stets nur als Teilnehmer eines historischen Zeitabschnitts oder als Angehöriger einer mehr oder minder exakt definierten Gruppe, nicht aber als Individuum. Diese Lücke durch leserpsychologische Forschungen zu schließen, wäre äußerst wünschenswert.

Die im folgenden versuchte Integration der verstreuten und meist unsystematischen Aussagen zur Wirksamkeit des Kriminalromans richtet sich nach der in der Sekundärliteratur durchgängig getroffenen Unterscheidung zwischen einer eher den oberen sozialen Schichten angehörenden Leserschaft des Detektivromans und einer eher den unteren sozialen Schichten angehörenden Leserschaft des Thrillers. Diese Trennung ist zweifellos nicht unproblematisch, in der Tendenz aber wohl zutreffend. Daß Thriller im Einzelfall immer auch auf die typischen Leser von Detektivromanen wirken können (und zwar durchaus nicht belustigend) und Detektivromane auf die typischen Leser von Thrillern (und zwar durchaus nicht langweilig), ergibt sich schon aus den vielfältigen Parallelen beider Textsorten (vgl. Kap. 2) und sicherlich auch aus ähnlichen Lesebedürfnissen und Lesesituationen. Die eigentliche Massenwirksamkeit insbesondere des Thrillers wird jedoch nur aus der weitreichenden Affinität zwischen seinen inhaltlichen und formalen Merkmalen und den sozialpsychologisch erklärbaren Orientierungsmustern der Vielzahl der Leser aus den unteren sozialen Schichten verständlich.

Bevor auf die Erklärungsversuche der Wirkung des Detektivromans und des Thrillers in gesonderten Abschnitten näher eingegangen wird, sollen zwei grundlegende Unterhaltungsmechanismen skizziert werden, die prinzipiell sowohl im Detektivroman wie im Thriller zum Tragen kommen.

a) Der erste grundlegende Unterhaltungsmechanismus ist von Wellershoff (vgl. W) besonders deutlich herausgestellt worden. Für ihn, wie übrigens auch für Alewyn (1968, in: V), zieht der Leser des Kriminalromans seine Unterhaltung aus der vorübergehenden Problematisierung des Gewohnten. Er durchlebt mit der Lektüre »eine kleine Modellkrise, die verwirrende Unbestimmtheit erzeugt und darin einen Moment von Freiheit aufscheinen läßt, bevor er am Ende mit der banalisierenden Problemlösung wieder verschwindet« (W, 105). Der Kriminalroman muß daher sowohl das Gewohnte als Ausgangs- und Endlage als auch die Abweichung von ihr veranschaulichen (vgl. dazu Kap. 2), wodurch er den Leser einerseits emotional stützt, ihn andererseits aber auch Angst lustvoll (d. h. ohne eigentliches Risiko) erleben läßt. Er wird damit interpretierbar als »symbolische Strategie«, mit Hilfe derer solche Ausgleichsprozesse durchgespielt werden können (W, 104). Das tiefe und verbreitete Bedürfnis nach diesem Wechselspiel zwischen Stimulierung von Angst und Sicherheitsversprechen erklärt Wellershoff im Rückgriff auf den Paläanthropologen Rudolf Bilz und die Psychoanalytiker Alexander Mitscherlich und Michael Balint. Sie alle stellen von unterschiedlichen Ausgangspositionen her den Reizhunger bzw. die Angstlust des Kulturmenschen heraus, der seine Umwelt so vorhersehbar eingerichtet habe, daß er durch den Mangel an plastischen Lebenssituationen gleichsam ersticke. Deswegen müsse eine Gesellschaft, die zuviel Sicherheit biete, künstliche Risiken und Sensationen schaffen (zu denen neben Sportveranstaltungen, den kaum verhüllten Wettkämpfen auf den Autobahnen und anderem eben auch das literarische Angebot des Kriminalromans gehöre).

Mit welchen Risiken und Sicherheiten Detektivroman bzw. Thriller ihre Leser emotionalisieren und bestätigen, wird in 4.1. und 4.2. näher erörtert.

An dieser Stelle ist darauf hinzuweisen, daß auch andere Formen der Unterhaltungsliteratur das Wechselspiel von Spannung, Entspannung und Bestätigung ausnutzen (vgl. Nusser, 1976a). Inwiefern neben der Unterhaltungsliteratur etwa auch Massenpresse und Anzeigenwerbung in ihren Leserzielgruppen ständig mit den gleichen Strategien Ängste erregen, um ihnen desto wirkungsvoller ihre Gewohnheiten und Vorurteile ausnutzenden Meinungen und Waren anbieten zu können, mit denen die erzeugten Angstgefühle wieder neutralisiert werden können, ist inzwischen ausführlich dargestellt worden (Nusser, 1976b). Gerade die Gemeinsamkeit der Unterhaltungs- bzw. Manipulationsstrategien in der gesamten fiktionalen wie nicht-fiktionalen Massenliteratur weist allerdings nicht nur auf verbreitete Bedürfnisstrukturen der Leser hin, sondern auch auf die gemeinsamen am Profit orientierten Interessen der Produzenten von Massenliteratur, die mit der Anwendung dieser Strategien den Geschmack und die Urteile des Publikums in ihrem Sinn, d.h. konsumfördernd zu beeinflussen suchen.

b) Der zweite grundlegende Unterhaltungsmechanismus, der u.a. in beiden typischen Ausprägungen der Kriminalliteratur wirksam wird, liegt in einem Angebot von Vorstellungen, die den unerfüllten, unerfüllbaren oder verdrängten Wünschen der Leser entgegenkommen. Diese Wünsche verknüpfen sich in erster Linie mit der Figur des Helden (der im Kriminalroman auf unterschiedliche Weise die Sicherheitsgarantie für die Wiederherstellung der zeitweilig erschütterten Ordnung verkörpert). Deswegen muß der Kriminalroman (wie jeder andere Unterhaltungsroman) die Voraussetzungen für die Bindungen des Lesers an den Helden, also für Identifikation oder

156

zumindest Teilnahme schaffen. Für den optimalen Identifikationsverlauf (vgl. dazu Hofstätter, 195 7; Bellingroth, 195 8; N) sind einmal Ähnlichkeiten zwischen Identifikationsobjekt und Leser notwendig, damit dieser die Möglichkeit hat, sich selbst wiederzuerkennen oder sich selbst bestätigt zu fühlen; andererseits muß sich das Identifikationsobjekt vom Leser deutlich abheben, damit es zur Zielscheibe von Projektionen der Leser werden kann. Der Zusammenhang mit dem ersten grundlegenden Unterhaltungsmechanismus wird an dieser Stelle schon erkennbar: Wieder handelt es sich um ein Wechselspiel von Normentsprechung und Normabweichung. Es wird in 4.1. und 4.2. zu zeigen sein, inwiefern die ›Helden‹ von Detektivroman und Thriller die Bedingungen für Identifikationsprozesse erfüllen.

Auch hier ist auf eine Parallele zur nicht-fiktionalen Massenliteratur hinzuweisen, die ebenfalls mit Identifikationsangeboten arbeitet, und zwar so durchgängig und bewußt, daß selbst ökonomische, politische, kulturelle Zusammenhänge zur Erleichterung der Wahrnehmung, in Anpassung an die natürlichen Gegebenheiten personalen, alltagspraktischen Kommunizierens nur über ihre Träger, über Personen vermittelt werden. Diese ›Personalisierung‹ (vgl. Holzer, 1969; Grimminger, 1976; Nusser, 1976 b) ist eine Analogie zu den besonders in der Unterhaltungsliteratur voll entwickelten Identifikationsstrategien. Ihre allgemeine Nutzung ist wiederum ein Hinweis nicht nur auf ihre Wirksamkeit, sondern auch auf die Interessen der sie Anwendenden (vgl. o.).

Viele der in 3.2.5.2. und 3.2.5.3. dargestellten Varianten des Detektivromans und viele der in 3.4. skizzierten Neuansätze des Kriminalromans entziehen sich, entsprechend ihrer kritischen bzw. aufklärerischen Intentionen, auch den hier aufgeführten Unterhaltungsmechanismen, zumindest in einzelnen Aspekten. Beide Unterhaltungsmechanismen gelten jedoch für die Überzahl der als Unterhaltungsware produzierten Beispiele der Gattung.

Literatur:

P. R. *Hofstätter* (Hg.), Psychologie, Frankfurt, 1957. F. *Bellingroth,* Triebwirkung des Films auf Jugendliche. Einführung in die analytische Filmpsychologie auf Grund experimenteller Analysen kollektiver Triebprozesse im Filmerleben, 1958. M. *Balint,* Angstlust und Regression, Stuttgart, 1960. *H. J. Prakke,* Kommunikation der Gesellschaft, Münster, 1968. *R. Alewyn,* Anatomie des Detektivromans (zuerst 1968), in: V. *H. Holzer,* Massenkommunikation und Demokratie in der Bundesrepublik Deutschland, Opladen 1969. A. *Mitscherlich,* Die Idee des Friedens und die menschliche Aggressivität, Frankfurt, 1969. R. *Bilz,* Paläanthropologie, Band I, Frankfurt, 1971. *P. Nusser* (vgl. N). D. *Wellershoff* (vgl. W.). R. *Grimminger,* Kaum aufklären-

der Konsum. Strategie des ›Spiegel‹ in der gegenwärtigen Massenkommunikation, in: A. Rucktäschel (Hg.), Sprache und Gesellschaft, München,
1972. *P. Nusser*, Zur Rezeption von Heftromanen, in: R/Z (1976 a). *P.
Nusser*, Massenpresse, Anzeigenwerbung, Heftromane, 2 Bände, Stuttgart,
1976 (b). *P. Nusser*, Entwurf einer Theorie der Unterhaltungsliteratur, in:
StZA 81, 1982. *P. Nusser*, Trivialliteratur (insbes. Kap. 5), Stuttgart, 1991.

4.1. Sozialpsychologische Erklärungsversuche der Wirkung des Detektivromans

In der Literatur über den Kriminalroman herrscht von jeher ein-
hellige Übereinstimmung darüber, daß die typische Leserschaft
des Detektivromans dem Bildungsbürgertum entstammt und all
dessen soziale Vorrechte und psychische Einstellungen besitzt: genügend Muße zum Lesen etwa, die Möglichkeit zur inneren Distanzierung vom Lesestoff, Spaß an intellektueller Unterhaltung
vor allem. Anlaß für diese immer wiederkehrenden Aussagen
scheinen nicht zuletzt die zahlreichen Äußerungen prominenter
Politiker, Gelehrter, Theologen usw. über den von ihnen ge-
schätzten Detektivroman zu sein (ausführlich referiert etwa bei
Wölcken, 1953, 212 ff.).
   Aber es gibt auch weiterreichende Begründungen: Žmegač (in:
Z, 26 ff.) stellt die Bindung der Inhalte des Detektivromans an die
»großbürgerliche und aristokratische Sphäre« heraus, spricht sogar von einer Ständeklausel, die es dem Detektivroman verbiete,
Angehörige aus niederen Gesellschaftsschichten etwa als Täter
fungieren zu lassen, was dem (der Literaturform des Detektivromans innewohnenden) bürgerlichen Bewußtsein gesellschaftlicher
Hierarchie widerspräche, das einen satisfaktionsfähigen Gegner
fordere. Im übrigen seien sowohl Täter als auch Detektiv Verkör-
perungen der ohne fremde Hilfe, auf eigene Faust agierenden »Institution individuellen Unternehmertums«; sowohl Gute wie Böse
kämen meist aus dem gehobenen Mittelstand, den Kreisen der
freien Berufe. Auch die Motive der Verbrecher beziehen sich nach
Žmegač auf die Bestimmungen des Bürgerlichen Gesetzbuches:
»Testamente, Erbschaftsklauseln, Besitzregelungen sind zumeist
ebenso unentbehrlich wie die Aura von Wohlstand, welche die
Personen – Mörder wie Opfer – umgibt« (in Z. 26). Ähnlich wie
Žmegač argumentiert E. Dingeldey (1972 a, 267), die herausstellt,
daß die Gattung nur das individuell begangene Verbrechen kenne,
nicht aber den kollektiven Mord in seinen verschiedenen Formen;

damit verweise sie auf die Epoche ihrer Entstehung, auf den liberalen Individualismus und den Beginn des bürgerlichen Staates.

Auf Entsprechungen zwischen der Form des Detektivromans und Verhaltensweisen bzw. Wertvorstellungen der englischen ›middle class‹ nach dem 1. Weltkrieg hat Egloff aufmerksam gemacht (vgl. 3.2.5.1.).

Wenn all diese Erwägungen auch durch Ausnahmen immer relativiert werden können, so treffen sie doch sicherlich einen wesentlichen Sachverhalt. Die oben dargestellten allgemeinen Unterhaltungsmechanismen funktionieren bei den bürgerlichen Lesern des Detektivromans, weil dieser enge inhaltliche und formale Beziehungen zu ihren Orientierungsmustern herstellt.

a) Die spezifische, vom Detektivroman ausgelöste Angst ist, wie Alewyn (1968, in V) gezeigt hat, vor allem in jenem Gefühl der Unsicherheit begründet, das sich einstellt, wenn durch einen Mord der schöne Schein des Gewohnten zerstört wird, vertraute Personen verdächtig werden, sekundäre Geheimnisse ans Licht kommen (vgl. 2.1.2.). Der vom Detektivroman thematisierte Zusammenbruch des Vertrauens, die von ihm geschaffene Atmosphäre allseitigen Verdachts (vgl. W, 67) muß den Leser schon deswegen berühren, weil hier ein Teil seiner eigenen Lebenswirklichkeit – »der getarnte Mensch, die unechte Umwelt« (Bloch, in: V, 330) – gespiegelt wird, den er gewöhnlich verdrängt. Inwiefern diese Lebenswirklichkeit aus den Gegebenheiten des kapitalistischen Gesellschaftssystems entsteht, ist von Giesenfeld (1971) gezeigt worden. Im marxistischen Sinn ließe der Detektivroman den Leser für eine kurze Zeit der Lektüre die unverstandenen und daher verdrängten Widersprüche ahnen, die aus dessen gesellschaftlicher Lage erwachsen. In psychologischer Argumentation hebt der Detektivroman zeitweilig die Verdrängungsarbeit auf, die ständig geleistet wird, um »das Vertrauen in die kulturelle Humanisierung« aufrechtzuerhalten (W, 72f.), erregt er im Leser gleichsam Angst vor verborgenen Persönlichkeitsbereichen in ihm selbst, aber auch in anderen. Sicherlich können durch den vom Detektivroman veranschaulichten allseitigen Verdacht auch projektive Mechanismen ausgelöst werden. Verbrecherische Impulse, die der Leser bei sich selbst verleugnen möchte, lassen sich auf Figuren des Romans übertragen, wobei freilich im Detektivroman der bloße Verdacht darüber, wer der Täter sein könnte, eine solche Projektion erschwert (vgl. W, 73). Auden (vgl. in: Z, 146) macht umgekehrt geltend, daß die Befriedigung durch die Lektüre aus der Illusion erwachse, gerade nichts mit dem Verbrecher zu tun haben. Beide Ansichten werden von Daiber als Mitschuld- und Unschuld-Theorien gegenübergestellt (vgl. in: V, 430 ff.), jedoch nicht näher erläutert.

Die durch den Detektivroman im Leser vorübergehend hervorgerufenen Beunruhigungen bzw. Angstgefühle – für Boileau/Narcejac seine wesentliche Leistung – werden durch die Problemlösungen umgehend zurückgenommen. Mit dem nach der Überführung des Verbrechers wiederhergestellten, störungsfreien Zustand ante rem gewinnt der Leser seine Gewißheit zurück, in einer gerechten, funktionierenden, zumindest aber in einer reparablen Welt zu leben.

Daß eine die Ordnung wiederherstellende Problemlösung vom Leser insgeheim auch während seiner zeitweiligen Beunruhigung immer schon erwartet werden kann, liegt nicht nur in der Konsequenz der schematischen Form des typischen Detektivromans, sondern wird auch dadurch erreicht, daß das ›Problem‹ auf eine rein technische Frage reduziert wird, die mit Scharfsinn zu lösen ist. Wo diese Problemreduktion aufgegeben wird – wie etwa bei Boileau/Narcejac (vgl. 3.4.) – bleibt ein Rest der Unruhe beim Leser auch nach der Lektüre erhalten.

Mit dem Sieg der herrschenden Moral, d. h. mit der Bestätigung »lebenspraktisch verankerter Einstellungen« seiner Leser (Grimminger, 1976, 31), ist eine der wichtigsten Bedingungen für die maximale Konsumierbarkeit des Detektivromans erfüllt, denn – so lautet ein Satz der Massenkommunikationsforschung – »Konsumierbarkeit steht ... in ... Widerspruch zur Problematisierung eingespielter Gewohnheiten und Vorurteile und also zum ›Lernen‹. Sie ist dagegen identisch mit Wiederholungen von Teilen des gesellschaftlichen status quo« (ebd.).

Bedenkt man, daß der a-historische Detektivroman (in der Form des pointierten Rätselromans) gerade zwischen den beiden Weltkriegen seine Blütezeit und seine höchsten Auflagenziffern erreichte, so weist dies auch auf den politischen Fatalismus seiner Leser hin. Von Brecht stammt die sarkastische Feststellung, daß die Intellektuellen im Detektivroman genau das Denken genußvoll betätigen können, das die Grundsituation abbilde, in der sie sich befinden, nämlich Objekte und nicht Subjekte der Geschichte zu sein (in: V, 321). So wie sie ihre Erfahrungen im Leben in katastrophaler Form machen und rückwärtsgerichtet nach den Ursachen fragen (statt Geschichte handelnd zu beeinflussen), so dürfen sie im Detektivroman erst zu denken beginnen, wenn die Katastrophe (der Mord) schon eingetreten ist.

Angesichts einer solchen Betrachtung mag es verblüffen, wenn immer wieder (vgl. z. B. Haycraft, 1942; Blake, 1946, in: H) eine Wechselwirkung zwischen dem Detektivroman und dem Geist der

Demokratie behauptet wird. Hierfür spricht zunächst die Tatsache, daß sich der Detektivroman besonders in England, Frankreich und den USA entwickelt hat, während er im südlichen und östlichen Europa weniger verbreitet ist. Die meisten weiteren Argumente aber sind mehr oder weniger problematisch:

Es stimmt z.B. nicht, daß in einem totalitären Staat wie dem NS- Staat alle Detektivliteratur verboten wurde; richtig ist nur, daß unter das generelle Verbot von »Autoren der Feindländer« auch die meisten angelsächsischen Autoren von Kriminalromanen fielen (vgl. B/B, 123). Daß gerade im Dritten Reich Kriminalromane produziert wurden, wenn auch unter eindeutig politischem Vorzeichen, belegt die Darstellung bei Buchloh/Becker (B/B, 121). Das Argument von Blake, der in der Demokratie florierende Detektivroman bewirke dadurch, daß er durch einen fiktiven Mord eine Sublimationsmöglichkeit für die menschliche Aggressivität biete, eine geringere Neigung der Menschen zur Grausamkeit als in Diktaturen wie dem NS-Regime, überschätzt in dieser Hinsicht die Möglichkeiten des Genres und verkennt außerdem die politische Wirklichkeit. Auch die Behauptung, der Detektivroman sei in Demokratien erfolgreich, weil er an die ratio appelliere, wogegen die Herrschaftsprinzipien des totalitären Staates wesentlich durch nicht-rationale Züge bestimmt seien, ist eine fragwürdige Simplifikation. Leichter nachvollziehbar ist die bei Buchloh/Becker (B/B, 122) referierte Ansicht, daß die rationale Arbeitsweise des Detektivs mit einem Grundprinzip des demokratischen Staates korrespondiere, wonach jeder Verurteilung ein Schuldbeweis voranzugehen habe; andererseits ist dieses Prinzip auch im aufgeklärten Absolutismus Preußens und in der konstitutionellen Monarchie befolgt worden, so daß auch dieses Argument an Kraft verliert.

Relativ plausibel erscheint schließlich nur die Aussage (zuerst von Ludwig, 1930), daß der Detektivroman nur in der Gesellschaft populär sein könne, deren Mitglieder (wie in Demokratien) auf der Seite der auch vom Detektivroman bestätigten gültigen Gesetze und bestehenden Ordnung stünden, während in autokratisch regierten Ländern das Publikum in Opposition zum Staat (und daher eher auf der Seite des Rechtsbrechers) stehe. Sie steht in Zusammenhang mit der bei Wellershoff (W, 62 f.) erläuterten These, daß relativ offene Gesellschaftssysteme wie Demokratien sich immer wieder von Neuem ihrer eigenen Normen zu vergewissern hätten. Der letztlich affirmative Charakter des Detektivromans wird damit freilich nicht geleugnet, denn die Übereinstimmung des Publikums mit den Regeln eines demokratischen Gesellschaftssystem ist noch kein Indiz für ihren kritischen Gebrauch. Im übrigen lassen sich gerade in der Arbeit der in den Romanen dargestellten Detektive auch ausgesprochen autoritäre Verhaltensweisen feststellen (vgl. Nusser, 1975, 60 f.), für die ebenfalls eine Disposition des Publikums vorhanden sein dürfte. Die ganze Auseinandersetzung über den Zusammenhang von Detektivroman und Demokratie erhielte vollends den Charakter eines Scheingefechts, wenn man den Unterhaltungsmechanismus der Störung und Wiederherstellung von Gewohntem konkreter auf die soziale Situation der Leser des 19. und 20.Jh.s bezöge, ausgehend z.B. von der Abhandlung Foucaults (1975) über das von der modernen Justiz sich ableitende feine und abgestufte »Kerkernetz ... aus kompakten Institutionen wie aus allgegenwärtigen Prozeduren« (384), das den gesamten Gesellschaftskörper regelnd überzieht. Die Detektivliteratur erschiene vor diesem Hintergrund vielleicht eher als Bestätigung dieses keine Abweichung duldenden Systems von Disziplinarnormen anstatt als Bestätigung demokratischen Geistes.

b) Die Wiederherstellung der gewohnten Ausgangslage wird durch die Arbeit des Detektivs garantiert. Seine Darstellung entspricht gerade bei den erfolgreichen Autoren der Gattung der oben formulierten Regel darüber, wie optimale Identifikation erreicht werden kann. In der Arbeit der ›großen Detektive‹ werden einerseits ganz spezifische Leitvorstellungen der Zeit reproduziert, die dem Leser vertraut sind und die er billigt; andererseits wird seine Figur in auffälliger Weise vom Gewohnten abgehoben. Dieses Zusammenspiel von Befolgung und Überschreitung gültiger Normen läßt sich normalerweise unter allen Aspekten der Gestaltung des Detektivs zeigen:

– Er steht auf dem Boden des Gesetzes und beteiligt sich an der allgemein anerkannten Praxis der Rechtsverwirklichung. Seine Anschauungen über Recht und Gerechtigkeit gehen, werden sie überhaupt reflektiert, mit denen des großen Publikums konform. Gleichzeitig ist er, wenn er als Privatdetektiv gestaltet ist, der ungebundene einzelne, der eigene Wege geht und deutlich einer mehr oder weniger inkompetenten Polizei entgegengestellt wird. Ist er selbst Polizeioffizier, so wird er meist durch irgendwelche ungewöhnlichen Eigenschaften aus den Angehörigen seiner Gruppe herausgehoben.

– Sowohl Privatdetektive wie Polizeidetektive sind in den Romanen Männer mit praktischen Erfahrungen. Ihre Arbeit ist von Routine geprägt; ihre Ermittlungsmethoden folgen festen Regeln (was auch gilt, wenn ihnen schließlich der Zufall hilft). Der Held wird damit in Bindungen gezeigt, durch die sich der Leser an seine eigenen Bindungen erinnert fühlt, die er auch vergleichend auf seine Arbeitssituation beziehen kann, durch die er in jedem Fall die Regelung seines eigenen Lebens grundsätzlich bestätigt findet. Daneben aber sind die Detektive, was ihren Lebenswandel angeht, unorthodox (vgl. Kap. 3), manchmal von den Zwängen eines festen Berufs befreit, fast immer deutliche Kontrastgestaltungen zum Bild des Erwerbsbürgers. (Selbst noch die Humanität eines Maigret weicht von diesem Bild ab, wenn seine Gestalt auch gewiß nicht ›überhöht‹ wirkt).

– Der Detektivroman zeigt mit der Tätigkeit der ingroup (vgl. 2.1.2.) Menschen in einem ganzen, komplizierten Arbeitsprozeß. Auch an der dargestellten Arbeit läßt sich Anteil nehmen, zumal sie im Detektivroman oberflächlich viele Kennzeichen trägt, die der Leser auf seine eigene Arbeit beziehen kann: sie besteht aus kleinen Schritten; Pläne werden gemacht; Erfolge wechseln mit Mißerfolgen; die Effektivität der Teilleistungen ist nur schwer oder gar nicht auszurechnen; usw. Am Ende aber, und hier darf der Leser seine geheimen Wünsche über den Erfolg seiner Arbeit im Tagtraum als erfüllt erleben, erhält doch alles Unübersichtliche, mit dem Risiko des gemachten Fehlers Behaftete, einen Zusammenhang; ist die Kausalität der vielen isolierten Komplexe von Ereignissen hergestellt; hat sich die Denkbarkeit als erfolgreich erwiesen; ist die Rechnung des ›kleinen Unternehmers‹ Detektiv aufgegangen. In solchen vom Detektivroman aufgegriffenen und befriedigten Wunscherfüllungen spiegelt sich, wie immer wieder hervorgehoben wird, natürlich auch die Wissenschaftsgläubigkeit des 19. und 20. Jh.s, die Hoffnung auf die Macht des Intellekts (dazu ausführlich Messac, 1929). Das Entscheidende aber ist dabei, daß der Detektivroman dem Leser die Erfüllung seines vielleicht größten Bedürfnisses insgeheim verspricht, daß nämlich naturwissenschaftliches Denken und die Macht der Logik auch Menschen, ihre Motive, ihre Handlungen kalkulierbar und damit beherrschbar machen kann.

– Der Initiativen ergreifende, erfolgreiche Detektiv, der handelt, um die Gesellschaft vor der sie von innen angreifenden Zerstörung (dem individuellen, meist aus Besitzgier begangenen Verbrechen) zu schützen, (der handelt, als ob er das schlechte Gewissen einer ganzen Rezipientenschicht abwehrt), verkörpert Leitvorstellungen, die bürgerlichen Lesern wohl vertraut sind. Wie Buchloh/Becker (B/B, 60) herausgestellt haben, ist der »popularisierte Darwinsche Satz vom ›survival of the fittest‹ ebenso wirksam wie die Emersonsche Anschauung vom ›man self-reliant‹. Die Carlylesche Heldenverehrung verbindet sich mit der Erfolgs- und Fortschrittslehre des 19. Jh.s, die Idee vom ›man the pioneer‹ verbindet sich mit dem romantischen Ritterideal, und der Shawsche Gedanke vom Superman gehört ebenfalls in diese Richtung. Wesentlich ist, daß – wie bei Poe – der Mensch und seine Möglichkeit der Perfektionierung im Mittelpunkt steht.« Damit induziert der Detektivroman zugleich die Vorstellung, daß menschliches Handeln im Grunde individuell, selbstgesetzt sei (oder sein müsse) und nicht nur, wie es in Wirklichkeit immer stärker der Fall wird, weitgehend ein Resultat kollektiver Mächte und Zwänge (vgl. Waldmann, in V, 208). Die Verkörperung der zitierten Leitvorstellungen führt zu den in Kap. 3 immer wieder festgestellten Idealisierungen der Figur des Detektivs (wenn auch manche Übertreibungen durch die Gestaltung kleiner Schwächen ironisch zurückgenommen werden [vgl. 2.1.2.]). Die Überhöhung der Hauptfigur entspricht dem Bedürfnis der Leser, sich zu orientieren, kommt nach E. Frenzel (195 8, 899) auch dem Bedürfnis des Publikums nach »Autoritätsersatz« entgegen, das wahrscheinlich besonders stark immer in historischen Abschnitten des Umbruchs und des Autoritätsverlusts (wie dem von Egloff untersuchten Zeitabschnitt zwischen den beiden Weltkriegen) vorhanden ist. (Daß der Detektivroman das menschliche Erlösungsbedürfnis befriedige, wie Fosca glaubt [1964, 81] [ähnlich Daiber, in: V, 433], und säkularisierte Erlösungs- und Erbauungsliteratur sei, dürfte zu weit gehen).

Es läßt sich nach diesen auf den Detektivroman bezogenen Ausführungen deutlich erkennen, daß der in 4. skizzierte Unterhaltungsmechanismus der Identifikation, der durch den Wechsel von gestalteter Konventionalität und Überhöhung von Figuren in Gang kommt, eine Analogie des anderen in 4. skizzierten ›Unterhaltungsmechanismus‹ ist, der auf der Abweichung vom Gewohnten und seiner Wiederherstellung basiert. Zudem ist nun zu verstehen, daß beide Mechanismen eng aufeinander bezogen sind. Die Unsicherheit oder Angst verursachende Abweichung vom Gewohnten (hier das Verbrechen) wird durch die Vergnügen bereitende Abweichung vom Normalen (hier den idealisierten Detektiv) aufgewogen. Wunschvorstellungen sind das Gegengewicht für Ängste. Die Unterhaltungsliteratur evoziert beide und pendelt das psychische Gleichgewicht des Lesers danach wieder ein.

Literatur:

Die genauen Angaben zu den Arbeiten von *Messac, Haycraft, Bloch, Wölkken, Alewyn, Buchloh/Becker, Dingeldey, Wellershof, Egloff* finden sich unter 1.2.2.
Weitere Literatur: A. Ludwig, Die Kriminaldichtung und ihre Träger, in: GRM, 18, 1930. *H. Haycraft,* Dicators, Democrats, and Detectives, in: Saturday Review of Literature, Oct. 7, 1939. *N. Blake,* The Detective Story – Why?, in: H. E. Frenzel, Kriminalgeschichte, in: Reallexikon der deutschen Literaturgeschichte, hg. v. Merker-Stammler, Berlin ²1958. *W. Dahnke,* Kriminalroman und Wirklichkeit, Hamburg, 1958. *G. Waldmann,* Kriminalroman–Anti- Kriminalroman. Dürrenmatts Requiem auf den Kriminalroman und die Anti-Aufklärung (teilweise zuerst 1961), in: V. *W. H. Auden,* The

Guilty Vicarage (zuerst 1962) (deutsch: Das verbrecherische Pfarrhaus, in: Z. P. Boileau/T. Narcejac (vgl. B/N). F. Fosca, Raisons d'aimer les romans policiers, Paris, 1964. H. Daiber, Nachahmung der Vorsehung (zuerst 1969), in: V. Z. Škreb, Welches gesellschaftliche Kollektivbedürfnis befriedigt die Detektivgeschichte?, in: Dichtung, Sprache, Gesellschaft, 1971. V. Žmegač, Aspekte des Detektivromans, in: Z. G. Giesenfeld, Methodische Vorüberlegungen zum Umgang mit nicht anerkannter Literatur, in: DD 6, 1971 (auch in: Didaktik der Trivialliteratur, hg. v. P. Nusser, Stuttgart, 1976). P. Nusser, Kriminalromane zur Überwindung von Literaturbarrieren, in: DU. 1975. M. Foucault, Überwachen und Strafen. Die Geburt des Gefängnisses, Frankfurt, 1976 (Surveiller et punir. La naissance de la prison, Paris, 1975). R. Grimminger (vgl. unter 4). P. Hühn, Zu den Gründen für die Popularität des Detektivromans. Eine Untersuchung von Thesen über die Motive seiner Rezeption, in: Arcadia 12, 1977, H. 3. E. Schulze-Witzenrath, Die Geschichte des Detektivromans. Zur Struktur und Rezeptionsweise seiner klassischen Form, in: Poetica 11, 1979.

4.2. Sozialpsychologische Erklärungsversuche der Wirkung des Thrillers

Im Thriller kommen modifiziert die gleichen Unterhaltungsmechanismen zur Geltung wie im Detektivroman. Auch seine Wirkung erklärt sich aus Angsterregungen und ihrer Beschwichtigung, sowie aus Identifikationsvorgängen.

Einer exakten Beschreibung seiner Rezeption stehen dieselben Hindernisse entgegen wie beim Detektivroman. Dennoch herrscht in der Sekundärliteratur ein Konsensus darüber, daß seine Leserschaft, was ihre soziale Gruppierung angeht, offener ist. Thriller werden in allen Bevölkerungsgruppen und -schichten gelesen, wobei in der sozialen Unterschicht die Heftromankrimis bevorzugt werden. Dies läßt sich sagen, weil es über den Konsum von Heftromanen einige empirisch ermittelte Ergebnisse gibt (vgl. für die Bundesrepublik etwa Allensbach, 1964; Marplan, 1969; Schmidtchen, 1974), aus denen sich schließen läßt (die empirischen Erhebungen unterscheiden zwischen den Heftromangenres nicht, konstatieren aber die besondere Popularität von Kriminalromanen), daß z. B. die gegenwärtig in der Bundesrepublik wöchentlich zu Hunderttausenden produzierten Heftromankrimis zu ca. 75 % von Angehörigen der unteren sozialen Schichten (Arbeitern, Handwerkern, einfachen und mittleren Angestellten und Beamten) gelesen werden. Spionageromane und Romane der ›hard-boiled school‹ dürften, sofern sie in gebundener Form erscheinen, dagegen eher auch die soziale Mittel-

und Oberschicht erreichen. Eine ähnlich entschiedene und argumentativ begründete Zuordnung der Formen des Thrillers insgesamt auf eine einzelne soziale Leserschicht oder-gruppe wie die Zuordnung des Detektivromans vornehmlich auf die Angehörigen des Bildungsbürgertums läßt sich in der Sekundärliteratur nicht finden. (Die Bezeichnung ›Romane für die Unterschicht‹ [vgl. N] ist ausschließlich auf Heftromane bezogen worden).

Die beiden in 4. skizzierten grundlegenden Unterhaltungsmechanismen werden im Thriller wirksam, indem dieser durch seine Inhalte und Formen einerseits an relativ übergreifende (d. h. weniger gruppen- oder schichtspezifische) Bedürfnis- und Urteilsstrukturen anknüpft, andererseits in den Heftromanen durch dort besonders akzentuierte Inhalte spezifische Dispositionen der Leser aus den unteren sozialen Schichten berührt.

a) Die Ängste, die der Thriller evoziert bzw. verstärkt, basieren auf der Darstellung von Gefahren (vgl. 2.2.), die eine Reihe charakteristischer Merkmale tragen (wobei diese nicht in jedem Thriller in aller Deutlichkeit in Erscheinung treten):

– Die Gefahren treten gehäuft auf, was nicht zuletzt auf die Urbanisierung des Verbrechens zurückzuführen ist (eine Störung im sozialen System einer Großstadt löst eine Kette von Störungen aus – vgl. Marsch, 1972, 45);

– sie haben Ereignischarakter und ergeben sich aus der Darstellung der Vorbereitung von Verbrechen und der direkten Vermittlung von Gewalttätigkeiten;

– sie erscheinen überdimensioniert, entweder durch die Macht einzelner ›master criminals‹ oder durch den Einsatz überwältigender technischer Mittel oder auch durch die umfassende Art der Bedrohung (nationale Katastrophen u. ä.);

– sie sind fixierbar, denn sie gehen aus von den kollektiven Sündenböcken (wie Anormalen, Fremdrassigen, politischen Feinden, usw.);

– sie sind universal insofern, als im Thriller weniger die Singularität des Verbrechens als Ausnahmefall interessiert, als vielmehr seine Regelhaftigkeit, die gesellschaftlich (falsch oder richtig, oberflächlich oder kritisch) begründet werden kann.

Mit der Darstellung derartiger Gefahren berührt der Thriller eine sehr weit verbreitete und allgemeine Leserdisposition. Nach Feststellungen von Sozialpsychologen (vgl. etwa den von Ditfurth herausgegebenen Sammelband, o. J.) existiert in weiten Kreisen der Bevölkerung eine Angstbereitschaft, die um so größer wird, je undurchschaubarer die objektive Sozialstruktur und die Herrschaftsverhältnisse in ihr und je gravierender die Informationsdefizite wer-

den. Diese latent vorhandene Angst bleibt gleichsam ›frei flottie-
rend‹, weil in durchorganisierten, hochindustriellen Gesellschaften
die Zahl der konkreten Angstanlässe drastisch reduziert ist. Diese
Situation macht sich der Thriller zunutze (ebenso wie beispielsweise
die Science Fiction, der Horrorroman oder auch die Massenpresse),
indem er sinnlich faßbare, personifizierte ›Feind-Valenzen‹ anbietet,
an denen die Angst des Lesers sich – lustvoll – festmachen kann.
Damit wird der Unterhaltungsmechanismus in Bewegung gesetzt,
der den Leser aus dem Gewohnten herausführt. »Er liest, um in
aufregenden Phantasieszenarien sein von Lähmung bedrohtes Lebensgefühl aufzufrischen. Weil er in einer ereignisarmen Alltäglichkeit lebt, braucht er dringend wenigstens eine fiktive Verschärfung
seiner Umwelt« (W, 84).

Die vom Thriller in Szene gesetzten ›Feind-Valenzen‹ beziehen
sich mehr oder weniger direkt auf historische bzw. gesellschaftliche
Erfahrungen der Leserschaft und berücksichtigen auf diese Weise
deren Wahrnehmungs-, Urteils- und Affektstrukturen. Zum Beispiel arbeitet der angelsächsische Spionageroman nach dem 1. Weltkrieg meist mit dem Feindbild des Deutschen, nach dem 2. Weltkrieg mit dem des Kommunisten. In den deutschen Heftromankrimis, die vorwiegend von Angehörigen der sozialen Unterschicht
gelesen werden, herrscht gegenwärtig das Feindbild des Fremdrassigen vor, vor allem des Südländers, womit die nicht zuletzt durch die
Arbeitsmarktlage bedingten negativen Einstellungen gegen Gastarbeiter ausgenutzt werden, usw. (dazu ausführlicher N, 60 ff.).

Dies verdeutlicht zugleich, daß die Feindbilder der Thriller nicht
nur frei flottierende, sondern auch ganz konkret erfahrene, existentielle Ängste ansprechen (z. B. solche, die mit Katastrophen großen
Ausmaßes wie dem Krieg einhergehen, ebenso wie solche, die sich
mit sozialen Erfahrungen wie etwa der Arbeitslosigkeit verbinden).
Die Grenze zwischen der Ausnutzung lediglich latent vorhandener
Ängste und der Verstärkung schon zielgerichtet bestehender ist
deutlich nicht zu ziehen. Man darf annehmen, daß die Einflüsse der
Texte auf Wahrnehmungen, Urteile und Affekte des Lesers um so
stärker sind, je höher seine Angstbereitschaft konkrete Anlässe hat.

Die Beschwichtigung der stimulierten Ängste induziert ähnlich
wie der Detektivroman das Bewußtsein von der Welt als einer im
Grunde geordneten bzw. zu ordnenden, in der ›das Gute‹ über ›das
Böse‹ siegt, und damit vor allem auch das Gefühl von der Über-
schaubarkeit der Welt. So entspricht der Thriller dem Sicherheitsbedürfnis und wohl auch dem reduzierten Informationsstand der meisten seiner Leser. Gleichzeitig werden Einstellungen affirmiert, die
in der breiten Öffentlichkeit (nicht zuletzt durch die Indoktrinatio-

nen der Massenpresse) außerordentlich verbreitet sind: Gruppen-vorurteile, outgroup-Setzungen, Sündenbockfixierungen (vgl. Waldmann, in: V, 209), vor allem auch bestimmte persönliche Ver-haltensmodelle, deren Wirksamkeit durch den Erfolg des sich in ihnen bewegenden Identifikationsobjektes, des Helden, besonders eindringlich bestätigt wird.

b) Die wesentliche sozialpsychologische Problematik des Thril-lers hängt mit der Frage zusammen, mit welchen Mitteln der Held die gestörte Ordnung wiederherstellt. Seine Verhaltensweisen, die er als Identifikationsobjekt wenigstens partiell auf den Leser überträgt (denn zum vollständigen Identifikationsprozeß gehört nicht nur die Projektion eigener Wünsche und Bedürfnisse auf ein Identifika-tionsobjekt, sondern auch die Introjektion, die Aufnahme und Nachahmung von Verhaltensweisen des Identifikationsobjektes [vgl. Bellingroth, 1958, 121 ff.]), stehen in Beziehung zu den Gefah-ren, denen er begegnet, und zugleich zu den durch die dargestellten Gefahren ausgelösten Affekten des Lesers. Die bei diesem durch den Thriller hervorgerufenen Angst- und Unsicherheitsgefühle entbin-den ein aggressives, auf das angebotene Feindbild gerichtetes Poten-tial, das mit literarischen Mitteln nur durch gewaltsame, meist durch Notwehrsituationen künstlich legitimierte Aktionen der Identifika-tionsfigur abgeleitet werden kann. Auch der Held des Thrillers ist daher gleich dem des Detektivromans so konzipiert, daß er Identifi-kationsvorgänge in den Lesern auszulösen vermag. Dazu wird auch er einerseits den Orientierungsmustern der Leser angepaßt, anderer-seits in charakteristischer, den Leser beeindruckender Weise über-höht (zum Helden des Detektivromans vgl. 4.1.):

– Seine Eigenschaften – körperliche Stärke, Geschicklichkeit, Mut, Tatkraft, usw. – entsprechen den in unserer Gesellschaft ver-breiteten Vorstellungen von Männlichkeit und antworten in ihrer Übertreibung auf Wunschvorstellungen der Leser (vgl. 2.2.2.).

– Seine Einstellungen gehen jeweils mit dem Zeitgeist konform und/oder beziehen sich auf die sozialen Erfahrungen der Leserziel-gruppen (vgl. a. 2.2.2.). Zum Beispiel betont der Thriller der ›hard-boiled school‹ das im Amerika der dreißiger Jahre insgeheim noch akzeptierte Recht des Stärkeren (vgl. B/N, 91); ist der Held des modernen westlichen Spionageromans normalerweise überzeugter Antikommunist; vertreten die Helden der Heftromankrimis ein irrationales Freund-Feind-Denken, das politische oder soziale Pro-bleme als persönliche behandelt (vgl. N, 62); sind viele der Thriller-Helden (etwa James Bond) bedingungslose Anhänger einer Kon-sumideologie in sämtlichen Bereichen des Lebens (vgl. 3.3.2.). All diese Einstellungen spiegeln nicht nur allgemeine Ideologie wider,

sind nicht nur Katalysatoren für mehr oder weniger verschwomme-
ne Anschauungen der Leser, sondern wirken aufgrund der Konsequenz ihrer Vermittlung durch die Helden auch selbst entschieden
ideologiebildend, provozieren Nachahmung und Nachfolge (vgl.
hierzu Usborne, 1953).
  – In ihren Verhaltensweisen zeigen die Helden des Thrillers sich
vor allem als handelnde Menschen. Dabei sind ihre Intentionen
vorwärtsgerichtet (entsprechend ihrer Verfolgung von Verbrechen,
die ›gerade geschehen‹ [vgl. 2.2.1.] und noch keinen ›Fall‹ darstellen).
Ihre Handlungen sind direkte und zweckmäßige Reaktionen auf die
im Thriller angelegten Gefahren. Die Sinnfälligkeit der Gefahren
erfordert deren rasche und effektive Bewältigung. Von dem Genuß,
den es bereite, »Menschen ›handelnd‹ zu sehen, Handlungen mit
faktischen, ohne weiteres feststellbaren Folgen mitzuerleben«, hat
Brecht gesprochen (in: V, 317). Das Vergnügen daran beruht nicht
zuletzt auf der Bestätigung der verbreiteten Ansicht, daß Probleme
vornehmlich pragmatisch bzw. sogar handgreiflich zu lösen seien
(vgl. hierzu N, 54 und 62).

Diese Ideologie wird auch von Massenpresse und Anzeigenwerbung erfolgreich vertreten. Der dort als Manipulationsstrategie verwendete ›Aktionismus‹ (vgl. Nusser, 1976 b), der die Leser emotional bewegen und ihre Reflexionen möglichst ausschalten soll, kann auch als Beleg für den großen Unterhaltungseffekt verstanden werden, der mit der Darstellung reiner Bewe-
gungsabläufe verbunden ist.

Die Handlungen der Helden (von der Spurensuche bis zum Schlagabtausch – vgl. 2.2.2.) sind zugleich auch die Voraussetzung für sehr
weitreichende Projektionen der Leser. Sowohl der Wunsch, autonom handeln zu dürfen und sich durchzusetzen (die Konstellation
David gegen Goliath – vgl. Gerber, in: V, 415) kann in die Thriller-
Helden verlagert werden als auch die »anarchische Lust an der
Destruktion« (S-B, 84), die nicht nur an den Handlungen der Verbrecher, sondern auch an denen der Helden erwacht und die u. a. als
»Fluchtweg aus der eigenen psychischen Unterdrückung« (N, 63)
verstanden werden kann. Die Idealisierung der aktionistischen Verhaltensweisen des Helden durch seine Unverletzlichkeit und den
nicht ausbleibenden Erfolg seines Vorgehens (vgl. 2.2.2.) veranlaßt
zur gleichen Zeit die Introjektion seines Vorbilds durch den Leser,
die um so wirksamer sein dürfte, je größer die Effektmassierung in
den Texten und je geringer damit die Möglichkeit einer inneren
Distanzierung vom Gelesenen ist (vgl. dazu 2.2.1.2.).
  Mit ihren Eigenschaften, Einstellungen, Verhaltensweisen erfüllen die Helden des Thrillers nicht nur Wunschvorstellungen der

Leser, sondern begegnen auch den durch die Darstellung der Gefahren ausgelösten Ängsten und Unsicherheitsgefühlen. Im Prinzip vollzieht sich damit der gleiche Unterhaltungsmechanismus wie bei der Lektüre des Detektivromans (vgl. 4.1.). Der gleiche Unterhaltungsmechanismus impliziert jedoch nicht die gleichen Unterhaltungseffekte. Diese sind in Detektivroman und Thriller weitgehend unterschiedlich, obwohl das Motiv der Jagd auf den aus der Gesellschaftsordnung fallenden Menschen, den Verbrecher, identisch ist. Die Unterschiedlichkeit der Unterhaltungseffekte liegt in den unterschiedlichen Formen eben dieser Jagd begründet.

Beurteilt man zusammenfassend den Unterhaltungswert beider Genres der Kriminalliteratur, so ist es nicht möglich, den Detektivroman wegen des in ihm exerzierten logischen Denkens höher einzuschätzen als den Thriller. Ob der Mitvollzug logischen Denkens oder der Mitvollzug abenteuerlicher Handlungen mehr Vergnügen und Entlastungen bereitet, hängt von den psychischen und sozialen Voraussetzungen der Leser ab, die ganz verschiedener Kompensationen bedürfen (vgl. dazu Waldmann, 1973, 53 f. und 62 f.). Was die Erkenntnisleistungen von Detektivroman und Thriller angeht, so sind sie – denkt man an ihre typischen Ausprägungen (nicht an die wenigen Ausnahmen und die unter 3.4. dargestellten Neuansätze) – in beiden Fällen denkbar gering. Die Verweigerung rationaler Durchdringung der Realität, der weitgehende Verzicht auf die Darstellung der gesellschaftlichen Dimension des Verbrechens, die Gestaltung autoritär wirkender Gestalten, die Bestätigung der bestehenden (vertikal strukturierten) Gesellschaftsordnung, die Propagierung einer in Wirklichkeit nicht vorhandenen Rechtssicherheit usw. sind beiden Romanformen gemeinsam.

Dennoch erscheint der Thriller unter dem Aspekt der Wirkungsfrage insgesamt problematischer als der Detektivroman, da er nicht nur wie dieser Erkenntnis versagt, sondern auch die Lösungsmöglichkeiten der Gewalt vorschlägt. Hieran knüpft sich eine bereits länger geführte Diskussion, die im Zusammenhang mit Arbeiten über Gewaltdarstellungen im Fernsehen (Literaturangaben am Ende des Abschnitts) aktualisiert worden ist.

Daß der Kriminalroman, und zwar insbesondere der Thriller, eine kathartische Wirkung im Leser hervorrufe, ist die in Essays über den Kriminalroman immer wieder geäußerte, gängigste Meinung (sehr deutlich etwa bei Hrastnik, in: V). Nach ihr werden die latent vorhandenen, aus realen Frustrationen herrührenden und durch die Feindbilder der Texte verstärkten Aggressionen des Lesers durch die aggressiven Handlungen des Helden, zumal des bedrohten Helden, in der Phantasie abreagiert. Die Abfuhr von Aggressionen scheint

auch durch (zeitweilige) Identifikation mit dem Verbrecher möglich. Für Reiwald (1973) z. B. ist der Kriminalroman »eine der großen Phantasien der Menschen über das Verbrechen«, seine Lektüre
eine Art »Wunscherfüllung« (128f.). Gerade der Heftromankrimi
provoziert durch seinen ständigen Perspektivenwechsel auch das
Wechseln des Identifikationsobjektes (und stützt damit diese Ansicht). Mit derartigen Affektabfuhren, so läßt sich argumentieren,
erfüllt der kriminalistische Abenteuerroman eine psychohygieni-
sche Funktion und trägt dazu bei, reale Aggressionen zu verhindern.
Auch die in 2.2.1.2. beschriebenen formalen Mittel des Thrillers
verlieren unter diesem Aspekt ihre Problematik.

Die gegenteilige (im Zusammenhang mit der Wirkung des Fernsehens entwickelte) Meinung lautet, daß Rezipienten von Gewaltdarstellungen durch ›observatives Lernen‹ (Fürntratt, 1972) internali-
sieren, welche aggressiven Verhaltensweisen zur Verfügung stehen
und eingesetzt werden können, wenn sie selbst einmal in Situationen
geraten, die den fiktiv dargestellten entsprechen. Unter diesem
Aspekt erhalten besonders die permanent durch Erfolg belohnten
(und daher besonders einprägsamen) aggressiven Problemlösungs-
strategien der Helden des Thrillers einen bedenklichen Akzent,
zumal den Aggressionen des Lesers durch den dogmatischen Hinweis auf Außenseiter und Randgruppen gleichsam der Weg gewie-
sen wird (vgl. dazu N, 87). Ob jedoch das ›erlernte‹ Problemlösungsverhalten auch wirklich realisiert wird, kann undifferenziert
nicht beantwortet werden. In den Arbeiten über die Gewaltdarstellungen im Fernsehen gibt es genügend Hinweise, daß der Auslöseef-
fekt von Aggressionen allenfalls dann eintritt, wenn er durch psychische Labilität begünstigt wird und wenn bei den Rezipienten delin-
quente Handlungen ohnehin unmittelbar bevorstehen. Bei verbaler
Kommunikation scheint die Wirkung von Gewaltdarstellungen im
übrigen geringer zu sein als bei visueller Kommunikation (vgl.
Marsch, 1972, 34). Dennoch läßt sich nach dieser Argumentation die
Hypothese von der psychohygienischen Funktion des Kriminalromans nicht ungebrochen aufrechterhalten. Auch wenn gerade der
Thriller Aggressionen durch Phantasievorgänge zu neutralisieren
hilft, fixiert er doch die Aggressivität als Einstellung, liefert er Ange-
bote für ihre Verwendung (vgl. Waldmann, in: V, 210; N, 87f.),
wodurch zumindest Vorurteile zementiert werden.

Auch die dritte in der Diskussion über die Wirkungen von Gewaltdarstellungen im Fernsehen aufgestellte und begründete Hypothese (Habitualisationshypothese), daß nämlich durch die dauernde
Präsentation von Gewalt allmählich die Empfindlichkeit ihr gegenüber abstumpfe und in Gleichgültigkeit umschlage, ist mit angemes-

senen Vorbehalten durchaus auf die Literatur zu übertragen, ebenso wie die vierte und letzte (die Inhibitionshypothese), derzufolge man aus Angst die Lust an Gewalttätigkeiten verliert.

Im übrigen schließen sich die genannten Hypothesen keineswegs alle gegenseitig aus. Es ist durchaus denkbar, daß Leser bei der Lektüre gewalttätiger Handlungen normalerweise eigene Aggressionen abreagieren, sich gleichzeitig aber an die Gewalt als Problemlösungsverhalten gewöhnen und in prekären Situationen bei psychischer Labilität selbst gewalttätig werden.

Solange sinnvolle und methodisch einwandfreie Untersuchungen über die Wirkung schriftsprachlich vermittelter Gewaltdarstellungen (noch dazu im Rahmen des ein Happyend gewährenden Kriminalromans) fehlen, bleiben alle Aussagen zu diesem Fragenkomplex ungesichert.

Literatur:

Zu den *sozialpsychologischen* Implikationen des Thrillers: *B. Brecht,* Über die Popularität des Kriminalromans (ca. 1935), in: Schriften zur Literatur und Kunst, Bd. 3, Frankfurt, 1966. *F. Bellingroth* (s. unter 4.) *R. Altick,* The English Common Reader. A Social History of the Mass Reading Public, 1800–1900, Chicago, 1957. *J. Bell,* The Criminal Seen by the Doctor. The Psychopathology of Crime, in: G. *R. Usborne* (s. unter 3.3.2.). *G. Waldmann* (s. unter 4.1.). *F. Hrastnik,* Das Verbrechen macht sich doch bezahlt. Die Großindustrie der Kriminalliteratur (zuerst 1961), in: V. *Institut für Demoskopie Allensbach,* Romanhefte. Leseranalyse, 1964. *Marplan Forschungsgesellschaft,* Bastei-Romane. Silvia, Jerry Cotton, Wildwest. Quantitative Untersuchung, 1969. *R. Gerber,* Verbrechensdichtung und Kriminalroman (zuerst 1966), in: V. *E. Marsch* (s. unter 1.2.2.). *P. Boileau/T. Narcejac* (vgl. B/N). *H. v. Ditfurth* (Hg.), Aspekte der Angst, München, 1972. *P. Nusser* (vgl. N). *G. Waldmann,* Theorie und Didaktik der Trivialliteratur, München, 1973. *U. Schulz-Buschhaus* (vgl. S-B). *P. Reiwald,* Die Gesellschaft und ihre Verbrecher, Frankfurt, 1973. *D. Wellershoff* (vgl. W). *G. Schmidtchen,* Lesekultur 74, in: Börsenblatt für den deutschen Buchhandel, Nr. 39, 1974. *Institut für Demoskopie Allensbach,* Romanhefte verloren Leser, 1975, Nr. 23. *P. Nusser,* Massenpresse, Anzeigenwerbung, Heftromane, 2 Bde., Stuttgart, 1976 (b).

Zum Problem der *Gewaltdarstellung* (insbesondere im Fernsehen): *J. T. Klapper,* Die Wirkungen der Darstellung von Verbrechen und Gewalt in den Massenmedien, in: F. Sack/R. König (Hg.), Kriminalsoziologie, Frankfurt, 1968. *T. Brocher,* Gewaltdarstellung im Fernsehen – Ventilfunktion oder Freisetzung von Aggressivität?, in: Fernsehen und Bildung, München, 1971, Heft 3/4. *M. Linz,* Wirkungen des Fernsehens, in: Texte zur Theorie und Kritik des Fernsehens, Stuttgart, 1972. *E. Fürntratt,* Psychologie der Aggression, Ursachen und Formen aggressiven Verhaltens, in: betrifft:erziehung, 5. Jg., 1972, H. 5. *A. Sommer/H. Grobe,* Aggressiv durch Fernsehen?

Überlegungen zur Medienerziehung von Kindern und Jugendlichen, Neuwied, 1974. *J. C. Chesnais,* Histoire de la Violence, Paris, 1981. *M. Schenk,* Medienwirkungsforschung, Tübingen, 1987. *M. Kunczik,* Gewalt und Medien, Köln, 1987.

5. Didaktik des Kriminalromans

Die didaktische Diskussion über den Kriminalroman ist eingebettet in die didaktische Diskussion über die Trivialliteratur. Da diese sich hier weder in ihrer Entwicklung (vgl. dazu Schemme, 1975) noch in ihrer Breite (vgl. dazu Nusser, 1976 c) nachzeichnen läßt, können die älteren didaktischen Arbeiten zum Kriminalroman, die meist unterrichtsmethodische Einzelvorschläge unter dem Vorzeichen der negativen ästhetischen Bewertung der Gattung, insbesondere des Thrillers, enthalten, nicht erörtert werden, ebensowenig (gewiß nicht unwichtige) Arbeiten über spezielle Fragen wie etwa die der erzieherischen Aspekte der Jugenddetektivgeschichte (vgl. dazu etwa Hasubek, 1974). Dafür sollen diejenigen Konzeptionen der Behandlung des Kriminalromans in der Schule vorgestellt werden, die gegenwärtig in der Bundesrepublik diskutiert werden und sich mit übergreifenden Überlegungen zur Problematik der Behandlung von Trivialliteratur überhaupt verbinden.

Alle gegenwärtig aufgestellten Zielsetzungen für den Unterricht über den Kriminalroman bzw. die Trivialliteratur haben eine gemeinsame Grundlage: sie berücksichtigen konsequent die gesellschaftliche Funktion der Literatur (ihre Produktions- und Wirkungsbedingungen) und das tatsächliche Leseverhalten der Schüler, also literatursoziologische und rezeptionsästhetische Fragestellungen, und bereichern damit auch die literaturwissenschaftliche Forschung.

M. Dahrendorf fordert 1971 in einem programmatischen Aufsatz, die Trivialliteratur als Gegenstand in den Deutschunterricht aufzunehmen. Hierin liegt eine ›Herausforderung‹ der herkömmlichen Literaturdidaktik, die das ohnehin von den Schülern Gelesene aus dem Unterricht verdrängt und sich als Ziel die Hinführung zur (nicht gelesenen) ›wertvollen‹ Literatur gesetzt hatte. Dahrendorf begründet seine Forderung mit der Notwendigkeit, die ideologischen Implikationen der Trivialliteratur, die aufgrund ihrer immensen Verbreitung von so großer politischer Tragweite sind, den Schülern durchschaubar zu machen und diese aus dem Zwang manipulativer Mechanismen zu befreien. Mit diesem pädagogischen Anliegen verbindet sich die Forderung nach einer gesellschaftsbezogenen Betrachtung der Literatur (übrigens auch der qualitätshöheren). Es ist Dahrendorfs Verdienst, als erster auch den ›didaktischen Konflikt‹, der bei der Behandlung von Trivialliteratur entsteht, deutlich formuliert zu haben. Es besteht darin, daß Trivialliteratur als Antwort auf spezifische, zum wesentlichen Teil schichtenspezifische Leserbedürfnisse verstanden werden muß und deswegen – will man nicht Ursache und Wirkung verwechseln – nicht von vornherein diffamiert werden kann, ja sogar um des Rechts auf Erholung und Entspannung willen anerkannt werden muß; daß zugleich aber dem Deutschunterricht daran gelegen sein muß, im Schüler gegenüber dieser Literatur eine Haltung kritischer Distanz zu erzeugen, schon damit die eigene – bedürftige – Rolle im Umgang mit Trivialliteratur richtig eingeschätzt werden kann. Die Lösung, die Dahrendorf für dieses Problem anbietet, lautet: »Durch Bildung und Erziehung müßte erreichbar sein, daß das Lesen von Trivialliteratur nicht mehr sozial determiniert ist, sondern situations- und rollenbedingt vorgenommen wird, daß man lernt, auf die unterschiedlichen Beanspruchungen auch unterschiedlich als Leser zu reagieren« (in: Nusser, 1976c, 50). Die Schulung eines rollenbewußten Leseverhaltens erhält für Dahrendorf einen politischen Sinn dann, wenn sie »mit einer Bewußtmachung der eigenen sozialen Rolle der Kinder und ihrer Interessen in der Gesellschaft einhergeht« (a. a. O., 51).

Die Forderung nach ›literarischer Rollenflexibilität‹ greifen andere Didaktiker (wie Waldmann, 1973) auf und konkretisieren sie mit Unterrichtsvorschlägen.

Die Konsequenzen, die sich aus diesem didaktischen Ansatz für die Behandlung des Kriminalromans in der Schule ergeben, formuliert Dahrendorf in einem Aufsatz von 1972: Die Schule soll den Kindern die Lektüre von Kriminalromanen nicht etwa »ausreden«, sie soll aber ihre Rezeption beeinflussen. Es geht darum, den Schülern »Kriterien an die Hand zu geben, die Konstruktion des Krimis im Hinblick auf seine Funktion und seine möglichen Effekte zu erkennen« (312). Die Schüler sind über die verschiedenen Beziehungen zwischen Kriminalroman und Gesellschaft, besonders über seine affirmativen Wirkungen, zu informieren, denn nur wenn sie diese »durchschaut« haben, können sie sich »gefahrlos« mit dem Kriminalroman einlassen (vgl. 313).

Ähnliche Begründungen, die ganz betont immer die innere Distanzierung der Schüler von der Lektüre ins Auge fassen, werden neuerdings von W. Albrecht in zwei nahezu identischen Aufsätzen (1978, bes. 281; 1979, bes. 65) gegeben; sie bereichert ihre Zielvorstellungen allerdings mit Vorschlägen darüber, wie Schüler selbst produktiv werden und Kriminalliteratur schreiben können. Auch Goette/Kircher (1979) betonen vor allem die Bedeutung der Erziehung zur Kritik und inneren Distanzierung gegenüber dem Kriminalroman. Es gelte, die Funktionalität seiner Mittel zu erkennen, es gelte besonders auch, die Wirkung von Gewaltdarstellungen zu thematisieren. Von beiden Autoren stammt ein nützliches Arbeitsbuch (1978) mit Auszügen aus Aufsätzen zu unterschiedlichen Aspekten der Gattung, wobei auch hier die vielfältigen Beziehungen zwischen Kriminalroman und Gesellschaft verdeutlicht werden. Ein ähnliches, schon 1974 von E. Finckh herausgegebenes Arbeitsbuch, das sowohl Auszüge aus wichtigen Aufsätzen als auch durchdachte Arbeitsvorschläge enthält, betont stärker die ästhetische Seite des Kriminalromans. Beide Bücher ergänzen sich.

So erwägenswert all die Vorschläge der genannten Didaktiker im einzelnen sind, so sind doch einige grundsätzliche Einwände geltend zu machen: Die Zielvorstellung einer literarischen Rollenflexibilität basiert auf der unausgesprochenen Voraussetzung, daß auch die Bedürfnisse der Schüler flexibel seien. Diese Möglichkeit der Rollenflexibilität widerspricht aber zumindest den Sozialisationserfahrungen der Schüler aus der sozialen Unterschicht. Es ist ferner fraglich, ob durch Unterricht überhaupt eine Distanz zur eigenen, außerschulisch bedingten Bedürfnislage hergestellt werden kann. Schließlich ist es problematisch, Unterhaltungs-, Aufklärungs-, Spielbedürfnisse usw., die psychologisch eher eine Einheit bilden, säuberlich zu trennen und ihnen eine Literatur gegenüberzustellen, die man entsprechend eindeutig als affirmativ, kritisch, antizipatorisch, spielerisch usw. bezeichnet. So ist es ungewiß, ob ein derartiger Unterricht, der die eigene Leserdisposition wie die Literatur so rational zu verwalten lehrt, wirklich erfolgreich sein kann und auch die erhoffte Lust am Lesen zu wecken vermag.

Auf Dahrendorfs Konzept der ›literarischen Rollenflexibilität‹ antwortet C. Stumpf in einem Aufsatz von 1973; sie formuliert darin Vorstellungen, die als Programm vieler sich progressiv nennender Didaktiker angesehen werden dürfen. Dahrendorfs Gedanke eines rollenflexiblen Lesens scheint ihr eine »generelle Kritik an gesellschaftlich sanktionierter Herrschaft und Ungleichheit« (in: Nusser, 1976c, 63) zu verbauen. Vielmehr komme es darauf an, in der schulischen Auseinandersetzung mit Trivialliteratur die verdrängten Bedürfnisse ihrer Leser, der Schüler, ins Bewußtsein zurückzuholen und sich darüber zu verständigen. Unterricht werde damit zu einer Art »therapeutischer Analyse« (a.a.O., 64), durch die der Zusammenhang von Ersatzbefriedigung (durch Lektüre) mit realen Frustrationen an den konkreten Lebensbedingungen der Schüler festgemacht werden könne. Dabei müsse »die systematische Verbindung von scheinbar persönlich-subjektiven Äußerungen zu ihren gesellschaftlich-objektiven Bedingungen« angestrebt werden, »indem namentlich der Warenbegriff als Schlüssel der gesellschaftlichen Organisation zentrale Erklärungskraft bekommt« (ebd.). Diese Analyse ist für C. Stumpf die »Vorbedingung für kommunikative Praxis im politischen Engagement außerhalb des Unterrichts« (a. a. O., 65).

Die Trivialliteratur soll in diesem Konzept für die Schüler zum Anlaß genommen werden, sich selbst (die Rede ist meist vom eigenen Bewußtsein) und die Gesellschaft, in der sie leben, kritisch zu durchschauen und womöglich (emanzipatorisch) zu verändern. Von dieser Zielsetzung sind auch die didaktischen Aufsätze E. Dingeldeys zum Kriminalroman (1972a, 1972b, 1973) beeinflußt, in denen erläutert wird, wie der Kriminalroman in der Schule als »Instrument einer Erkenntnis von Gesellschaft« (1972a, 266) eingesetzt werden kann. Als Voraussetzung dafür unterzieht E. Dingeldey das Verhältnis von Kriminalroman und Gesellschaft einer scharfsichtigen Analyse und entwickelt u. a. einen Fragenkatalog (a. a. O., 272f.), mit Hilfe dessen man im Unterricht den ideologischen Implikationen der Gattung nachgehen kann. Auf die Erörterung der eigentlichen Unterhaltungsfunktion der Kriminalliteratur (Spannung, Entspannung, Identifikation usw.) wird jedoch verzichtet, obwohl doch gerade über sie, d. h. über Wirkungsfragen, die intendierte kritische Behandlung dieser Literatur mit den Schülern möglich erscheint. Hier zeigt sich eine Problematik, die für das gesamte Konzept des ›kritisch-emanzipatorischen‹ Unterrichts über Trivialliteratur (um nicht zu sagen: Deutschunterrichts) charakteristisch ist: Er zielt nahezu ausschließlich auf Einsicht und Erkenntnisleistung, wobei vielleicht (mit Brecht) angenommen wird, daß das Erkennen der eigenen Situation und ihrer Bedingungen immer auch Vergnügen bereite. Die Frage muß aber gestellt werden, ob Schüler durch die soziologische Erklärung ihrer Unterhaltungsbedürfnisse nicht in die Enge getrieben und schließlich ohne Antwort darüber gelassen werden, wie sie ihre Bestätigungs-, Spannungs-, Erkenntnisbedürfnisse, die nicht nur in politische Aktivitäten hineingeführt werden koönnen, nun eigentlich befriedigen sollen.

Angesichts der Problematik, die mit beiden vorgestellten Konzeptionen der Behandlung von Trivialliteratur verbunden ist, erscheint ein dritter, 1975 von Nusser am Beispiel der Kriminalliteratur erläuterter Vorschlag erwägenswert: bei den Wünschen der Schüler nach Identifikation und Spannung anzuknüpfen und ihnen Literatur anzubieten, die diese Wünsche befriedigt oder ihnen entgegenkommt und zugleich so viele aufklärerische Impulse enthält, daß sie gesellschaftskritische Reflexionen – wenigstens in Teilbereichen – auszulösen und so auch die Motivationsstruktur der Schüler zu beeinflussen vermag. Nur in Verbindung mit einer derartigen –

spannenden wie aufklärerischen – Lektüre (die der Unterhaltungsliteratur so gut angehören könnte wie der qualitätshöheren Literatur, wobei es zumindest in diesem Fall unwesentlich wäre, hier eine Grenze nach ästhetischen Kriterien zu ziehen) sollten die Beziehungen zwischen der Trivialliteratur und den Leserdispositionen, die zu klären auch in diesem Konzept für wesentlich gehalten wird, allmählich – im Vergleich – erarbeitet werden. Denn nur ein solcher Unterricht würde die Bedürfnisse und Möglichkeiten der Schüler realistisch einschätzen und einen Weg beschreiten, der die Schüler nicht entmutigt, sondern ihnen womöglich zu größerem Lesevergnügen und zu gedanklichem Gewinn verhilft. – Auf den Kriminalroman bezogen, müßten hiernach sowohl die typischen Ausprägungen der Gattung, insbesondere aber der von den Schülern bevorzugte Heftromankrimi, behandelt werden, und zwar unter vorwiegend literatursoziologischen und rezeptionsästhetischen Fragestellungen, als auch – als Alternative – Beispiele der (hier in 3.4. dargestellten) ›Neuansätze des Kriminalromans‹, in denen die Unterhaltungsgesetze der Gattung eingehalten und zugleich gesellschaftskritische, aufklärerische Aspekte entfaltet werden.

Literatur:

Zur Didaktik der *Trivialliteratur:* M. *Dahrendorf,* Trivialliteratur als Herausforderung für eine literaturdidaktische Konzeption, in: DD 1971, H. 6. C. *Stumpf,* Wozu Trivialität? Zur gesellschaftlichen Funktion ›nicht anerkannter Literatur‹ im Deutschunterricht, in: DD, 1973, H. 14. G. *Waldmann,* Theorie und Didaktik der Trivialliteratur, München, 1973. W. *Schemme,* Trivialliteratur und literarische Wertung, Stuttgart, 1975. P. *Nusser* (Hg.), Didaktik der Trivialliteratur, Stuttgart, 1976 (c). P. *Nusser,* Umgang mit Trivialliteratur, in: N. *Hopster* (Hg.), Handbuch ›Deutsch‹ für Schule und Hochschule. Sekundarstufe I, Paderborn/München/Wien/Zürich, 1984. Zur Didaktik des *Kriminalromans:* Die Titel der Arbeiten von *Dahrendorf, Dingeldey, Gast, Geißler, Hasubek, Dupuy, Nusser* vgl. unter 1.2.2. (Didaktik des Kriminalromans).
Weitere Literatur: G. *Bien,* Detektivromane im Unterricht, in: DU, 20, 1968. E. *Finckh* (Hg.), Theorie des Kriminalromans, Stuttgart, 1974. W. *Lotter,* Crime and detection in fact and fiction, in: Praxis des neusprachlichen Unterrichts 21, 1974. G. *Lange,* Fachwissenschaftliche und fachdidaktische Überlegungen zum Kriminalroman, in: DD, 1975. G. *Lange,* Zur Didaktik des Kriminalromans. Diskussion gegenwärtiger Ansätze und Überlegungen zu einer rezeptionsorientierten Didaktik des Kriminalromans, in: WW 27, H. 4. J.- W. *Goette/H. Kircher* (Hg.), Der Kriminalroman. Texte zur Theorie und Kritik, Frankfurt, 1978. J. W. *Goette/H. Kircher,* Kriminalliteratur im Unterricht, in: DD 45, 1979. W. *Albrecht,* ›Verbrechensliteratur‹. Unterrichtsentwurf für die Sekundarstufe I, in: DD 41, 1978. W. *Albrecht,* Die Behandlung fiktionaler Verbrechensliteratur, in: DU, 1979, H. 1. A. C.

Baumgärtner, ›Krimi‹, in: Praxis Deutsch 44, 1980. *G. Waldmann,* Produktionsorientierte Textarbeit mit Trivialliteratur. Modell einer Unterrichtseinheit über den Detektivroman, in: *G. Haas* (Hg.), Literatur im Unterricht, Stuttgart, 1982. *G. Waldmann,* Der Kriminalroman als Gefahr und als kritisches Potential. ›Krimis selbst schreiben‹ als Möglichkeit, über beide Aspekte im Unterricht konkrete Erfahrungen zu machen, in: E/G.

Register

Sammlung Metzler

J. B. Metzler